한국인도 헷갈리는 한국어 해설서

우리말을 알다

한국인도 헷갈리는 한국어 해설서

우리말을 알다

초판 1쇄   2018년 02월 01일

지은이	심택월
발행인	김재홍
디자인	이슬기
교정·교열	김진섭
마케팅	이연실

발행처	도서출판 지식공감
등록번호	제396-2012-000018호
주소	경기도 고양시 일산동구 견달산로225번길 112
전화	02-3141-2700
팩스	02-322-3089
홈페이지	www.bookdaum.com

가격	15,000원
ISBN	979-11-5622-340-5 03700

CIP제어번호   CIP2018000855
이 도서의 국립중앙도서관 출판예정도서목록(CIP)은 서지정보유통지원시스템 홈페이지(http://seoji.nl.go.kr)
와 국가자료공동목록시스템(http://www.nl.go.kr/kolisnet)에서 이용하실 수 있습니다.

한국인도 헷갈리는 한국어 해설서

우리말을 알다

심택월 지음

재미로 읽었을 뿐인데 어느새 국어 능력자가 되어 있다!

★☆☆
나의 국어 실력이
고스란히 평가되는
SNS 시대

★★☆
맞춤법에
자신감을 키워주는
현대인의 필독서

★★★
언론사, 공무원,
기업 시험 대비
국어 참고서

지식공감 도서출판

인류는 말과 글이라는 수단이 있어 지구를 지배하며 문명을 발전시켜올 수 있었습니다. 말과 글은 자신의 생각을 타인에게 전달할 수 있도록 돕는 고마운 매체입니다. 특히 글은 생각이나 정보를 시간과 공간의 벽을 뛰어 넘어 다른 시대나 다른 지역의 사람들에게까지 왜곡 없이 전달할 수 있도록 도왔습니다. 우리 민족은 한글이란 문자 덕택에 음성언어인 말을 문자언어인 글로 정확하게 옮길 수 있게 되었습니다. 말은 우리말로 하고 글은 한자로 써야 했던 한글 이전의 시대를 상상해 보면 참 감사한 일입니다.

표준어에 대하여 거부감을 가진 사람이 많습니다. 한때 서울말만 표준어로 하는 것은 국민의 행복추구권과 평등권, 교육권을 침해하는 것이라며 헌법소원을 제기한 분들도 있었습니다. 이 사건에 대하여 헌법재판소는 합헌 결정을 내렸습니다. 헌법재판소는, 공문서나 교과서에 표준어를 사용하도록 한 것은 국민 간 의사소통의 혼란을 막기 위한 것이며, 서울 이외 지역의 학생들이 체계적으로 표준어를 배울 기회를 제공하기 위한 것이므로, 표준어는 필수 불가결한 규약이라는 논리를 제시했습니다. 아울러 표준어를 강제하는 것은 공문서와 교과서라는 공적 언어생활의 최소 범위라서 사적인 언어생활은 아무 제한을 받지 않는다고 설명했습니다.

　국가에서 특별히 정한 표준어가 따로 존재하지 않는다 할지라도, 모든 나라의 국민이 자국의 언어를 올바르게 표기하고 발음하는 것은 중요한 일입니다. 발음과 표기가 지역마다 다르다면 같은 나라 안에서도 통역사나 번역사가 필요해질 수 있습니다. 정확한 의사소통을 위해서는 정확한 언어 표현이 전제되어야 합니다. 그래서 각 학교에서는 그 나라의 국어를 가르치고 시험까지 치릅니다. 그렇다 해서 방언을 가벼이 생각하는 것은 잘못입니다. 역사, 언어, 문화, 전통 등에서 지역의 방언이 갖는 문화유산으로서의 가치는 대단히 큽니다. 따라서 일상의 언어생활에서 지역 방언이 제한받는 일은 어떠한 경우에도 있어서는 안 됩니다.

　대중매체가 정보를 독점하던 시대를 지나 지금은 개개인이 정보를 생산하고 유통하는 개인 매체의 시대가 되었습니다. 이는 스마트폰이 대중화되면서 가능해진 것입니다. 부작용도 있습니다. 나의 국어 실력이 적나라하게 노출되는 점입니다. 수십 년 국어 공부를 했건만 받침 하나 제대로 쓰기가 쉽지 않습니다. 단어의 선택도 헷갈립니다. 그래서 글을 쓰다 보면 누구라도 실수를 합니다. 그 누구도 실수가 없을 수 없습니다. 그래서 우리는 실수를 줄이기 위해 사전을 찾습니다. 그때뿐입니다. 우리의 망각 기능이 너무나 훌륭하기 때문입니다. 방법은 반복

우리말을 알다

학습뿐입니다. 그럴 때 이 책이 도움이 되었으면 하는 바람입니다.

방송인은 표준어의 첨병입니다. 특히 아나운서나 기자, 피디는 방송과 국민의 접점에 있기 때문에 정확한 표준어 사용이 무엇보다 필요합니다. 국민의 언어생활에 미치는 영향이 지대하기 때문입니다. 저의 삶을 관통해 온 큰 줄기가 국어 공부일 수밖에 없었던 이유입니다. 오랫동안 방송 활동을 하면서 그리고 대학에서 학생들을 가르쳐 오면서 차곡차곡 모아 두었던 자료들을 꺼내어 수없이 고치고 다듬어서 이 한 권의 책으로 묶었습니다. 그런데 최대한 쉽고 자세하게 풀어내야겠다는 생각으로 쓰다 보니 분량이 지나치게 많아졌습니다. 어쩔 수 없이 썼던 글을 다시 반 이상이나 줄였습니다. 그랬더니 이제는 거꾸로 설명이 조금 부족하다는 느낌이 들어 적잖이 아쉬운 마음입니다.

맞춤법, 발음, 띄어쓰기까지 국어를 정확하게 구사할 수 있는 방법은 한 가지뿐입니다. 수시로 국어사전 찾기. 이것이 제가 여러분께 알려 드릴 수 있는 유일한 비법입니다. 끝으로, 비록 졸저이지만 그 누군가에게는 올바른 우리말을 공부하고 이해하는 데에 작은 디딤돌이라도 되기를 바랍니다. 아울러 국립국어원 직원 여러분께 감사한 마음 전합니다.

2018년 1월
바닷가 작은 집필실에서

머리말 • 5

1부 기연가미연가

기연가미연가(其然가未然가). 그런지 그렇지 않은지 분명하게 알지 못한다는 말로 '긴가민가'의 본딧말입니다.

평생 우리말을 공부하고 또 써 왔지만 도대체 뭐가 맞는 말인지 헷갈릴 때가 많습니다. 다 그렇습니다. 국어사전은 국어 전문가가 제일 많이 찾는다는 말도 있습니다. 누구나 헷갈릴 수 있고 모를 수 있습니다. 게다가 표준어는 수시로 바뀝니다. 어제 알고 있던 것이 오늘 달라지기도 합니다. 지속적으로 관심을 갖지 않으면 모를 수밖에 없습니다. 목숨이 붙어 있는 한 공부를 계속해야 하는 이유입니다.

1부에서는 그런지 아닌지, 이건지 그건지, 그렇게 늘 긴가민가했던 것들을 살펴보겠습니다. 우리가 일상에서 자주 사용하지만 가장 많이 혼동하는 말들을 뽑아 문법적 근거를 제시하고 용례를 들어 설명을 붙였습니다. 또한 용언의 경우에는 활용형까지 밝힘으로써 단어의 쓰임을 이해하는 데 도움을 드리고자 했습니다.

이제 '되'와 '돼'로 인한 스트레스에서 모두 벗어나시기 바랍니다.

첫째, '되' 뒤에 어미 '-어'를 붙여 자연스러우면 '돼'입니다. 그러면 '되다'는 '되어, 되어서, 되어야'로 활용하는데 축약되면 '돼, 돼서, 돼야'가 됩니다. 즉, '돼'는 '되어'가 준 말입니다. '밥을 먹-', '옷을 입-'처럼 어간에 어미가 붙지 않으면 문장이 되지 않습니다. 따라서 '되다'의 어간 '되-'에는 반드시 어미가 결합해야 합니다.

용례	어미 '-어'를 넣어	비고
몸이 되니, 운동도 되지	'되어니', '되어지'는 어색함	앞은 '되니', 뒤는 '되지'
백만 원만 돼도 되지	'되어도'는 되고, '되어지'는 어색함	앞은 '돼도', 뒤는 '되지'
나 완전히 새 됐어	'되었어'는 자연스러움	'됐어'가 맞음
물거품이 되고 말았다	'되어고'로 쓰면 어색함	'되고'가 맞음

둘째, '되'나 '돼'의 자리에 '하'나 '해'를 넣었을 때, '하'가 말이 되면 '되'이고 '해'가 말이 되면 '돼'입니다.

용례	'하'나 '해'를 대입하면	비고
몸 되니, 운동도 되지	'해니'나 '해지'는 어색	앞은 '되니', 뒤는 '되지'
백만 원만 돼도 되지	'하도'와 '해지'는 어색	앞은 '돼도', 뒤는 '되지'
나 완전히 새 됐어	'핬어'는 어색하고, '했어'는 말이 됨	'됐어'가 맞음
물거품이 되고 말았다	'하고'는 말이 되고, '해고'는 어색함	따라서 '되고'가 맞음

내일 뵈요, 갈비 먹요

동사와 형용사의 어간에는 반드시 어떤 어미가 붙어야 말로서 제구실을 하게 됩니다. 어간에 어미 없이 바로 존대를 나타내는 보조사 '요'를 붙여 '내일 뵈요'처럼 적으면 어떻게 되는지 보겠습니다.

구분	활용(어간+어미)	어간+어미+보조사	어간+보조사
먹다	먹고, 먹게, 먹어, 먹으니, 먹는, 먹지…	갈비 먹어요	갈비 먹요
입다	입고, 입게, 입어, 입으니, 입는, 입지…	빨리 입어요	빨리 입요
뵈다	뵈고, 뵈게, 뵈어(봬), 뵈니, 뵈는, 뵈지…	내일 뵈어요(봬요)	내일 뵈요

어미 없이 '내일 뵈요'로 쓰면 '갈비 먹요'나 '빨리 입요'로 쓴 것과 같습니다. 그러면 '뵈'와 '봬'는 어떻게 구분해 써야 할까요. '되'와 '돼'의 경우와 동일합니다. 첫째, 어미 '어'를 붙여서 말이 되면 '봬'이고 아니면 '뵈'입니다. 둘째, '하'나 '해'를 대입했을 때 '하'가 말이 되면 '뵈'이고 '해'가 말이 되면 '봬'입니다. 따라서 '내일 뵈요'는 '내일 하요'처럼 말이 되지 않으니, 어간 '뵈-'의 뒤에 어미 '-어'와 보조사 '요'를 결합한 '내일 봬요(뵈어요)'로 적어야 맞습니다.

어간의 모음 'ㅚ'가 어미 '어'와 어울려서 'ㅙ'로 줄어드는 경우에는 모두 이렇게 구별하면 됩니다. 이를테면 괴다(괴어/괘), 되다(되어/돼), 뵈다(뵈어/봬), 쇠다(쇠어/쇄), 쐬다(쐬어/쐐) 등입니다.

이건 나무에요, 저건 돌이예요, 그건 아니예요. 예문의 종결어미는 이렇게 고쳐야 맞습니다. 이건 나무예요, 저건 돌이에요, 그건 아니에요. '-에요'는 '해요체'의 종결어미로서 '이에요'나 '아니에요'의 형태로 쓰입니다. '이에요'가 준 것이 '예요'입니다. '예요'는 '이다'의 어간 '이-'에 종결어미 '-에요'가 붙은 '이에요'가 줄어든 것이지, '예요' 자체가 종결어미는 아닙니다. '이에요'는 받침이 없는 체언(명사,대명사,수사)의 뒤에서는 '예요'로 줄어듭니다. '나무이다'의 해요체 '나무이에요'가 줄면 '나무예요'가 되고, '강아지이다'의 해요체 '강아지이에요'가 줄면 '강아지예요'가 됩니다. 그러나 받침이 있는 체언의 뒤에서는 '이에요'를 줄여 '예요'로 쓸 수 없습니다. 반드시 '집이에요, 사랑이에요'로 써야 맞고, '집예요, 사랑예요'나 '집이예요, 사랑이예요'로 쓰면 잘못입니다. 한편, '아니다'의 어간에 해요체의 종결어미 '에요'가 붙은 '아니에요'는 '아녜요'로 줄여 써도 됩니다.

정리하면, '이다'의 어간에 어미 '-에요'가 붙은 '이에요'는 받침이 없는 체언의 뒤에서는 줄어든 형태인 '예요'로 쓸 수 있고, '아니에요'가 줄어든 '아녜요' 또한 문법에 맞습니다. 종결어미 '-에요'는 '-어요'로 바꾸어 쓸 수 있습니다. 예를 들어, '집이어요, 사랑이어요'로 표기하는 것도 가능하고, 앞의 체언에 받침이 없으면 '나무여요, 강아지여요'로 줄여 적을 수 있습니다.

아니오, 아니요

하오체와 해요체의 차이입니다. '아니오'와 '아니요' 모두 형용사 '아니다'의 활용형입니다. '아니오'에서의 '-오'는 하오체의 종결어미이고, '아니요'의 '요'는 청자에게 존대의 뜻을 나타내는 보조사입니다. 보조사 '요'가 없어도 문장은 성립하지만 반말입니다. 친구나 아랫사람에게는 '아니'라고 대답할 수 있으나, 윗사람에겐 결례가 되기 때문에 보조사 '요'를 더하여 '아니요'로 답합니다.

대답에 쓰이는 감탄사 '예, 네'의 상대 개념은 '아니요'입니다. 영어의 'Yes or No'에 해당하는 현대 우리말은 '네, 아니요'입니다. 요즘은 하오체의 말이 거의 사라졌으니 '아니오, 그건 내가 아니오'처럼 '아니오'로 쓸 일은 없으리라 봅니다. 일상적인 대화에서는 모두 '아니요'로 표기하시면 됩니다. 물론 예의를 갖춰야 할 때에는 하십시오체의 '아닙니다'로 표현해야 합니다. 부정의 뜻을 나타내는 대답인 해체의 '아니'가 해요체는 '아니요'이고, 하오체는 '아니오', 하십시오체는 '아닙니다'입니다. 아래의 표에서는 존대를 나타내는 보조사 '요'와 연결어미 '-요'의 차이를 용례를 통해 살펴보겠습니다.

구분	뜻풀이	용례
요	존대의 뜻을 나타내는 보조사	· 제 마음은요, 정말로요, 더없이요, 좋아요.
-요	열거할 때 쓰이는 연결 어미	· 이건 풀이요, 그건 나무요, 저건 산이다.

우리말을 알다

상대 높임법의 종결어미

종결어미에 따라 달라지는 높임법을 '상대 높임법'이라 합니다. 상대 높임법은 청자(聽者)에 대한 높임 정도에 따라 합쇼체, 하오체, 하게체, 해라체, 해요체, 해체로 분류됩니다. '하십시오체'는 '합쇼체'라고도 합니다. 현대에 하오체와 하게체는 많이 쓰이지 않습니다. 아래의 표에는 각 높임법의 대표적인 어미들이 정리되어 있습니다.

구분		종결어미	용례
격식체	합쇼체 (아주 높임)	답니까. 답니다. 랍니까. 랍니다.	좋답니까? 좋답니다. 하랍니까? 하랍니다.
		렵니까. 렵니다. ㅂ니까. ㅂ니다.	하렵니까? 하렵니다. 합니까? 합니다.
		습니까. 습니다. 십시다. 십시오.	했습니까? 했습니다. 하십시다. 하십시오.
	하오체 (예사 높임)	오. ㄴ다오. 다오. 라오.	사랑하오. 사랑한다오. 좋다오. 사랑이라오.
		구려. ㅂ디까. ㅂ디다. ㅂ시다.	하구려. 합디까? 합디다. 합시다.
		습디까. 습디다. 읍시다.	했습디까? 했습디다. 걸읍시다.
	하게체 (예사 낮춤)	게. 네. ㄴ다네. 라네. 는가.	하게. 하네. 한다네. 하라네. 하는가.
		은가. 나. ㅁ세. 음세. 으이. 이.	좋은가? 하나? 먹음세. 좋으이. 예쁘이.
		ㄴ가. 던가. 세. 으세. 다네.	아픈가? 하던가? 하세. 먹으세. 좋다네.
	해라체 (아주 낮춤)	아라. 냐. 너라. 여라. 어라. 마.	해라. 하냐? 오너라. 하여라. 걸어라. 하마.
		으마. 리라. ㄴ다더라. 으냐. 자.	먹으마. 하리라. 한다더라. 좋으냐? 하자.
		느냐. ㄴ다. 라니까. 니. 거라.	하느냐? 한다. 하라니까. 하니? 하거라.
비 격식체	해요체 (두루 높임)	아요. 어요. 대요. 데요. 래요.	해요. 먹어요. 좋았대요. 하데요. 하래요.
		시어요. 세요. 으시어요.	하시어요(하셔요). 하세요. 잡으시어요.
	해체 (두루 낮춤)	아. 거든. 게. 지. 고. ㄴ다고.	해. 하거든. 하게? 하지. 하고? 한다고?
		ㄴ다면서. ㄴ다지.	잘한다면서? 잘한다지?

어미, 아비, 에미, 애비 _____

'어미'와 '아비'가 표준어이고, '에미'나 '애비'는 전국에서 널리 사용되고 있지만 표준어가 아닙니다.

어미와 아비를 에미나 애비로 발음하는 것은 'ㅣ'모음 역행동화 현상인데, 전설모음화 혹은 움라우트(umlaut) 현상이라고도 합니다. 모음 'ㅏ, ㅓ, ㅗ, ㅜ'가 뒤에 오는 모음 'ㅣ'의 영향을 받아 'ㅐ, ㅔ, ㅚ, ㅟ'로 발음되는 현상입니다. 아기를 '애기'라 하거나, 아지랑이를 '아지랭이', 창피를 '챙피'로 발음하는 것이 모두 같은 현상입니다. 먹이다를 '멕이다'로, 녹이다를 '뇍이다'로, 죽이다를 '쥑이다'로 말하는 것도 'ㅣ'모음 역행동화 현상입니다.

모음 'ㅣ'는 전설모음이고, 'ㅏ, ㅓ, ㅗ, ㅜ'는 후설모음입니다. 후설모음은 전설모음에 비하여 발음하기가 번거롭습니다. 그래서 발음하기에 편한 전설모음 'ㅐ, ㅔ, ㅚ, ㅟ'로 바꾸어 발음을 하는 현상이 발생합니다. 그러나 발음 편의를 위하여 발생한 'ㅣ'모음 역행동화 현상을 규범[i]에서는 대부분 수용하지 않습니다. 그러한 동화 현상이 너무 광범위하여 그들을 모두 표준어로 수용한다면 커다란 혼란이 불가피하기 때문입니다. 다만, '서울내기, 시골내기, 신출내기, 풋내기, 냄비, 내동댕이치다'는 이미 굳어진 것으로 보아 예외로 하였습니다.

....

i 표준어 규정, 제1부 표준어 사정 원칙, 제2장 발음 변화에 따른 표준어 규정, 제2절 모음, 제9항

우리말을 알다

아내, 부인, 마누라

　자신의 처를 이르는 말들입니다. 아시듯이 가장 좋은 표현은 순우리말인 '아내'입니다. '아내'는 우리 민족이 오래전부터 써온 표현입니다. 옛 표기는 '안해'였는데 어형(語形) 변화가 일어나 오늘날의 '아내'가 되었습니다. '아내'의 옛말인 '안해'의 의미에 관해서는 여러 학설이 있으나 '안에 있는 사람'이 가장 설득력이 있어 보입니다.

　자신의 아내를 남에게 '부인'이라 말하는 것은 적절치 않습니다. '부인'은 남의 아내를 높여 이르는 말입니다. 그러나 자신의 아내에게 직접 '부인'이라 칭하는 것은 잘못이 아닙니다. 단, 조선 시대 사람처럼 보이긴 합니다. 국립국어원은, 자신의 아내와 친구의 아내를 혼동할 수 있기 때문에 친구의 아내를 '부인'으로 하는 것은 적절하지 않고, '길동이 엄마', '혜교 씨', '손혜교 씨', '손 여사', '손 여사님', '아주머니' 등으로 표현하는 것이 바람직하다고 설명합니다. '마누라'는 원래 임금이나 왕비를 높여 이르거나 노비가 상전을 높여 말할 때 쓰던 극존칭으로 그 대상은 남녀의 구분이 없었습니다.

　한편, 아내를 이르는 '집사람'이나, 남편을 이르는 '바깥양반'은 양성 불평등 표현이라는 견해가 있습니다. '마누라'와 '여편네'는 여성을 비하하는 표현이란 지적도 있습니다. 그중 여편네는 특히 예쁘지 않은 표현입니다. 중세 이전엔 아내를 '갓'이라 했습니다. 영어의 갓(god)이 연상되지만 그것과는 아무 상관이 없습니다.

의례, 으례, 으레

'언제나' 혹은 '당연히'의 뜻을 가진 말의 표기는 계속 바뀌어 왔습니다. 현재의 표준어는 '으레'입니다. '의례'에서 '으례'를 거쳐 지금의 '으레'로 굳어졌습니다. '의례'가 '으례'로 변하면서 모음 'ㅣ'가 탈락하고, 둘째 음절의 모음이 단순화되면서 '으레'가 되었습니다. 그러면 언제부터 '으레'가 표준어였을까요. 1984년에 나온 국어사전[i]에는 '으레'로 되어 있습니다. 현재의 표준어 규정은 1988년에 처음 고시되었는데 그때부터 '으레'가 표준어로 인정된 것입니다.

표준어 규정[ii]에는, 모음이 단순화한 형태를 표준어로 삼는데, 원래의 말 '의례(依例)'가 '으례'로 되었다가 '례'의 발음이 '레'로 바뀌었다는 설명이 실려 있습니다. 원래의 말에서 모음이 단순화한 변화를 수용하여 새로운 형태의 말을 표준어로 삼는다는 내용입니다.

'의례'가 '으레'로 변하였듯이, '미류(美柳)나무'는 '미루나무'로, 관형사 '여늬'는 '여느[iii]'로, '괴팍하다'는 '괴팍하다'로 바뀌었습니다. 그런데 '괴팍(乖愎)하다'와 같은 한자 팍(愎괴팍할 퍅)이 들어간 '강퍅(剛愎)하다'는 자주 쓰이지 않는다는 이유로 그대로 두었습니다.

----

i   동아출판사, 국어사전. 1984년 개정 신판, 1986년 발행. 책임 감수 이숭녕.
ii 표준어 규정, 제1부 표준어 사정 원칙, 제2장 발음 변화에 따른 표준어 규정, 제2절 모음, 제10항
iii 여느: 그 밖의 예사로운. 또는 다른 보통의. ¶ 오늘은 여느 때와 달리 일찍 자리에서 일어났다

우리말을 알다

욕장이, 겁쟁이

'욕장이'라는 표기가 눈에 거슬렸다면 국어 실력자이십니다. 우리는 학교에서 '-장이'와 '-쟁이'에 대하여 배웠습니다. '욕장이'가 표준어가 되려면 욕을 하는 행위도 어떤 '기술'이라고 사회적으로 인정되어야 합니다. '욕장이'는 욕하는 기술이 장인(匠人)의 수준에 이른 사람을 뜻하는 것인데, 그러한 개념은 존재할 수 없습니다.

'-장이'는 한자어 '장인(匠人)'에 해당하는 말입니다. 장인은 손으로 물건을 만드는 일을 직업으로 하는 사람을 말합니다. 우리 민족은 물건을 만드는 기술자에 '-장이'를 붙여 표현해 왔습니다. 그런데 발음 편의 때문에 'ㅣ'모음 역행 동화가 일어나 '대장쟁이, 간판쟁이, 옹기쟁이' 등으로 발음되었습니다. 그러자 기술자와 '겁쟁이, 심술쟁이, 떼쟁이, 무식쟁이, 욕쟁이, 말쟁이' 등과는 표기에 차이를 둘 필요가 생겼습니다. 그래서 기술자나 장인의 뜻이 있는 말은 '-장이'로 하고, 그 외는 '-쟁이'라 쓰기로 결정¹한 것입니다.

한편 '관상쟁이(관상가)', '점쟁이(역술가)', '침쟁이(침술사)', '그림쟁이(화가)', '이발쟁이(이발사)' 등은 그런 직업을 가진 사람을 낮잡아 이르는 표현입니다.

---

i 표준어 규정, 제1부 표준어 사정 원칙, 제2장 발음 변화에 따른 표준어 규정, 제2절 모음, 제9항

뭐기에, 뭐길래

대명사 '뭐'의 뒤에 붙은 연결어미 '−기에'와 '−길래'의 차이입니다. 그동안 '−길래'는 '−기에'의 잘못으로 취급되었으나, 2011년 8월 31일 자로 표준어가 되었습니다.

구분	뜻풀이	용례
−기에² 「어미」	원인이나 근거를 나타내는 연결어미	· 반가운 손님이 오셨기에 달려 나갔다 · 어제는 어디엘 갔기에 안 보였니?
−길래² 「어미」	'−기에²'를 구어적으로 이르는 말	· 배가 고프길래 라면을 끓여 먹었다 · 무슨 일이길래 이렇게 시끄러워

'−길래'가 '−기에'의 구어 표현이지만 그렇다고 '−기에'를 대신하여 언제나 '−길래'를 쓸 수 있는 것은 아닙니다. 어미 '−길래'의 사용에는 약간의 제약이 있습니다.

> 가) 내가 여기 있길래 너도 따라온 것이다.
> 나) 그가 웃길래 그녀도 웃었다.
> 다) 네가 울길래 나도 운다.

가)가 어색한 이유는 선행절의 주어가 화자(話者)여서 입니다. 의문문을 제외하고, 화자는 후행절의 주어로 와야 합니다. 나)는 후행절의 주어가 화자(1인칭)가 아니기 때문에 부자연스럽습니다. 다)는 선행절과 후행절의 시제가 맞지 않았습니다. '네가 울길래 나도 울었다'로 하면 가능합니다.

우리말을 알다

이 글은 조사 '이라야'와 '-라고 해야'가 준 말인 '-래야'에 관한 이야기입니다.

구분	뜻풀이 및 용례
이라야 「조사」	1.그것이 꼭 필요한 조건임을 지정하여 나타내는 보조사 ¶ 이 일은 그 사람이라야 할 수 있다 2.대수롭지 않게 여기며 그것을 들어 말함을 나타내는 보조사 ¶ 재산이라야 집 한 채가 전부다. 짐이라야 뭐 있나
-래야	1.'-라고 해야'가 줄어든 말 ¶ 집이래야 방 하나에 부엌이 있을 뿐이다 2.'-라고 해야'가 줄어든 말 ¶ 그 사람은 누가 오래야 오는 사람이라 스스로는 안 올 것이다

얼마 되지 않아서 대수롭지 않다는 걸 표현할 때엔 '이라야'와 '이래야' 중 어느 것을 써도 문법에 맞습니다. 예를 들어, '재산이라야 집 한 채가 전부다'는 '재산이라고 해야 집 한 채가 전부다'나 '재산이래야 집 한 채가 전부다'와 모두 같은 뜻이며 어법상 문제가 없습니다. '짐이라야 뭐 있나'도 '짐이라고 해야 뭐 있나', '짐이래야 뭐 있나'와 같은 말입니다. 그러나 '그 사람이라야 할 수 있다'를 '그 사람이래야 할 수 있다'로는 쓸 수 없습니다. 어떤 일의 꼭 필요한 조건임을 나타낼 때에는 반드시 조사 '이라야'를 써야 합니다. 보조사 '이라야'는 받침이 있는 체언 뒤에 쓰고, 받침 없는 체언 뒤엔 '라야'가 붙습니다. 철수라야, 영희라야, 너라야.

이것으로, 이걸로, 이거로

이것으로 주세요. 이걸로 주세요. 이거로 주세요. '이것으로'만 표준어일 것 같지만 '이걸로'나 '이거로' 역시 표준어입니다.

구분	단어 구성	비고
이것으로	이것(대명사)+으로(부사격 조사)	문어체 표현
이걸로	이거(대명사)+ㄹ(목적격 조사)+로(부사격 조사)	구어(口語). '이것으로'의 준말
이거로	이거(대명사)+로(부사격 조사)	'이걸로'에서 'ㄹ'이 생략된 형태

대명사 '이것, 저것, 그것'의 구어 표현이 '이거, 저거, 그거'입니다. '이거'에 목적격 조사 'ㄹ'과 부사격 조사 '로'가 차례로 붙은 형태가 '이걸로'이고, '이걸로'에서 목적격 조사 'ㄹ'이 생략된 것이 '이거로'입니다. '이것을, 저것을, 그것을'의 준말이 '이걸, 저걸, 그걸'입니다. 문어체의 목적격 조사는 '을/를'인데, 구어체에서는 받침이 없는 체언 뒤에서 목적격 조사 'ㄹ'이 쓰입니다. 예컨대, '시계를'이 '시곌'로, '너를, 나를, 친구를, 우리를'은 '널, 날, 친굴, 우릴'로 나타납니다. 아울러 '이것이다'의 준말은 '이거다'이고, '이것은'은 '이건', '이것을'은 '이걸', '이것이'는 '이게', '이것으로'는 '이걸로'인데 모두 입말(구어)에 쓰이는 표현입니다. 구어 '이거, 저거, 그거'의 뒤에도 '이거는, 이거를, 이거로, 이거도, 이거면'처럼 조사를 붙일 수 있습니다.

배가 고프면 밥을 먹던지 라면을 먹던지 해라. 이렇게 많은 사람이 '−든(든지/든가)'을 써야 할 문장에서 '−던'으로 표현합니다. 그러나 '−던(던지/던가)'은 과거 표현에 쓰는 어미입니다.

구분	어미	용례
선택, 무관	−든	· 노래를 부르든 춤을 추든. 무엇을 그리든 잘만 그려라
	−든지	· 집에 가든지 신나게 놀든지 해. 무엇을 그리든지 잘만 그려라
	−든가	· 밥이 없으니 점심으로 떡을 먹든가 빵을 먹든가 해라
과거, 회상	−던	· 졸업하던 해에 결혼하였다. 그래, 일은 할 만하겠던?
	−던지	· 얼마나 춥던지, 얼마나 밥을 많이 먹던지
	−던가	· 철수가 많이 아프던가? 영희도 괴로웠던가 보다

선택일 땐 '−든(든지/든가)', 과거일 땐 '−던(던지/던가)'입니다. '−든(든지/든가)'은 어느 것이 선택되어도 무관할 때 씁니다. '−든'은 '−든지'의 준말이고, '−든가'는 '−든지'와 동의어로서 모두 표준어입니다. 반면, 과거시제 선어말어미ⁱ '−더−'가 들어간 '더구나, 더군, 더냐, 더니, 더라, 더라면, 던, 던가, 던걸, 던데, 던지' 등은 모두 과거 회상에 쓰입니다. 따라서 과거 표현에 '−던'이 아닌 '−든'을 써 '얼마나 춥든지', '춥든걸', '춥든데'로 쓰는 것도 잘못입니다. '얼마나 춥던지, 춥던걸, 춥던데'로 적어야 합니다.

i 선어말 어미: 어말 어미 앞에 오는 어미. '−시−', '−옵−' 등과 '−았−', '−는−', '−더−', '−겠−' 등

웬지, 왠지 _____

우리 사전에 '왠지'는 있어도, '웬지'란 말은 존재하지 않습니다.

구분	뜻풀이	용례
왠지 「부사」	왜 그런지 모르게 또는 뚜렷한 이유도 없이	· 이야기를 듣자 왠지 불길한 예감이 들었다 · 오늘따라 그가 왠지 멋있어 보인다
웬 「관형사」	1. 어찌 된 2. 어떠한	· 나는 그게 웬 영문인지 모르겠다 · 골목에서 웬 사내와 마주쳤다

부사 '왠지'는 '왜인지'의 준말로서 '왜 그런지'란 의미입니다. '왠'은 절대 혼자서만 쓰이지 않고, 언제나 뒤에 '−지'가 붙은 '왠지'의 형태로만 쓰입니다. 한 음절인 '왠'이란 말은 존재하지 않습니다.

'웬'은 합성어 '웬일', '웬걸(웬 것을)'을 제외하면 언제나 '웬' 혼자 나타납니다. '웬' 자체가 관형사이기 때문입니다. 관형사는 체언(명사, 대명사, 수사)을 수식하기 때문에, '웬'의 뒤에는 반드시 체언이 옵니다. '웬'의 자리에는 대신 '뭔(무슨)'을 넣어도 문장이 성립됩니다.

'왠지(왜 그런지)'를 넣어서 말이 되면 무조건 '왠지'입니다. 그게 아니라면 모두 한 글자인 관형사 '웬'으로 써야 합니다. 복습 차원으로 다음 예문들에서 맞는 것에 표시해 보겠습니다.

· 웬지/왠지 네가 참 좋아. 이게 웬/왠 떡이냐.

'웬만하다'의 '웬'은 관형사 '웬'과는 아무 관련이 없습니다. '웬만하다'는 순우리말 '우연만하다'의 준말인데, 뜻밖에 생긴 일을 뜻하는 한자어 '우연(偶然)'에서 파생한 말이 아닙니다. 본딧말 '우연만하다'는 점차 사라져 현재는 그 준말인 '웬만하다'만 쓰이고 있습니다.

'웬간하다'는 '웬만하다'와 '엔간하다'가 한데 뒤섞인 형태인데 표준어가 아닙니다. '웬만하다'와 '엔간하다'는 비슷한 뜻을 가진 말입니다. '엔간하다'는 '어연간하다'의 준말이지만 본딧말인 '어연간하다' 역시 요즘에는 거의 쓰이지 않습니다. '어연간하다(엔간하다)'와 비슷한 말로는 '어지간하다'가 있습니다.

구분	뜻풀이	용례
웬만하다 「형용사」	정도나 형편이 표준에 가깝거나 약간 낫다	· 먹고살기가 웬만하다 · 성적도 웬만한 학생이다
엔간하다 「형용사」	대중으로 보아 정도가 표준에 꽤 가깝다	· 엔간한 일이면 이러지 않아 · 엔간해선 말을 듣지 않아
어지간하다 「형용사」	수준이 보통에 가깝거나 약간 더하다	· 성적이 어지간하게 올랐다 · 인물도 어지간하고 괜찮다

'웬만하다'에서 파생한 부사가 '웬만히'와 '웬만큼'입니다. 그리고 '웬만큼'의 동의어는 '웬만치'입니다.

시청률, 청취율

똑같은 율(率) 자인데 어떤 때는 '율'로 쓰고 어떤 때는 '률'로 적었습니다. 한자음 '랴, 려, 례, 료, 류, 리'가 첫머리에 오면 두음법칙에 따라 '야, 여, 예, 요, 유, 이'로 적습니다. 첫머리가 아니면 본음을 씁니다. 그러나 예외가 있습니다. '렬' 자와 '률' 자가 모음의 뒤나 'ㄴ' 받침의 뒤에 올 때에는 본음이 아닌 '열'과 '율'로 표기합니다.

구분	한자	첫머리가 아닐 때	모음이나 'ㄴ' 받침 뒤일 때
렬/열	列(벌일 렬)	병렬(竝列), 정렬(整列)	나열(羅列), 서열(序列), 분열(分列), 전열(前列)
	烈(매울 렬)	맹렬(猛烈), 장렬(壯烈)	가열(苛烈), 선열(先烈), 의열(義烈), 치열(熾烈)
	裂(찢을 렬)	결렬(決裂), 멸렬(滅裂)	균열(龜裂), 분열(分裂), 세열(細裂), 파열(破裂)
	劣(못할 렬)	용렬(庸劣), 졸렬(拙劣)	비열(卑劣), 우열(優劣), 잔열(孱劣), 천열(賤劣)
률/율	律(법칙 률)	법률(法律), 음률(音律)	규율(規律), 자율(自律), 운율(韻律), 선율(旋律)
	率(비율 률)	능률(能率), 확률(確率)	비율(比率), 이율(利率), 환율(換率), 효율(效率)
	栗(밤 률)	생률(生栗), 황률(黃栗)	건율(乾栗), 외율(煨栗), 조율(棗栗), 피율(皮栗)
	慄(떨릴 률)	공률(恐慄), 늠률(凜慄)	괴율(愧慄), 전율(戰慄), 진율(震慄), 췌율(惴慄)

비율 율(率 율/률) 자를 좀 더 자세히 살펴보겠습니다.

구분	용례
모음 뒤에서는 '율'	감소율, 방어율, 소화율, 이자율, 증가율, 청취율, 투표율
'ㄴ' 받침 뒤에서도 '율'	당선율, 백분율, 불문율, 이혼율, 출산율, 할인율, 흡연율
그 외에는 '률'	경쟁률, 명중률, 수익률, 시청률, 출생률, 취업률, 합격률

한편, 더울 열(熱) 자는 본음이 '열'입니다. 열정(熱情), 가열(加熱), 과열(過熱), 단열(斷熱), 발열(發熱), 정열(情熱), 해열(解熱), 학구열(學究熱).

노래, 음악

'노래'란 말을 '음악'으로 이해하고 있는 분이 의외로 많습니다. 그래서 가수의 음성이 전혀 들어가지 않은 연주곡을 '노래'라고 표현하는 분도 있습니다. 모든 노래(song)는 음악(music)이지만, 음악에는 노래만 있는 것이 아닙니다. 노래는 음악의 일부입니다.

구분	뜻풀이	비고
음악	박자, 가락, 음성 등을 조화하고 결합하여, 목소리나 악기를 통하여 사상 또는 감정을 나타내는 예술	연주곡과 노래를 포함 기악곡과 성악곡을 포함
노래	가사에 곡조를 붙여 목소리로 부를 수 있게 만든 음악. 또는 그 음악을 목소리로 부름.	대개 가사가 있는 곡을 목소리로 표현한 음악

음악은 유럽의 고전음악과 영국과 미국을 중심으로 발전한 대중음악으로 나뉩니다. 물론 각 나라와 민족만의 전통음악도 있습니다. 악기를 다루어 곡을 표현하거나 들려주는 일을 연주(演奏)라 하는데, 고전음악계에서는 연주를 기악 연주와 성악 연주로 구분합니다. 사람의 목소리로 표현하는 음악 즉 성악도 연주로 보는 것입니다. 사람의 목소리가 세상에서 가장 아름다운 악기라는 말이 있듯이 몸으로 음악을 표현하는 것도 연주라 생각하는 까닭입니다.

한편, 가사가 없는 스캣송(scatsong)도 노래입니다. 다니엘 리까리 (Danielle Licari)의 노래들이 대표적입니다.

햇빛, 햇볕

· 햇빛이 너무 뜨거워요
· 햇볕이 너무 눈부셔요

위의 예문들은 햇빛과 햇볕을 서로 맞바꾸어 써야 맞습니다. 빛은 주변을 밝게 하여 사물을 볼 수 있도록 합니다. 한자의 光(빛 광)과 영어의 light가 빛이며, 햇빛은 태양광(太陽光)입니다. 햇볕은 태양이 발산하는 열기인 태양열(太陽熱)을 뜻합니다. 햇빛은 세상을 환하게 만들고, 햇볕은 따뜻하게 합니다. 밝은 건 햇빛이고, 뜨거운 게 햇볕입니다. 빨래를 말려 주는 것은 햇빛이 아니라 햇볕입니다. 해와 관련한 말은 햇빛, 햇볕 외에도 햇살과 햇발이 있습니다.

구분	의미	용례
햇빛	해의 빛. (세상을 밝혀주는) 태양의 빛	· 햇빛이 비치다, 햇빛을 가리다 · 이슬이 햇빛에 반사되다
햇볕	해가 내리쬐는 기운. 태양의 온기나 열기	· 뜨거운 햇볕, 햇볕에 그을리다 · 햇볕은 쨍쨍 모래알은 반짝
햇살	해에서 나오는 빛의 줄기. 또는 그 기운	· 햇살이 퍼지다 · 따가운 여름 햇살이다
햇발	사방으로 뻗친 햇살≒햇귀	· 눈부신 아침 햇발 · 아침 햇발이 퍼지다

햇살이란 말 속엔 햇빛과 햇볕의 의미가 함께 들어있습니다. 햇발이나 햇귀란 말은 점차 사라지고 있는 추세인데, 그들의 역할을 햇살이 혼자서 감당하고 있습니다.

우리말을 알다

　난생처음으로 거북이를 본 달팽이가 친구들에게 자랑을 합니다. "내가 아까 거북이를 봤는데 엄청 빠르대, 장난 아니야." 자기가 직접 본 것을 마치 남에게 들은 것처럼 말했습니다. 자기가 경험한 것을 남에게 말할 때의 종결어미는 '-대'가 아니라 '-데'입니다. 달팽이는 '엄청 빠르데'로 표현했어야 합니다.

구분	뜻풀이	용례
-대[17] 「어미」	1. 놀라거나 못마땅하게 여기는 뜻의 종결어미 2. '-다고 해'가 줄어든 말	· 왜 이렇게 춥대? · 사람이 아주 똑똑하대
-데[5] 「어미」	직접 경험하여 알게 된 사실을 그대로 옮겨 와서 말함을 나타내는 종결어미	· 그이가 말을 아주 잘하데 · 하나도 변하지 않았데

　'철수는 매일 바쁘대'는 철수가 혹은 누가 그러는데 '철수는 매일 바쁘다고 해'란 뜻입니다. '-대'는 '-다고 해'가 준 말입니다. 반면 '철수는 매일 바쁘데'는 직접 보니까 '철수는 매일 바쁘더라'란 말입니다. 어미 '-대'는 '-다고 해'이고, 어미 '-데'는 '-더라'의 의미입니다. '-대'는 남이 말한 내용을 전달할 때 쓰는 표현이고, '-데'는 자신이 직접 경험한 사실을 다른 이에게 말할 때의 표현입니다.

　　┌ 종결어미 '-대'는 (누가 그러는데) '(어떠하다)라고 해'란 의미,
　　└ 종결어미 '-데'는 (내가 직접 보니) '(어떠하)더라'의 의미입니다.

서툴어, 서툴러

'서둘어, 서툴어, 머물어'의 표기는 문법에 어긋납니다. '서둘러, 서툴러, 머물러'로 써야 합니다. '서둘다'는 '서두르다', '서툴다'는 '서투르다', '머물다'는 '머무르다'의 준말입니다. 우리 문법은 준말에 모음 어미가 연결될 때에는 그 활용형을 인정하지 않습니다. 즉, '서둘+어', '서툴+어', '머물+어'는 허용되지 않고, 본딧말을 활용한 '서둘러(서두르+어), 서툴러(서투르+어), 머물러(머무르+어)'만 가능합니다.

구분	모음 어미와 결합 시	자음 어미와 결합 시
가지다	가져(가지+어), 가졌다(가지+었+다)	가지고, 가지는, 가지지
갖다	갖아(불인정), 갖았다(불인정)	갖고, 갖게, 갖는, 갖지
서두르다	서둘러(서두르+어), 서둘렀다(서두르+었+다)	서두르고, 서두르는, 서두르지
서둘다	서둘어(불인정), 서둘었다(불인정)	서둘고, 서둘게, 서둔, 서둘지
서투르다	서툴러(서투르+어), 서툴렀다(서투르+었+다)	서투르고, 서투르게, 서투른, 서투르지
서툴다	서툴어(불인정), 서툴었다(불인정)	서툴고, 서툴게, 서툰, 서툴지
머무르다	머물러(머무르+어), 머물렀다(머무르+었+다)	머무르고, 머무르는, 머무른, 머무르지
머물다	머물어(불인정), 머물었다(불인정)	머물고, 머물게, 머물며, 머문, 머물지

'서투르다'의 준말 '서툴다'에 모음 어미가 연결된 '서툴어, 서툴은, 서툴었다'는 맞춤법에 어긋나고, 자음 어미가 붙어 활용한 '서툴고, 서툴게, 서툴겠다, 서툴면, 서툴지'는 규범에 맞습니다.

본딧말인 '서투르다'는 '서툴러(서투르+어), 서툴렀다(서투르+었+다), 서투르고, 서투르게, 서투르면, 서투르지, 서투른'으로 활용합니다. 어간의 'ㅡ'가 탈락하고 'ㄹ'이 하나 더 덧나는 '르' 불규칙 용언입니다.

우리말을 알다

내딛었다, 내디뎠다

신문이나 방송 자막, 각종 서적 등에서 '내딛었다'로 표기된 것을 자주 봅니다. 그러나 '내딛었다'는 '내디뎠다(내디디었다)'의 잘못입니다. '내딛었다'는 기본형 '내딛다'가 활용한 형태입니다. '내딛다'의 어간에 과거 시제 선어말어미 '-었-'과 종결어미 '-다'가 차례로 붙은 것입니다. 하지만 '내딛다'는 '내디디다'의 준말이기 때문에 모음 어미 '-었-'이 붙어 활용할 수 없습니다. 반면 본말인 '내디디다'의 어간에 선어말어미 '-었-'과 종결어미 '-다'가 결합한 '내디디었다'는 문법에 맞습니다. '내디디었다'는 모음 축약이 일어나면 '내디뎠다'로 줄어듭니다. 준말 '내딛다'에 모음 어미가 연결된 '내딛은', '내딛으니', '내딛어', '내딛었다'는 모두 표준어 규정을 벗어난 표기입니다. 본말 '내디디다'가 활용한 '내디딘', '내디디니', '내디뎌(내디디어)', '내디뎠다(내디디었다)'가 맞습니다.

예외가 있습니다. '빼앗다'의 준말 '뺏다'는 모음 어미와 결합하여 '뺏어', '뺏은, 뺏으니, 뺏었다'로 쓸 수 있습니다. '외우다'의 준말 '외다' 역시 모음 어미가 붙어 '왜(외어)', '왰다(외었다)'로 활용할 수 있습니다. 그래서 본말과 준말의 활용형인 '외워/왜(외어)', '외웠다/왰다(외었다)'가 모두 문법에 맞습니다.

즉, '뺏다'와 '외다'를 제외한 모든 준말은 모음 어미와 결합하여 활용할 수 없습니다. '내딛었다'가 아닌 '내디뎠다'로 써야 합니다.

더구나, 더군다나, 더욱이나

　모두 표준어입니다. '더군다나'는 '더구나'를 강조한 표현이고, '더욱이나'는 '더욱이'를 강조한 표현입니다. '더욱이'는 '정도나 수준 따위가 한층 심하거나 높게'의 뜻을 가진 부사 '더욱'에 부사화 접미사 '-이'가 결합한 형태입니다. 한글 맞춤법[i]에서 부사에 접미사 '-이'가 붙어 뜻을 더하는 경우에는 그 어근이나 부사의 원형을 밝혀 적도록 함에 따라, 과거에는 '더우기'로 표기하던 것을 '더욱이'로 표기하게 되었습니다. '일찌기'로 표기하던 것도 '일찍이'로 적습니다.

　'더욱이나'를 규범에 벗어난 것으로 생각할 수 있으나 그렇지 않습니다. 부사 '더욱이'에 강조의 뜻을 더하는 보조사 '나'가 또 덧붙은 형태입니다.

　'더구나'를 강조한 '더더구나', 그리고 '더구나'를 강조한 '더군다나'를 다시 강조한 '더더군다나'는 모두 표준어입니다. 또한 '더욱'을 강조한 '더더욱', '더욱이'를 강조한 '더욱이나' 모두 맞춤법에 맞습니다. 한편 '더더욱이나'로 표현하는 경우도 종종 볼 수 있는데 국어사전에 없다 하여 무조건 문법에 어긋났다고 할 수는 없습니다. 충분히 쓸 수 있는 표현입니다.

---

i　한글 맞춤법, 제4장 형태에 관한 것, 제3절 접미사가 붙어서 된 말, 제25항 및 해설

오랜만, 오랫만, 오랜동안, 오랫동안

표준어는 '오랜만'과 '오랫동안'이고, '오랫만'과 '오랜동안'은 잘못된 표현입니다.

구분	뜻풀이	용례
오랜만 「명사」	('오래간만'의 준말) 어떤 일이 있은 때로부터 긴 시간이 지난 뒤	· 오랜만에 닭발이나 뜯을까 · 이리 맑은 하늘은 오랜만이다
오랫동안 「명사」	시간상으로 썩 긴 동안	· 오랫동안 널 지켜보기만 했다 · 그 후로 오랫동안 비가 왔다

국립국어원은 '오래간만'을 '오래가다'의 관형사형 '오래간'에 의존명사 '만'이 결합한 것으로 분석합니다. '오래간만'이 줄 때에는 '간'의 받침 'ㄴ'이 앞 음절의 받침으로 가면서 '오랜만'이 됩니다.

'오랫동안'은 부사 '오래'와 명사 '동안'이 결합한 합성어입니다. 순우리말이 들어간 합성어에서 뒷말의 첫소리가 된소리로 나는 것에는 사이시옷을 받쳐 적도록 한 규정[ii]에 따라, '오래동안'이 아닌 '오랫동안'으로 표기합니다. 부사 '오래'와 의존명사 '만'이 결합한 '오랫만'이나, 형용사 '오래다'의 관형사형 '오랜'과 명사 '동안'이 결합한 '오랜동안'으로 적는 것이 문법적으로는 얼마든지 가능한 형태이지만 표준어로는 인정되지 않습니다.

....

i 오래가다: 「동사」상태나 현상이 길게 계속되거나 유지되다. ¶ 싸움이 오래가다. 사랑이 오래가다

ii 한글 맞춤법, 제4장 형태에 관한 것, 제4절 합성어 및 접두사가 붙은 말, 제30항

잇단, 잇딴, 잇다른, 잇따른

　기본형만 알면 쉽게 구별할 수 있습니다. 기본형은 '잇달다'와 '잇따르다'입니다. '잇달다'의 관형사형은 '잇단'이고, '잇따르다'의 관형사형은 '잇따른'입니다. '잇달은', '잇딴', '잇다른'은 모두 잘못입니다.

　'잇달다'와 '잇따르다'가 자동사로 쓰일 때에는 동의어입니다. 예를 들어 '추모 행렬이 잇달았다'는 '추모 행렬이 잇따랐다'로 바꿔 쓸 수 있습니다. 그러나 '잇달다'가 '(무엇을) 이어서 달다'라는 타동사일 때에는 '잇따르다'가 같은 뜻으로 쓰일 수 없습니다. 예를 들면 '상념이 뒤를 잇달았다', '객차 뒤에 화물칸을 잇달았다'와 같은 경우입니다.

구분	뜻풀이	용례
잇따르다 「동사」	1. 움직이는 물체가 다른 것의 뒤를 이어 따르다 2. 어떤 사건이나 행동 따위가 이어 발생하다	· 차량들이 잇따랐다 · 각계 성원이 잇따랐다
잇달다 「동사」	1. =잇따르다(자동사) 2. 어떠한 사물을 다른 사물에 이어서 달다(타동사)	· 선수들의 잇단 부상 · 화물칸을 잇달았다

　국어사전에서는 '잇따르다'의 동의어로 '연달다'를 제시하고 있으나, '연달다'는 '잇달다'의 동의어로 보는 것이 타당합니다. '연달다'는 '잇달다'를 완벽하게 대체할 수 있으나 '잇따르다'에는 그렇지 못합니다. 또한 '연달다'의 비슷한 말로는 '연잇다'가 있습니다.

글로 적을 때에는 '주으러'나 '주우러'로 써도, 입말(口語)에서는 '줏으러 [주스리]'로 발음하는 분이 많습니다. 바닥에 있는 것을 손으로 집는 행위를 뜻하는 표준어는 '줍다'입니다. '줏다'는 '줍다'의 옛말이자 방언으로 되어 있습니다. 규범에 맞는 표기는 '주우러'입니다. '주으러'는 '줍다'의 잘못된 활용형입니다.

구분	뜻풀이	용례
줍다¹ 「동사」	1. 바닥에 떨어지거나 흩어져 있는 것을 집다 2. 남이 분실한 물건을 집어 지니다 3. 이것저것 되는대로 취하거나 가져오다	· 나무를 주워다 불을 피웠다 · 지갑을 주워 경찰에게 주었다 · 닥치는 대로 주워 읽는다
줏다	1. '줍다¹'의 방언(강원, 경기, 경남, 전남, 제주, 충청) 2. '줍다¹'의 옛말 3. '줍다¹'의 북한말	· 바닷가에 쓰레기 줏으러 가자 · 줏는 싀예 ᄯᅩ 미욜디 – 능엄[i] (줏는 사이에 또 매는 것이)

'줏고, 줏게, 줏는, 줏지, 줏어, 줏으면, 줏어라'는 방언인 '줏다'가 활용한 형태여서 문법에 어긋납니다. 옛말 '줏다'의 흔적은 아직도 이렇게 많이 남아 있습니다. '주섬주섬'도 '줏다'에서 파생한 부사어입니다. '줍다'는 'ㅂ' 불규칙 용언이어서 어미 '-으러'가 결합하면 어간의 받침 'ㅂ'이 '우'로 바뀌면서 '주우러'가 됩니다. '줍다'의 어간 뒤에 모음 어미가 오면 '주운, 주울, 주우니, 주우면, 주워서, 주웠다'로, 자음 어미가 오면 '줍고, 줍지, 줍는, 줍겠다'로 활용합니다.

---

i 능엄: 능엄경언해. 조선 세조 8년(1462)에 능엄경을 한글로 풀이한 책. 국보 제212호

도와줘서, 고마워서

'돕다'의 경우는 '도와'로 모음조화를 지켜 활용하였고, '고맙다'는 '고마워'로 모음조화를 지키지 않은 형태로 활용했습니다. 그런데 '고마워'는 모음조화에 맞게 '고마와'로 적어야 하는 게 아닐까요?

1988년 한글 맞춤법이 개정되기 이전에는 '고마와, 괴로와, 평화로와'가 표준어였습니다. 그래서 오래전에 국어교육을 받으신 분은 지금도 '고마와서, 괴로와서'로 표현합니다. 지금은 '돕다'와 '곱다'를 제외한 모든 'ㅂ' 불규칙 용언은 모음조화의 규칙을 따르지 않고 모두 '워'의 형태만 취합니다. 즉, 'ㅂ' 불규칙 용언은 어간 끝의 'ㅂ'이 모음인 어미 '-아/-어'를 만나면 '오/우'로 바뀌는데, '돕다'와 '곱다'만 '오'로 변하는 것을 인정하고, 나머지는 어간의 모음이 양성모음[i]이든 음성모음[ii]이든 상관없이 모두 '우'로 변하는 것으로 하여 '워'로 적기로 한 것입니다.

'곱다'와 '돕다'만 예외로 한 이유는, 현실에서 '고워서'나 '도워줘' 식으로는 발음되지 않고 오직 '고와서', '도와줘' 형식으로만 발음되기 때문입니다.

----

i 양성모음: 어감(語感)이 밝고 산뜻한 모음. ㅏ, ㅗ, ㅑ, ㅛ, ㅘ, ㅚ, ㅐ, ㅒ.
ii 음성모음: 어감(語感)이 어둡고 큰 모음. ㅓ, ㅜ, ㅕ, ㅠ, ㅔ, ㅝ, ㅟ, ㅖ.

'나 어떡해'란 노래가 인기를 끌 때 사람들은 노래 제목을 여러 형태로 표기했습니다. 나 어떻게, 나 어떻해, 나 어떡해. '나 어떻게'는 서술어가 없으므로 문장이 성립되지 않지만 노래 제목이니까 그냥 넘어갈 수 있습니다. 그런데 '나 어떻해'는 또 뭘까요. 부사 '어떻게'에서 어미 '-게'를 없애고 서술어 '해'를 붙여 적는 것은 있을 수 없습니다. '나 어떡해'는 흠잡을 데 없습니다. '어떡해'는 '어떻게 해'의 준말이고, '어떻게'는 '어떠하게'의 준말입니다. 즉, '어떠하게 해'의 준말이 '어떻게 해'이고, '어떻게 해'의 준말이 '어떡해'입니다.

형용사 '어떠하다'가 줄면 '어떻다'가 되고, '어떻게(어떠하게) 하다'라는 동사구(動詞句)가 다시 줄면 '어떡하다'가 됩니다. '어떡하다'는 '어떡하고, 어떡하니, 어떡하면, 어떡하든, 어떡하지, 어떡해'로 활용합니다. '어떻게'는 '어떻다'의 부사형이라 뒤에 서술어가 오지만, '어떡해'는 종결어미가 있는 서술어이므로 문장의 끝에 자리합니다.

구분	의미	용례
어떠하다 「형용사」	'어떻다'의 본말	· 너의 건강은 어떠하냐? · 그는 어떠한 사람이니?
어떻다 「형용사」	의견, 성질, 형편, 상태 등이 어찌 되어 있다	· 요즘 어떻게 지내십니까? · 봐주시면 어떻겠습니까?
어떡하다	'어떡하게(어떻게) 하다'가 줄어든 말	· 저는 어떡하면 좋겠어요? · 오늘도 안 오면 어떡해

어렵냐, 어려우냐 ──────────

 문법에 맞는 표현은 둘 중 어느 것일까요. 둘 다입니다. 2015년부터 '어렵냐'도 맞는 표현이 되었기 때문입니다.

 그동안 물음을 나타내는 해라체의 종결어미로 동사에는 '-느냐'를 쓰고, 형용사에는 '-으냐'를, 그리고 모음으로 끝나는 형용사에만 '-냐'를 쓸 수 있다고 되어 있었습니다. 이를테면, 동사 '먹다'는 '먹느냐?'로, 형용사 '좋다'는 '좋으냐?', '예쁘다'는 '예쁘냐'로 써야 규범에 맞았습니다. 형용사인 '어렵다'에는 '-으냐'가 쓰여 '어려우냐'로 활용해야 합니다. 그러나 이제는 동사와 형용사 모두 어간의 받침 유무에 상관없이 '-냐'를 쓸 수 있습니다. 그래서 동사는 '먹느냐?'와 '먹냐?' 그리고 '가느냐?'와 '가냐?', 형용사 역시 '좋으냐?'와 '좋냐?', '맑으냐?'와 '맑냐?'가 모두 문법에 맞습니다.

 우리말에 '-렵다'로 되어 있는 단어는 '가렵다', '두렵다', '마렵다', '어렵다' 이렇게 네 개가 있는데 모두 'ㅂ' 불규칙 형용사입니다. 뒤에 모음 어미가 오면 어간의 받침 'ㅂ'이 '우'로 바뀌는 용언이 'ㅂ' 불규칙 용언(동사, 형용사)입니다. 따라서 '어렵다'의 어간에 모음 어미 '-어'가 연결되면 '어려워'가 됩니다. '마렵다' 역시 '마려워'가 맞고, '쉬 마려'처럼 '마려'로 표현하면 문법에서 벗어납니다.

 어렵냐? 어려우냐? 마렵냐? 마려우냐? 모두 문법에 맞습니다.

'부끄럼'은 '부끄러움'의 준말로 사전에 실린 말입니다. '부끄러움'은 형용사인 '부끄럽다'의 어간 '부끄럽-'에 명사를 만드는 접미사 '-음'이 결합하여 만들어진 파생명사입니다. 파생명사는 용언의 어미에 명사형 어미가 붙어 활용한 명사형과는 달리 명사로 굳어진 말입니다. '부끄러움'과 그 준말 '부끄럼'이 고루 사용됨에 따라 모두 국어사전에 등록된 것입니다. 'ㅂ' 불규칙 활용을 하는 '부끄럽다'는 어간인 '부끄럽-'의 받침 'ㅂ'이 모음인 '-음'과 결합할 땐 '우'로 변하면서 '부끄러움'이 됩니다. '부끄럽다'는 '바끄럽다'의 큰말ⁱ입니다. 작은말 '바끄럽다'에서 나온 파생명사는 '바끄러움'입니다.

'아름답다'의 명사형 '아름다움'은 사전에 실려 있지 않습니다. 파생명사로서 인정받지 못한 것입니다. 하지만 '아름다움'은 문법적으로 문제가 없는 '아름답다'의 명사형입니다. 용언이 활용한 명사형은 명사가 아니지만, 파생명사는 어엿한 명사입니다. '간지럽다', '미끄럽다', '어지럽다'에서 나온 '간지럼', '미끄럼', '어지럼'은 파생명사로 사전에 올라 있습니다. 그러나 '간지러움'과 '미끄러움', '어지러움'은 파생명사가 아니라 용언이 명사처럼 활용한 명사형일 뿐이어서 국어사전에 실리지 않았습니다.

---

i 큰말: 단어의 실질적인 뜻은 작은말과 같으나 표현상 크고, 어둡고, 무겁게 느껴지는 말. '살랑살랑'에 대한 '설렁설렁', '졸졸'에 대한 '철철', '생글생글'에 대한 '싱글싱글' 따위

설움, 서러움

모두 표준어입니다. 파생명사와 명사형이 동일하기 때문에 '설움'과 '서러움'은 모두 파생명사이기도 하고 용언의 명사형이기도 합니다. '설움'은 형용사 '섧다'에서, '서러움'은 형용사 '서럽다'에서 나왔습니다. '섧다'를 '서럽다'의 준말로 생각할 수 있으나 준말과 본말의 관계가 아닙니다. '섧다'와 '서럽다'는 동의어로 처리되어 있습니다.

'설움'은 '섧다'의 어간에 명사 파생 접미사 '-음'이 결합한 것인데, '섧다'가 'ㅂ' 불규칙 용언이어서 어간 끝의 'ㅂ'이 모음인 접사 '-음'을 만나 '우'로 변하여 '설움'이 되었습니다. '섧다'의 어간에 명사형 어미 '-음'이 결합해도 같은 현상이 일어나 명사형은 '설움'이 됩니다. 역시 'ㅂ' 불규칙 용언인 '서럽다'의 어간에 명사 파생 접미사 '-음'이 결합하거나 명사형 어미 '-음'이 연결되어도 모두 '서러움'이 됩니다. 파생명사와 명사형의 형태가 같습니다.

구분		용례	비고
설움	파생명사	설움을 참다. 설움을 당하다	서술성이 없는 명사
	명사형	나는 지금 배가 고파서 설움	섧다는 서술성을 가진 형용사
서러움	파생명사	혼자라는 서러움에 슬퍼졌다	서술성이 없는 명사
	명사형	나는 지금 혼자라서 서러움	서럽다는 서술성을 가진 형용사

명사형은 모양만 명사형일 뿐이지 서술성이 있는 동사이거나 형용사입니다. 명사형인 '설움'과 '서러움'의 품사는 형용사입니다.

우리말을 알다

동사 '얼다', '울다', '졸다'에서 나온 말들로서, '얼음, 울음, 졸음'은 명사(파생명사)이고, '얾, 욺, 졺'은 동사의 명사형입니다. 용언의 명사형은 그저 명사 구실을 하는 것일 뿐 명사가 아니어서 원래의 품사대로 서술어의 기능을 합니다. 명사형 '얾', '욺', '졺'의 품사는 동사이고 문장에서도 동사로 기능합니다. 물이 얾, 아이가 욺, 강아지가 졺. 보셨듯이 모두 동사로서 서술어의 역할을 하고 있습니다.

용언을 명사형으로 만드는 전성어미는 '-기'와 '-음(-ㅁ)'이 있습니다. '-기'는 용언이 서술하는 것이 완료되지 않은 상태의 명사형에 쓰이는데, '주기, 먹기, 울기, 크기, 예쁘기'처럼 어간에 받침이 있든 없든 동사든 형용사든 모든 용언의 뒤에 붙습니다. 반면 '-음(-ㅁ)'은 용언이 서술하는 것이 완료된 상태의 명사형으로, 어간의 받침에 따라 '-음'과 '-ㅁ'이 구분됩니다.

구분	설명	용례
-음	('ㄹ'을 제외한 받침 있는 용언의 어간 뒤에 붙어) 그 말이 명사 구실을 하게 하는 어미	먹음, 먹었음, 먹겠음, 많음, 없음, 있음, 않음, 갔음, 받음
-ㅁ	('이다', 받침 없는 용언, 'ㄹ' 받침 용언 어간에 붙어) 그 말이 명사 구실을 하게 하는 어미	학생임, 재수함, 아님, 감, 옴, 예쁨, 큼, 만남, 베풂, 앎, 졺

파생명사 '얼음'은 '얼다'의 어간에 명사 파생 접미사 '-음'이, 명사형 '얾'은 '얼다'의 명사형 전성어미 '-ㅁ'이 결합한 형태입니다.

쑥스럽다, 안쓰럽다 _____

사랑스럽다, 자랑스럽다, 감격스럽다, 만족스럽다, 복스럽다, 실망스럽다, 한심스럽다. 우리말에는 형용사를 만드는 접미사 '-스럽다'가 붙은 파생 형용사들이 많습니다. 그런데 '쑥스럽다'에서는 '-스럽다'인데 '안쓰럽다'에서는 왜 '-쓰럽다'로 적어야 표준어일까요.

기본형이 '-스럽다'로 끝나는 말은 방언과 북한말, 옛말을 모두 제외하고도 천 개가 넘습니다. 반면 '-쓰럽다'로 끝나는 단어는 오직 '안쓰럽다' 외에는 없습니다.

'안쓰럽다'는 '손아랫사람이나 약자의 딱한 형편이 마음이 아프고 가엽다'는 뜻의 말입니다. 그런데 '안쓰럽다'의 '안'이 어디에서 왔는지 그 어원을 알 수 없습니다. 그래서 어떤 어근에 형용사화 접미사 '-스럽다'가 붙어 '안쓰럽다'가 만들어진 것이 아니라, 그냥 '안쓰럽다' 자체가 하나의 단어라고 볼 수밖에 없는 것입니다.

한글 맞춤법 규정[i]에 따르면, 한 단어 안에서 뚜렷한 까닭 없이 된소리로 나면 다음 음절의 첫소리를 된소리로 적도록 하고 있습니다. 그래서 '안쓰럽다'가 표준어가 된 것인데, 현실에서는 오히려 [안스럽다]로 발음하는 사람이 많은 듯하여 문제 소지는 있습니다.

....

i 한글 맞춤법, 제3장 소리에 관한 것, 제1절 된소리, 제5항

"돈 꽤나 있다고 건들거리는 꼴이라니." 누가 돈 자랑하는 꼴이 못마 땅한 모양입니다. 이때에는 '깨나'로 적는 것이 적절합니다. '꽤나'는 부사 '꽤'에 보조사 '나'가 연결된 것이어서 앞말과 띄어 적어야 하지만, '깨나'는 조사이니까 '돈깨나'처럼 앞말에 붙여 적습니다.

구분	뜻풀이	용례
깨나 「조사」	'어느 정도 이상'의 뜻을 나타내는 보조사	· 돈깨나 있다고 남을 깔보면 되나 · 얼굴을 보니 심술깨나 부리겠다
꽤 「부사」	1.보통보다 조금 더한 정도로 2.제법 괜찮을 정도로	· 술을 꽤 많이 마신 모양이다 · 인상에 비해 꽤 괜찮은 사람이다
나 「조사」	수량이 크거나 많음, 또는 정도가 높음을 강조하는 보조사. 놀람의 뜻이 수반됨	· 밥을 두 그릇이나 비웠다 · 형제들이 그렇게나 많다니

조사 '깨나'는 '심술깨나', '장난깨나', '힘깨나', '돈깨나', '공부깨나'처럼 어울려 주로 부정적인 맥락에 쓰입니다. 대개 아니꼽거나 눈꼴사나워 빈정거릴 때 쓰는 조사가 '깨나'입니다. 그러나 '깨나'의 쓰임이 반드시 부정적인 의미로만 제한된다고 할 수는 없습니다. 부사 '꽤'에 강조의 뜻을 더하는 보조사 '나'가 결합한 '꽤나'는 긍정과 부정의 맥락에 두루 쓰입니다.

'깨나'가 빈정거림에 쓰는 조사라는 것 말고는 '깨나'와 '꽤나'의 의미 차이는 없습니다. 조사는 체언에 붙여 써야 하지만 부사는 하나의 낱말이므로 띄어 쓴다는 게 다를 뿐입니다.

너머, 넘어

산 너머 남촌에는 누가 살길래 해마다 봄바람이 남으로 오네

파인(巴人) 김동환(金東煥)의 시 '산 너머 남촌에는'의 한 구절입니다. '너머'와 '넘어'는 발음이 같고 뜻도 비슷해서 헷갈립니다. 어떻게 다른 것이고, 어느 때에 무엇을 써야 하는 것일까요.

구분	품사	뜻풀이
너머	명사	높이나 경계로 가로막은 사물의 저쪽. 또는 그 공간
넘어	동사	'넘다'에 연결어미 '-어'가 결합된 활용형

'너머'는 명사여서 '산 너머에'나 '산 너머로'처럼 뒤에 조사가 올 수 있습니다. 그러나 '넘어'는 '넘다'의 활용형이어서 '넘어서, 넘으니, 넘으면, 넘어도'처럼 어미가 붙어 활용할 뿐 '넘어의' 식으로 조사가 붙을 수 없습니다. '산 너머 남촌'은 '산 너머의 남촌'이나 '산 너머에 있는 남촌'이란 뜻입니다. '산을 넘어 가면 있는 남촌'입니다.

어떤 공간을 말할 때엔 '너머'이고, 넘는 행위일 때엔 '넘어'입니다. 산이 가로막은 저쪽의 공간에 있는 남촌이 '산 너머 남촌'입니다. 속담 '산 넘어 산이다'는 넘는 행위를 뜻하는 것이므로 '넘어'로 표기해야 맞습니다. 산 너머에 있는 산을 뜻하는 게 아니고, 산을 넘어 가도 또 산이 있다는 뜻이기 때문입니다.

둘 다 표준어입니다. '문득'은 주로 글에서 많이 쓰고, '문뜩'은 입말에서 많이 쓰는 듯합니다. 대부분 '문득'을 [문뜩]으로 발음하기 때문입니다. 하지만 '문득'의 발음은 된소리가 아닌 [문득]입니다.

구분	뜻풀이	용례
문득1	1.생각이나 느낌 등이 갑자기 떠오르는 모양 2.어떤 행위가 갑자기 이루어지는 모양	· 문득 깨닫다, 문득 떠오르다 · 문득 고개를 들어 하늘을 보다
문뜩	1.생각이나 느낌 등이 갑자기 떠오르는 모양 2.어떤 행위가 갑자기 이루어지는 모양	· 문뜩 재미있는 생각이 들었다 · 문뜩 발을 멈추더니 뒤를 봤다

'문득'은 '문뜩'의 여린말[i]이고, '문뜩'은 '문득'의 센말[ii]입니다. 여린말은 예사소리(ㄱ, ㄷ, ㅂ, ㅅ, ㅈ)로 되어 있고, 센말은 된소리(ㄲ, ㄸ, ㅃ, ㅆ, ㅉ)로 되어 있습니다. 여린말과 센말은 뜻의 차이는 없으나 어감의 차이는 있습니다. 여린말과 센말의 대표적인 것으로 '곰작', '꼼작', '꼼짝'이 있습니다. 모두 표준어이고 같은 뜻이지만 어감에는 차이가 있습니다. 느낌의 세기로 나열하면 '곰작〈꼼작〈꼼짝'이고, 이들의 큰말은 '굼적〈꿈적〈꿈쩍'입니다. 부사인 '곰작곰작', '꼼작꼼작', '꼼짝꼼짝'과 '굼적굼적', '꿈적꿈적', '꿈쩍꿈쩍'은 모두 표준어로 국어사전에 실려 있습니다.

---

i 여린말: 어감이 세거나 거세지 아니하고 예사소리로 된 말. '깜깜하다'에 대한 '감감하다', '짤까닥'에 대한 '잘가닥' 따위이다.

ii 센말: 뜻은 같지만 어감이 센 느낌을 주는 말. 예사소리 대신에 된소리를 쓴다. '달각달각'에 대한 '딸깍딸깍', '졸졸'에 대한 '쫄쫄', '단단하다'에 대한 '딴딴하다' 따위이다.

치어, 치여

    표준국어대사전에는 '치다'라는 동사가 11개나 있으나, 이 글은 '차나 수레 따위가 사람을 강한 힘으로 부딪고 지나가다'라는 뜻인 '치다[9]'에 관한 것입니다. '치다'에 피동 접미사 '-이-'가 붙어 된 말이 '치이다'입니다. 즉, '치다'의 피동사[i]가 '치이다'입니다. 능동사인[ii] '치다'는 주어 자신이 직접 그렇게 한 것이고, 피동사인 '치이다'는 주어가 무엇인가에 그렇게 당한 것입니다. '치다'는 '치어(쳐), 치어서(쳐서), 치고, 치는, 치니, 치면, 치었다(쳤다)' 등으로 활용을 하고, '치이다'는 '치여(치이어), 치여서(치이어서), 치이고, 치이는, 치이니, 치이면, 치였다(치이었다)' 등으로 활용합니다. '치이어'가 '치여'로 되는 것은 모음 축약입니다.

구분	동사	활용형	관점	용례
치다[9]	능동사	치어, 치어서, 치었다	가해자 관점	· 운전하다 고라니를 치었다
치이다[3]	피동사	치여, 치여서, 치였다	피해자 관점	· 고라니가 차에 치였다

    능동형의 문장에는 '치어'를, 피동형의 문장에는 '치여'를 써야 합니다. 즉, 주어가 치면 '치어(쳐)', 주어가 치이면 '치여(치이어)'입니다.

    밤길을 운전하다 고라니를 치었다(쳤다). 고라니가 차에 치였다.

---

i 피동사: 남의 행동을 입어서 행하여지는 동작을 나타내는 동사
ii 능동사: 주어가 제힘으로 행하는 동작을 나타내는 동사

                                               우리말을 알다

로서, 로써

'로서'와 '로써'가 영 헷갈리면 문장을 통째로 바꾸어 쓰기도 합니다. 분명히 배운 것인데 쓸 때마다 헷갈려 속이 상합니다.

구분	설명	용례
로서	1.지위, 신분, 자격을 나타내는 격 조사 2.무엇이 시작되는 곳을 나타내는 격 조사	· 남편감으로서는 부족한 듯하다 · 불효한 자식으로서 죄책감이… · 이 문제는 너로서 시작됐다
로써	1.물건의 재료나 원료를 나타내는 격 조사 2.일의 수단이나 도구를 나타내는 격 조사 3.시간의 한계나 기준을 나타내는 격 조사	· 쌀로써 떡을 만든다 · 말로써 천 냥 빚을 갚는다 · 오늘로써, 이로써 끝이다

'로서'는 신분이나 자격을 나타낼 때, '로써'는 수단이나 재료를 나타낼 때 쓰는 조사입니다. 한글 맞춤법[i]은 '-(으)로서'는 '어떤 지위나 신분이나 자격을 가진 입장에서'란 뜻을 나타내며, '-(으)로써'는 '재료, 수단, 방법'을 나타내는 조사라고 설명합니다.

사실 '로서'의 '서'나 '로써'의 '써'가 없어도 대부분 문장이 성립됩니다. 그래서 '로서'나 '로써'가 영 헷갈리면 '서'나 '써'를 빼고 적는 것도 방법이 될 수 있습니다. 간단히 정리하면, '~을 가지고'를 대입했을 때 말이 되면 '로써'입니다. 또한 '로서'는 '나로서는, 그로서는'처럼 대부분 사람의 뒤에서 쓰이고, '로써'는 대부분 사람이 아닌 것의 뒤에 붙습니다.

---

i 한글 맞춤법, 제6장 그 밖의 것, 제57항의 해설

어떤, 어쩐

　어떤 일로 오셨어요? 어쩐 일로 오셨어요? 모두 맞는 표현입니다. '어떤 일'은 '어떠한 일', '어쩐 일'은 '어찌 된 일' 혹은 '무슨 일'로 바꾸어 쓸 수 있는데 모두 문법적으로 문제가 없습니다. 많은 경우에 '어떤'과 '어쩐'이 모두 쓰일 수 있으나, 반드시 구별하여 써야 할 때도 있습니다. 상태와 관련한 맥락에서는 '어떤'을, 동작과 관련한 맥락에서는 '어쩐'을 써야 합니다. '어떤'이 형용사 '어떻다'에나 나온 말이고, '어쩐'은 동사 '어쩌다'가 활용한 형태이기 때문입니다.

구분	뜻풀이	용례
어떻다 「형용사」	('어떠하다'의 준말) 의견, 성질, 형편, 상태 따위가 어찌 되어 있다	· 요즘 어떻게 지내십니까? · 네 맘은 어떤지 모르겠다
어쩌다 「동사」	1. '어찌하다(어떠한 방법으로 하다)'의 준말 2. ('어쩐' 꼴로 쓰여) '무슨', '웬'의 뜻을 나타냄	· 그때 난 어쩐 줄 아세요? · 어쩐 일로 전화하셨나요?

　'어떤'은 대상이나 상황이 무엇인지 혹은 어떠한지 모를 때 쓰는 관형사입니다. '어떤 것으로 할까', '어떤 노래를 좋아하니', '어떤 사정이 있는지 몰라'에서 '어떤'의 자리에 '어쩐'을 넣으면 어색합니다. 동사 '어쩌다'의 관형사형 '어쩐'은 그렇게 행동하는 까닭이나 영문을 모를 때 씁니다. '어쩐 일로 복권에 당첨되었을까', '일찍 일어나다니 어쩐 일이냐', '한겨울에 꽃이 피는 건 어쩐 조화인지' 등의 문맥에서는 '어떤'이 아닌 '어쩐'을 써야 자연스럽습니다.

'인제'를 '이제'의 방언으로 생각할 수 있으나 표준어입니다. 사전에서는 '이제'와 '인제'가 조금 다르게 쓰이는 것으로 설명하고 있지만 현실에서는 동의어로 쓰이고 있습니다.

구분	품사	뜻풀이	용례
이제¹	명사	바로 이때. 지나간 때와 단절된 느낌	· 이제부터 시작하겠습니다 · 이제라도 용서를 빌어라
	부사	바로 이때에. 지나간 때와 단절된 느낌	· 이제 며칠 후면 졸업이다 · 돈도 없고 이제 어떡하지?
인제¹	명사	바로 이때	· 인제라도 기권하는 게 어때? · 인제부터 어떻게 할래?
	부사	이제에 이르러	· 인제 오니? 인제 가려고 · 인제 생각하니 후회된다

현대 국어에서는 '인제'를 쓸 곳에도 '이제'를 사용합니다. '인제'보다는 '이제'가 발음이 편하고 어감도 부드럽습니다. 위 표의 용례들에 있는 '인제'의 자리에 '이제'를 넣어도 의미의 차이가 없습니다.

바로 이때를 이르는 말이 '이제'라면, '저제'는 지나간 때를 뜻합니다. 부사 '이제나저제나'에 쓰였습니다. 그런데 부사 '그제야'에 쓰인 '그제'는 옛말로 분류되어 있습니다. 한편, 그동안 '이제서야'와 '그제서야'는 틀린 표현이었는데, 2015년 '서야'가 '에서야'의 준말로 인정되면서 '이제서야, 그제서야'로 써도 이제 규범에 맞습니다.

노라고, 느라고

하느라고 한 게 요 모양입니다. 예쁘게 쓰느라고 썼는데 지렁이가 되었네요. 예문들은 어미 선택이 잘못되었습니다. '-느라고'가 아닌 '-노라고'로 써야 합니다.

구분	뜻풀이	용례
-노라고 「어미」	나름대로 꽤 노력했음을 나타내는 연결어미	· 하노라고 했는데 맘에 들지 · 뛰노라고 뛰었지만 꼴지이다
-느라고 「어미」	목적이나 원인이 됨을 나타내는 연결어미	· 웃음을 참느라고 힘들었다 · 책을 읽느라고 밤을 새웠다

'-노라고'는 '자기 나름으로는 한다고'란 뜻이고, '-느라고'는 '하는 일로 인하여'란 뜻입니다. '-노라고'는 '열심히 했는데 별로'일 때 쓰고, '-느라고'는 '무엇 때문에 어떠하다' 할 때 쓰는 어미입니다. '-노라고'가 어색하면 대신 어미 '-ㄴ다고'를 써서 '한다고 한 게 요 모양', '예쁘게 쓴다고 썼지만 지렁이'처럼 표현해도 됩니다. 참고로 '-노라고'와 비슷한 형태의 어미들을 살펴보겠습니다.

구분	뜻풀이	용례
-노라[2]	자기의 의지나 동작을 장중하게 선언하거나 감동의 느낌을 나타내는 종결어미	· 싸웠노라, 이겼노라, 돌아왔노라 · 이기고 돌아오겠노라고 말했다
-노라니	하고 있는 어떤 행위가 다른 어떤 일의 원인이나 조건이 됨을 나타내는 연결어미	· 고향 길을 걷노라니 옛 생각이 · 혼자 사노라니 외롭기만 하다
-노라면	'하다가 보면'의 뜻을 나타내는 연결어미	· 사노라면 언젠가는 좋은 날도 · 글로 계속 가노라면 목적지가

하므로, 함으로

'하므로'는 '하다'의 어간에 까닭이나 근거를 나타내는 연결어미인 '-므로'가 붙은 것이고, '함으로'는 '하다'의 명사형 '함'에 수단이나 방법을 나타내는 조사 '으로'가 연결된 것입니다. 따라서 '하므로'는 '하기 때문에', '함으로'는 '하는 것으로'의 뜻을 나타냅니다.

마찬가지로, '다르므로'는 '다르다'의 어간에 까닭이나 근거를 나타내는 연결어미 '-므로'가 붙어 '다르기 때문에'란 뜻이고, '다름으로'는 '다르다'의 명사형 '다름'에 수단 또는 방법의 뜻을 나타내는 조사 '으로'가 결합해 '다른 것으로'란 뜻을 나타냅니다. '그러므로'와 '그럼으로'도 마찬가지입니다. '그러므로'는 '그러니까, 그렇기 때문에, 그러하기 때문에, 그리 하기 때문에'란 뜻이고, '그럼으로'는 '그렇게 하는 것으로(써)'라는 의미입니다.

한편 '하므로써, 다르므로써, 그러므로써'처럼 '-므로'의 뒤에 '-써'가 붙는 것은 맞춤법에 어긋납니다. '-므로써'라는 어미가 없기 때문입니다. 그러나 '함으로써, 다름으로써, 그럼으로써'처럼 '-ㅁ으로'의 뒤에는 '-써'를 붙여 쓰는 것이 가능합니다. '으로써'는 그 자체로 하나의 조사입니다. 주로 용언의 명사형인 '-ㅁ/-음' 뒤에 붙어 어떤 일의 이유를 나타내는 기능을 합니다.

하면, 하면은, 하며는

무엇이 표준어일까요. 네, '하면'이 표준어입니다. '하면'은 '하다'의 어간에 연결어미 '-면'이 붙어 활용한 것입니다. 그렇다면 '하면은'과 '하며는'은 모두 틀린 말일까요. 아닙니다. 맞춤법에 맞는 표기가 또 있습니다. '-면은'과 '-며는' 중에 연결어미 '-면'의 옛말이 있습니다. 옛말이라 해서 모두 문법에 어긋나는 것은 아닙니다.

바로, '하면은'이 '하면'의 옛말입니다. 결국 '하며는'만 틀린 말입니다. 많은 사람이 '-며는'의 준말이 '-면'인 것으로 오해합니다. '-면은'을 발음하면 [며는]으로 소리가 나기 때문입니다. 어미 '-면'과 '-면은'이 모두 문법에 맞는다 해도, '-면'으로 쓰는 것이 더 바람직합니다. 어미 '-면'의 뒤에 보조사 '은'을 덧붙여 쓴다 해서 의미가 아주 강조된다거나 말맛이 더 좋아지는 것도 아닙니다. 군더더기가 붙으면 오히려 문장이 늘어질 뿐입니다.

주의할 것은, '-지만'과 '-지마는'은 문법에 맞고 '-지만은'은 틀립니다. 앞말과 상반되는 내용을 말할 때 쓰는 연결어미 '-지만'은 '-지마는'의 준말입니다. 하지만 '-지만은'이란 어미는 없습니다.

그냥 '-면'과 '-지만'으로 쓰시면 됩니다. 괜히 사서 고생할 이유가 없습니다.

우리말을 알다

꼭 그렇지마는 않다, 꼭 그렇지만은 않다

앞 쪽에서 어미 '-지마는'과 그 준말 '-지만'은 있어도 '-지만은'이란 어미는 없다는 말씀을 드렸습니다. 그러면 '꼭 그렇지마는 않다'와 '꼭 그렇지만은 않다' 중 맞는 표기는 무엇일까요. '꼭 그렇지만은 않다'입니다. 살면서 헷갈리는 일이 왜 이리도 많은지 모르겠습니다.

그런데 '그건 그렇지마는 난 싫다'와 '꼭 그렇지만은 않다'는 모두 문법에 맞습니다. '그건 그렇지마는 난 싫다'에 쓰인 '-지마는'은 '그렇다'의 어간에 붙은 연결어미입니다. 어미 '-지마는'의 뒤에는 반드시 앞말과 상반되는 내용이 옵니다. 오늘도 걷지마는 정처가 없다. 오늘도 걷는다마는 정처가 없다. 같은 말입니다. 어미 '-지마는'과 '-다마는'은 같은 용도로 쓰입니다. 반면 '꼭 그렇지만은 않다'에 쓰인 '-지만은'은 '그렇다'의 어간에 붙은 연결어미 '-지'에 보조사[i] '만'과 '은'이 차례로 쓰인 것입니다. 너만은 아닐 줄 알았다, 그것만은 좋다. 이때의 '만'은 범위를 한정하는 보조사이고, '은'은 의미를 강조하는 데 쓰이는 보조사입니다.

보조사 '은'은 받침이 있는 체언 등에 붙고, 받침이 없는 체언 등에는 보조사 '는'이 붙습니다. 꼭 그렇지만은 않다. 꼭 그렇지는 않다. 보조사인 '은'과 '는'은 표기만 조금 다를 뿐 용도는 같습니다.

---

i 보조사(補助詞): 체언, 부사, 활용 어미 따위에 붙어서 어떤 특별한 의미를 더해 주는 조사. '은', '는', '도', '만', '까지', '마저', '조차', '부터' 따위가 있다

없이 여기다, 업신여기다, 업수이여기다

같은 뜻으로 쓰이지만 표준어는 하나뿐입니다. 표준어가 아니라 해서 틀렸다고 할 수는 없습니다. 세월의 흐름에 따라 어형이 변화한 것일 뿐이지 결국 모두 같은 말입니다. 표준어는 '업신여기다'입니다.

단어	뜻풀이 및 용례
업신여기다 「동사」	교만한 마음에서 남을 낮추어 보거나 하찮게 여기다 ¶ 함부로 남을 업신여기지 마라. 사람을 업신여겨도 분수가 있지
업신여김 「명사」	교만한 마음에서 남을 낮추어 보거나 하찮게 여기는 일. 늑압모 · 업심 ¶ 과부라든가, 미망인이라는 호칭에는 업신여김이 포함되어 있다

'업신여기다'는 '없이 여기다'란 말에서 나온 말입니다. '업신여기다'는 '없다'의 활용형 '없이'와 '여기다'가 결합한 합성어입니다. 15세기 문헌에 '업시너기다'란 형태가 처음 보이고, 16세기에는 '업시너기다'와 '업슈이너기다'로 쓰였습니다. '업시너기다'는 '업시녀기다'를 거쳐 '업신여기다'로 굳어졌습니다. 어원이 분명하지 않은 것은 원형을 밝히어 적지 않는다는 표준어 규정에 따라 '업신여기다'가 표준어입니다.

'업수이여기다'는 방언으로 분류되어 있습니다. 그러나 아직도 노년층에선 '업수이여기다'로 표현하시는 분이 많습니다. 표준어 때문에 사라지는 말들이 많아 안타깝습니다.

우리말을 알다

　둘 중 어느 것이 맞을까요. '군색한 변명'만 맞는 것이었는데 이제 '궁색한 변명'도 맞습니다. '궁색하다'는 본디 '아주 가난하다'라는 뜻이었습니다. 그런데 사람들이 '궁색한 변명, 궁색한 핑계, 궁색한 답변'처럼 사용하자 '궁색하다'에 '말이나 태도, 행동의 이유나 근거 따위가 부족하다'라는 뜻풀이를 추가하여 사전에 올린 것입니다.

구분	뜻풀이	용례
군색하다 (窘塞하다)	1. 필요한 것이 없거나 모자라서 딱하고 옹색하다 2. 자연스럽거나 떳떳하지 못하고 거북하다	· 군색한 살림/집안/생활 · 군색한 변명/이유/표현
궁색하다 (窮塞하다)	1. 아주 가난하다 2. 말이나 태도, 행동의 이유나 근거 등이 부족하다	· 궁색한 살림/집안/생활 · 궁색한 변명/이유/표현

　'군색(窘塞)'과 '궁색(窮塞)'은 모두 가난하다는 뜻을 가진 말입니다. '窘(군)' 자는 '군색하다', '가난하다', '궁하다'의 뜻을 가진 글자이고, '窮(궁)' 자에는 '다하다', '극에 달하다', '중단하다', '가난하다', '궁하다'의 뜻이 있습니다. 이제 '군색한 변명'이나 '궁색한 변명'이나 같은 말입니다. '군색한 살림'과 '궁색한 살림', '군색하게 살다'와 '궁색하게 살다'는 모두 문법에 맞습니다. 다만, '아주 가난하다'라는 의미로 쓰려면 '궁색하다'가 더 적합합니다.

제끼다, 제치다, 젖히다

1)수비수들을 모두 제끼고 골을 넣었다. 2)소매를 걷어 제끼고 일을 거들었다. 1)에는 '제치다(제치고)'를, 2)에는 '젖히다(젖히고)'를 써야 합니다. '제끼다'는 표준어가 아닙니다.

구분	뜻풀이	용례
제치다[1] 「동사」	1. 거치적거리지 않게 처리하다 2. 일정한 대상이나 범위에서 빼다 3. 경쟁 상대보다 우위에 서다 4. 일을 미루다	· 골키퍼까지 제치고 골을 넣었다 · 나를 제쳐 두고 모두 여행을 갔다 · 선두를 제치고 맨 앞으로 나섰다 · 제 일은 제쳐 둔 채 남을 도왔다
젖히다[1] 「동사」 「보조동사」	「동사」 1. '젖다[2](뒤로 기울다)'의 사동사 2. 안쪽이 겉으로 나오게 하다 「보조동사」(동사 뒤에 '-어 젖히다' 구성으로) 거침없이 해치움을 나타내는 말	「동사」 · 나뭇가지를/의자를 뒤로 젖히다 · 이불을 젖히고 일어나다 「보조동사」 · 노래를 불러 젖히다. 마셔 젖히다

'제치다'는 '뒤에 두다' 혹은 '뒤에 남겨 놓다'라는 뜻으로 동사 '뒤로하다'와 비슷한 말입니다. 즉, 무엇을 뒤로하는 건 '제치다'입니다. '젖히다'는 '의자를 뒤로 젖히다', '고개를 뒤로 젖히다'처럼 '뒤로 기울게 하다'란 뜻과, '옷자락을 젖히다', '소매를 젖히다', '대문짝을 젖히다'처럼 '안쪽이 겉으로 나오게 하다'라는 의미가 있습니다. '노래를 불러 제끼다', '술을 마셔 제끼다', '커튼을 걷어 제끼다' 등에서는 '제끼다'가 아닌 '젖히다'를 써야 합니다. 보조동사 '젖히다'는 일부 동사의 활용형과 결합하여 '밀어젖히다', '벗어젖히다', '열어젖히다'와 같은 합성어도 만듭니다.

가름하다, 갈음하다

'가름하다'와 '갈음하다'는 발음이 같은 동음이의어입니다. '가름하다'
는 '가르다'에서 왔고, '갈음하다'는 '갈다'에서 나온 말입니다. 동사 '가르
다'의 어간에 명사파생접미사 '-ㅁ'이 결합하여 만들어진 명사가 '가름'
입니다. 그 '가름'에 다시 동사 파생 접미사 '-하다'가 붙어 '가름하다'가
되었습니다. 한편, 동사 '갈다'에서 나온 파생명사가 '갈음'이고, '갈음'에
서 파생한 동사가 '갈음하다'입니다.

구분	뜻풀이	용례
가르다 「동사」	1. 쪼개거나 나누어 따로따로 되게 하다 2. 물체가 공기나 물을 양옆으로 열며 움직이다 3. 옳고 그름을 따져서 구분하다 4. 승부나 등수 따위를 서로 겨루어 정하다 5. 양쪽으로 열어젖히다	· 편을/수박을 가르다 · 허공을/물살을 가르다 · 잘잘못을 가르다 · 승부를/우열을 가르다 · 생선의 배를 가르다
가름하다 「동사」	1. 쪼개거나 나누어 따로따로 되게 하다 2. 승부나 등수 따위를 정하다	· 용모로 당락을 가름하다니 · 투지가 승패를 가름했다
갈다¹ 「동사」	1. 이미 있는 사물을 다른 것으로 바꾸다 2. 어떤 직책의 사람을 다른 사람으로 바꾸다	· 거짓이면 내 성을 갈겠다 · 실권을 잡자 위부터 갈았다
갈음하다 「동사」	다른 것으로 바꾸어 대신하다	· 환영사를 갈음합니다 · 보고서로 시험을 갈음한다

파생어 '가름하다'는 본디 '가르다'에서 태어났기에 '쪼개거나 나누다'
라는 혈통을 이었고, 파생어 '갈음하다'는 '갈다'에서 나왔으므로 '바꾸
다'라는 유전자가 있습니다. '가름하다'는 분할(分割)하다, '갈음하다'는
'대체(代替)하다'입니다.

찜찜하다, 찝찝하다

'찜찜하다'와 '찝찝하다'는 모두 표준어입니다. '찝찝하다'는 '찜찜하다'의 잘못된 표현이었으나, 언중이 '찜찜하다'보다 '찝찝하다'를 더 많이 사용하자 함께 표준어가 되었습니다.

구분	뜻풀이	용례
찜찜하다 「형용사」	마음에 꺼림칙한 느낌이 있다	· 기분이 왠지 찜찜하다 · 혼자 두고 떠나기가 못내 찜찜하였다
찝찝하다 「형용사」	(속되게) 개운하지 않고 무엇인가 마음에 걸리는 데가 있다	· 그냥 보내니 마음이 찝찝하긴 하다 · 물이 더러워 들어가기가 찝찝하다

'찝찝하다'는 속어[i]로 분류되어 있습니다. 언중의 사용이 많아 비록 표준어가 되었다 해도, 그건 단지 저속한 표현이라고 본 모양입니다. 한편 '왕따'는 표준어이면서 속어도 아닙니다. '찝찝하다'보다는 '왕따'가 더 속어일 듯한데 정반대입니다. 이른바 '교양 있는 말'만 표준어가 되는 것이 아니라, 비어나 속어도 표준어인 것이 많습니다. 예컨대, '뺨'의 비속어들인 '뺨따귀', '뺨따귀', '뺨따구니' 중에서 '뺨따귀'만을 표준어로 정한 표준어 규정[ii]을 봐도 알 수 있습니다. 그러나 비록 표준어로 인정된다 하여도 품격을 요하는 언어 환경에서는 비속어를 사용하지 않는 것이 좋습니다.

---

i 속어(俗語): 통속적으로 쓰는 저속한 말

ii 제부 표준어 사정 원칙, 제2장 발음 변화에 따른 표준어 규정, 제4절 단수 표준어, 제17항

우리말을 알다

단어의 형태가 다른 만큼 분명 뜻도 다를 터인데 현실에서는 마치 같은 말처럼 쓰이고 있는 것들입니다.

구분	뜻풀이	용례
늦어지다 「동사」	늦게 되다	· 길이 막혀서 도착이 다소 늦어지겠습니다 · 결혼이 늦어지는 것에는 관심을 두지 않는다
늦춰지다 「동사」	늦춘 상태가 되다	· 퍼붓는 눈 때문에 버스의 속도가 늦춰졌다 · 속초 여행이 한 달 뒤로 늦춰졌다

'늦어지다'는 '늦다'에 보조동사 '지다'가 함께 쓰인 '늦어 지다'가 결합한 합성어입니다. 보조동사 '지다'는 대개 본용언의 어간에 '-어지다'의 구성으로 쓰여 본용언이 뜻하는 상태로 됨을 나타냅니다. 그래서 '늦어지다'는 '늦은 상태가 되다'를 뜻합니다. '늦춰지다'는 '늦다'의 사동사 '늦추다'의 어간 '늦추-'에 '-어지다'가 결합한 형태로 '늦춘 상태가 되다'의 뜻을 가진 동사입니다. '늦추다'는 '늦다'의 어간에 사동 접미사 '-추-'가 붙어 만들어진 사동사입니다. 그러니까 늦췄다는 말은 누군가 의도적으로 '늦어지게 만든 것'입니다.

'늦어진 것'은 불가피하게 늦게 된 것이지 늦도록 하려는 누군가의 의도가 개입된 것이 아닙니다. 반면 '늦춰진 것'은 누군가 의도적으로 늦춘 까닭에 늦게 된 상태를 뜻합니다.

복받치다, 북받치다

작은말과 큰말의 관계입니다. 작은말은 주된 음절의 모음이 양성모음(ㅏ, ㅑ, ㅐ, ㅗ, ㅛ, ㅘ, ㅙ, ㅚ)입니다. 큰말에 비해 작고, 밝고, 가볍고, 산뜻한 느낌을 줍니다. 큰말은 주된 음절의 모음이 음성모음(ㅓ, ㅕ, ㅔ, ㅖ, ㅜ, ㅠ, ㅝ, ㅞ, ㅟ, ㅡ, ㅢ)으로 되어 있습니다. 작은말에 비해 크고, 어둡고, 무겁고, 둔탁합니다. 첫음절이 양성모음 'ㅗ'인 '복받치다'가 작은말이고, 음성모음 'ㅜ'인 '북받치다'가 큰말입니다.

구분	뜻풀이	용례
복받치다 「동사」	감정이나 힘 따위가 속에서 조금 세차게 치밀어 오르다	· 설움이/슬픔이/그리움이 복받치다 · 나는 복받치는 울분을 애써 참았다
북받치다 「동사」	감정이나 힘 따위가 속에서 세차게 치밀어 오르다	· 설움이/슬픔이/그리움이 북받치다 · 나는 북받치는 울분을 애써 참았다

한편, '단촐하다'와 '단출하다'는 작은말과 큰말의 관계가 아닙니다. 실제로는 둘 다 많이 쓰이고 있으나 '단출하다'만 표준어입니다. 압도적으로 널리 쓰이는 하나만 표준어로 정한다는 표준어 규정 제25항을 따른 것입니다. 그런데 과연 그럴까요. 포털 사이트에서 뉴스 검색을 해보니 표준어인 '단출한'이 '단촐한'보다 2.5배 많았습니다. 그런데 일반 언중이 글을 올리는 블로그에서는 '단촐한'으로 쓴 글이 '단출한'보다 거의 4배나 많았습니다. 북한의 문화어(표준어)도 '단촐하다'입니다. 국립국어원이 한번 고민해 볼 문제입니다.

한자어에는 접미사 될 '화(化)' 자가 붙어 만들어진 파생어가 많습니다. 일상화, 보편화, 대중화, 생활화, 도시화, 선진화, 자동화, 기계화, 전문화. 될 '화(化)' 자가 들어간 단어 뒤에 접미사 '−되다'를 붙이면 중복 표현이어서 잘못이라 생각하는 사람이 많습니다. 그러니까 '∼화되다'는 잘못이고 '∼화하다'로 써야 문법에 맞는다는 생각입니다. 그런데 이러한 논란은 근래에 이르러 생긴 것이고, 전에는 관용적으로 모두 '∼화되다'로 썼습니다. 국립국어원은 이러한 언중의 쓰임을 고려하여 '∼화되다'와 '∼화하다'를 모두 표준어로 했습니다.

구분	풀이	용례
일상화되다	날마다 늘 있는 일이 되다	· 수면 부족 장기화, 일상화되면 만성 피로 · 진리에 대한 신념이 일상화되지 않고서는
일상화하다	날마다 늘 있는 일이 되다. 또는 그렇게 만들다.	· 일상화해 가는 현대인의 모습을… · 음주를 일상화한 결과 알코올 의존증에…

불가피한 경우가 아니면 능동형 접미사 '−하다'를 붙여 '∼화하다'로 쓰는 것이 바람직합니다. 특히 목적어가 있는 문장에서는 '∼화하다'로 써야 합니다. '그는 음주를 일상화한 결과'를 '그는 음주를 일상화된 결과'로 쓰게 되면 문장이 성립하지 않습니다. 그러나 반드시 피동 표현을 써야 할 때도 많습니다. 세상 일이 내 의지와 상관없이 남에 의해서 그렇게 되는 것도 많기 때문입니다. 피동의 의미가 분명한 문맥에서는 '∼화되다'를 써야 합니다.

결정하다, 결정되다

가)모임 장소는 뷔페로 결정하였습니다. 나)모임 장소는 뷔페로 결정되었습니다. 둘 다 모임 장소를 알리는 데에는 아무 문제가 없습니다. 그러나 글을 읽는 사람에게는 꽤나 다른 느낌을 줍니다.

구분	뜻풀이	용례
결정하다[1] 「동사」	행동이나 태도를 분명하게 정하다	· 고민 끝에 너를 주연으로 결정했다 · 내년 봄에 결혼하기로 결정했다
결정되다[1] 「동사」	행동이나 태도가 분명하게 정해지다	· 한국인이 결승전 주심으로 결정됐다 · 처음 계획대로 처리하기로 결정됐다

'결정하다'는 능동 표현입니다. 그래서 '결정했다'로 쓰면, 결정의 주체와 글을 쓴 사람의 생각이 같다고 느껴집니다. '결정되다'는 피동 표현입니다. 그래서 '결정됐다'는 결정의 주체는 다른 누군가일 뿐 그러한 결정이 글을 쓴 사람의 의지가 아님이 드러납니다. '결정했다'가 더 명쾌하고 힘 있는 표현입니다. 결정 주체의 의지와 자신감이 드러나 신뢰감을 줍니다. '결정됐다'는 뭔가 만족스럽지 않은 결정이란 느낌이 들고 어떤 갈등이 있었음이 은연중에 나타납니다.

대개 '-하다'로 된 동사는 주체의 의지를 드러내고, '-되다'로 된 동사는 화자의 의지와 상관없이 피동적으로 이루어짐을 나타냅니다.

우리말을 알다

꽂다, 꼽다

열쇠를 꼽아 둔 채 자동차 문을 잠갔다. 노트북에 메모리 카드를 꼽았다. 이렇게 '꽂다'를 써야 할 곳에 '꼽다'로 쓰는 사람이 많습니다. 그러나 '꼽다'는 '꽂다'의 방언이고 표준어가 아닙니다.

구분	뜻풀이 및 용례
꽂다 「동사」	1. 쓰러지거나 빠지지 아니하게 박아 세우거나 끼우다 　¶ 꽃을 병에 꽂다. 산 정상에 국기를 꽂다. 머리에 비녀를 꽂다. 플러그를 꽂다 2. 내던져서 거꾸로 박히게 하다 　¶ 깡패를 바닥에 힘껏 꽂다 3. 시선 따위를 한곳에 고정하다 　¶ 한수는 형의 목소리의 방향을 겨냥해 시선을 꽂았다 −황순원, 신들의 주사위
꼽다¹ 「동사」	1. 수나 날짜를 세려고 손가락을 하나씩 헤아리다 　¶ 매일같이 손가락을 꼽으며 기다려온 날이 바로 오늘이다 2. 골라서 지목하다 　¶ 올해의 인물을 꼽는다면 바로 너다
꼽다²	'꽂다'의 방언(경상. 전남. 충청. 함경)

한편 '왜, 꼽냐?'라는 표현에 쓰인 '꼽'은 어디에서 나온 것일까요. '꼽다'의 어간일까요. '꼽다'의 뜻풀이를 보아 아시겠지만 그렇지 않습니다. 요즘 '아니꼽다'를 줄여 '꼽다'로 쓰고 있으나 잘못된 표현입니다. '아니꼽다'가 '꼽다'라는 용언 앞에 '아니'라는 부정이나 반대의 뜻을 가진 부사가 결합하여 만들어진 것도 아닙니다. 그러므로 '꼽다'와 '아니꼽다'는 서로 반대어 관계도 아닙니다. 규범에 맞는 표현은 '왜, 아니꼽냐?'입니다.

깃들다, 깃들이다

'깃들다'와 '깃들이다'는 능동과 피동 혹은 주동과 사동의 관계가 아니라 각자 별개의 의미를 가진 자동사입니다.

구분	뜻풀이 및 용례
깃들다 「동사」	1. 아늑하게 서려 들다 ¶ 화단에 봄기운이 깃들었다. 어느새 황혼이 깃들었다. 방 안에 어둠이 깃들었다 2. 감정, 생각, 노력 따위가 어리거나 스미다 ¶ 얼굴에 미소가 깃들어 있다. 마음속에 추억이 깃들어 있다. 정성이 깃들어 있다
깃들이다 「동사」	1. 주로 조류가 보금자리를 만들어 그 속에 들어 살다 ¶ 여우도 제 굴이 있고 공중에 나는 새도 깃들일 곳이 있다. 2. 사람이 어디에 살거나 건물 따위가 그곳에 자리 잡다 ¶ 김씨 성의 사람들만 몇 대째 깃들여 산다. 명산에는 곳곳에 사찰이 깃들여 있다

문헌 기록에 18세기 들어 처음 나타난 '깃들다'는 '깃들이다'에서 나온 말로 추정됩니다. '깃들다'는 추상적 개념인 감정, 생각, 노력 등이나 자연 현상이 스며들어 있다는 표현에 쓰이고, '깃들이다'는 구체적 개념인 조류(鳥類)나 사람 등이 보금자리에 들어가 사는 것을 표현하는 말입니다. '깃'은 접사가 아니라 '보금자리'의 옛말입니다. 새의 털이나 날개 혹은 새의 집을 '깃'이라 합니다. 새가 깃을 거두어 쉬는 보금자리도 깃이요, 사람이 사지를 뻗고 쉴 수 있는 보금자리도 깃이었습니다. 새가 깃을 접어 들이는 것, 혹은 새가 깃에 몸을 들이는 것이 '깃들이다'입니다. 그리고 그 '깃들이다'에 시적인 감성이 더해져 재탄생한 것이 바로 '깃들다'입니다.

'미소를 띄우며 나를 보낸 그 모습처럼', '혈색이 눈에 띠게 좋아졌다'. 이 문장들은 '미소를 띠며'와 '눈에 띄게'로 써야 맞습니다.

구분	뜻풀이	용례
띠다¹ 「동사」	1.띠나 끈 따위를 두르다 2.용무, 사명, 빛깔, 감정, 성질 등을 지니다	· 머리에 띠를 띠었다 · 임무를/미소를/홍조를 띠다
뜨다⁵ 「동사」	1.감았던 눈을 벌리다 2.청각의 신경을 긴장시키다	· 잠이 깨어 눈을 떴다 · 그 소리에 귀를 번쩍 떴다
뜨이다²	'뜨다⁵'의 피동사	· 아침 늦게야 눈이 뜨였다 · 드물게 눈에 뜨이는 미인이다
띄다¹	'뜨이다²'의 준말	· 가끔 오자가 눈에 띈다 · 행동이 눈에 띄게 달라졌다

'눈에 띄게'는 '눈에 뜨이게'와 같은 말입니다. 준말(띄다)과 본말(뜨이다)의 관계입니다. '미소를 띄우며'로 쓰면 '미소를 (물에/하늘에) 띄우며', '미소를 (다른 무엇과 간격을) 띄우며'가 됩니다. 시적으로 보일지는 모르나 말이 되지 않습니다. 감정 따위를 나타낸다는 뜻의 '띠다'는 사동사가 없으므로 절대 '띄우며'로 표현할 수 없습니다.

일정한 정도로 벌어지게 하는 '띄우다⁴'의 준말도 '띄다²'입니다. 본말인 '띄우다'에 어미 '−어'가 결합하면 '띄워(띄우어)', 준말인 '띄다'의 어간에 어미 '−어'가 붙으면 '띄어'가 됩니다. 따라서 '한 칸씩 띄워 써라'도 맞고, '한 칸씩 띄어 써라'로 써도 맞습니다.

띠다, 떼다

    서류를 떠 와라. 엄마 젖을 뗐다. 물건을 도매로 떠 왔다. 모두 '떼다'를 써야 할 곳에 '띠다'를 쓴 사례들입니다. 맞는 표기는 '서류를 떼 와라', '엄마 젖을 뗐다', '도매로 떼 왔다'입니다.

구분	뜻풀이	용례
떼다[1] 「동사」	1. 붙어 있거나 잇닿은 것을 떨어지게 하다 2. 어떤 것에서 마음이 돌아서다 3. (장사를 하려고)한꺼번에 많은 물건을 사다 5. 버릇이나 병 따위를 고치다 7. 배우던 것을 끝내다 8. 수표나 어음, 증명서 따위를 주거나 받다	· 입술에서 술잔을 떼다 · 정을 떼기가 너무 어렵다 · 도매로 떼다가 소매로 판다 · 감기를 떼다, 버릇을 떼다 · 천자문을 떼다 · 영수증을/등본을 떼다
떼다[2] 「동사」	남에게서 빌려 온 돈 따위를 돌려주지 않다	· 코 묻은 돈을 뗀단 말이냐 · 떼어 먹고 잘 살 줄 아느냐

    '도매로 떼 오다'의 '떼'는 '떼어'가 준 말입니다. '젖을 뗐다'의 '뗐다' 역시 '떼었다'가 준 말입니다. 'ㅐ'나 'ㅔ'로 끝난 어간 뒤에 어미 '-아/-어'나 '-았-/-었-'이 연결되어 줄어들면 준 대로 적습니다. 우리 속담 '떼어 놓은 당상'은 '떼 놓은 당상'으로 해도 맞는 말이고, 다른 표현인 '따 놓은 당상'도 같은 말입니다. 이미 확보한 것이니 변하거나 없어질 리가 없다는 뜻입니다. 한편, '돈을 떼이다'란 표현의 '떼이다'는 '떼다[2]'의 피동사입니다. 바라건대 떼거나 떼이는 일은 이 땅에서 없어져야 합니다.

---

i   당상(堂上): 조선 시대에 둔, 정삼품 상(上) 이상의 품계에 해당하는 벼슬을 통틀어 이르는 말

형이 사탕 뺐어 갔어요. 덧니를 뺏더니 얼굴이 한결 예뻐졌대요. 비문입니다. '뺏어'와 '뺐더니'로 써야 합니다. '뺏다'는 '빼앗다'의 준말로 기본형이고, '뺐다'는 '빼다'의 활용형 '빼었다'가 준 것입니다.

구분	뜻풀이	용례
뺏다 「동사」	'빼앗다'의 준말	· 아들이 어머니의 짐을 뺏어 들었다 · 너의 귀한 시간을 뺏을 생각은 없다 · 내 마음을 자꾸 뺏는 짓은 하지 마
빼다 「동사」	속에 들어 있거나, 끼여 있거나, 박혀 있는 것을 밖으로 나오게 하다	· 책장에서 책을 한 권 빼어 펼쳤다 · 통장의 돈을 빼서 그에게 건넸다 · 이젠 목의 힘을 빼고 겸허를 배워라

원래 준말들은 모음 어미가 결합하여 활용할 수 없습니다. 하지만 예외적으로 '빼앗다'의 준말 '뺏다'와 '외우다'의 준말 '외다'는 모음 어미로 활용할 수 있습니다. 따라서 '뺏다'는 '뺏어, 뺏으니, 뺏은, 뺏을, 뺏었다, 뺏고, 뺏게, 뺏는, 뺏지, 뺏니, 뺏겠다'로 활용합니다.

기본형에 쌍시옷 받침이 들어간 용언은 '있다' 하나뿐입니다. 그 외의 쌍시옷 받침은 선어말어미 '-았-/-었-'과, '-겠-'이 들어가 활용한 것들일 뿐입니다. '뺐다(빼었다)'는 '빼다'의 어간에 과거시제 선어말어미 '-었-'이 결합한 활용형일 뿐 기본형이 아닙니다. '빼앗다'가 줄면 '뺏다'이고, '빼었다'가 줄면 '뺐다'입니다. 줄기 전의 형태인 시옷 받침(앗)과 쌍시옷 받침(었)의 차이로 표기가 달라집니다.

졸다, 쫄다

국물이 졸았네요. 졸지 말고 자신감을 가져. 조금 어색하지만 그렇게 적어야 맞춤법에 맞습니다. 대부분 '국물이 쫄았네요', '쫄지 말고'로 표현하지만 '쫄다'는 표준어가 아닙니다.

구분	뜻풀이	용례
졸다¹ 「동사」	자려고 하지 않으나 저절로 잠이 드는 상태로 자꾸 접어들다	· 졸다가 창에 머리를 찧었다 · 저기 조는 학생이 있다
졸다² 「동사」	1. 물이 증발하여 분량이 적어지다 2. (속되게) 겁을 먹거나 기를 펴지 못하다	· 찌개가 바짝 졸았다 · 무대 위에서 너무 졸아서…
쫄다 「동사」	「북한어」 '졸다'를 구어적으로 이르는 말	· 찌개가 바짝 쫄았다 · 무대 위에서 너무 쫄아서…

'졸다²'의 예문들을 보면 졸음의 '졸다¹'로 생각되어 웃음이 나옵니다. (꾸벅꾸벅) 졸지 말고 자신감을 가져, 찌개 국물이 (졸음을 못 이겨) 졸았다, 무대 위에서 (졸음이 와) 너무 졸아서. '쫄다'가 '졸다²'의 북한말이라는 설명에는 동의하기 어렵습니다. 오래전부터 이 나라 전 지역에서 쓰는 말이기 때문입니다. '국물이 졸았다, 마음이 졸았다'로 말하는 사람이 몇이나 있을까요. 언중은 이미 '졸다²'를 밀어낸 자리에 '쫄다'를 갖다 앉혔습니다. '쫄다'는 '졸다²'의 센말¹로 사전에 올라야 합니다. 북한말이 아닙니다.

---

i 센말: 뜻은 같지만 어감이 센 느낌을 주는 말. 예사소리 대신에 된소리를 쓴다. '달각달각'에 대한
   '딸깍딸깍', '졸졸'에 대한 '쫄쫄', '단단하다'에 대한 '딴딴하다' 따위.

우리말을 알다

마늘 좀 찧어라. 마늘 좀 빻아라. 어떤 차이가 있을까요. 마늘을 가루(粉末)로 만들 게 아니라면 '찧어라'로 써야 맞습니다.

구분	뜻풀이	용례
찧다 「동사」	1.쓿거나 빻으려고 절구에 담고 공이로 내리치다 2.무거운 물건으로 아래에 있는 물체를 내리치다 3.마주 부딪다	· 쌀을 찧어서 죽을 쑤다 · 물건에 발등을 찧었다 · 전봇대에 머리를 찧었다
빻다 「동사」	물기가 없는 것을 짓찧어서 가루로 만들다	· 밀을 빻아 가루를 만든다 · 깨를 빻으니 고소한 냄새

찧는 이유는 껍질을 벗기기 위해서, 잘게 부수기 위해서, 혹은 가루로 만들기 위해서입니다. 하지만 빻는 이유는 단지 가루로 만들기 위해서입니다. 가루로 만들기 위해 찧는 것이 빻는 것입니다. 마른 고추를 찧으면 빻아져 고춧가루가 됩니다. 절구에 넣고 잘게 부수는 것이 '찧다'이고, 믹서에 넣어 잘게 만드는 것은 '갈다', 도마 위에 놓고 칼로 잘게 만드는 것은 '다지다'입니다.

경망스럽게 행동하는 것을 이르는 속담 '찧고 까불다'가 있습니다. 절구에 넣고 찧은 다음에 알맹이만 추려 내기 위해서 키에 올려 위 아래로 흔드는 것을 '까불다(까부르다의 준말)'라고 합니다. 신성한 노동을 왜 그렇게 경망스러운 행위에 비유했는지 모르겠습니다. 동사 '까불다(조심성 없이 함부로 행동하다)'는 키질을 하여 까부르는 '까불다'에서 나온 말입니다.

났다, 낫다

벌써 병이 다 났니? 병이 다 난 것 같아. 나보다 그 애가 더 난 것 같다. '낫다'의 자리에 동사 '나다'나 '날다'를 썼기에 모두 잘못된 표현입니다. '병이 났니?'는 '병이 발생했니?', '병이 난 것 같다'는 '병이 발생한 것 같다', '그 애가 난 것 같다'는 '그 애가 (하늘을) 난 것 같다'라는 의미입니다. '났다'는 동사 '나다'가 활용한 것으로, 병(病)이란 단어와 어울리면 '병이 발생했다'는 뜻이 됩니다. '병이 고쳐졌다'라는 것이면 동사 '낫다¹'를 쓰고, 우수하다는 맥락에는 동사 '낫다²'를 써서, '낫고, 낫지, 낫는, 나아, 나으니, 나은, 나을, 나았다'로 표현해야 합니다. 참고로 'ㅅ' 불규칙 용언은 모음 어미를 줄여 쓰지 않습니다. 따라서 맞는 표기는 '벌써 병이 다 나았니? 이제 병이 다 나은 것 같아. 나보다 그 애가 더 나은 것 같다'입니다.

구분	품사	의미	용례
낫다¹	동사	병이나 상처 등이 고쳐져 본래대로 되다	· 병이 씻은 듯이 나았다
낫다²	형용사	(…보다) 보다 더 좋거나 앞서 있다	· 겨울보다 여름이 낫다

가끔 '낳다'를 '낫다'나 '나다'와 혼동하기도 합니다. 아이를 나 본 사람, 내가 나은 자식은 아니지만, 고양이가 새끼를 낳아. 동사 '낳다'는 불규칙 용언이 아니어서 어간의 자음 'ㅎ'이 그대로 살아 활용합니다. 그래서 '낳고, 낳지, 낳는, 낳아, 낳으니, 낳은, 낳을, 낳았다'로 표기해야 합니다.

나가다, 나아가다

'나가다'와 '나아가다'. 표준국어대사전을 찾아보면 '나가다'의 뜻은 23개나 되고, '나아가다'는 3개가 있습니다. 대개 사전에 첫 번째 뜻풀이로 올라 있는 것이 그 단어의 핵심적인 의미입니다.

구분	핵심 의미	해당 한자	용례
나가다	안에서 밖으로 이동하다	出(날/나갈 출)	· 마당에 나가서 놀아라 · 차가 앞으로 나갔다 · 소극적인 태도로 나가지 마라
나아가다	앞으로 향하여 가다	進(나아갈 진)	· 앞으로 더 나아가기로 하다 · 관직에 나아가다 · 우리가 나아갈 방향입니다

중세의 문헌 기록으로 보면 '나가다'는 '나다(出날 출)'와 '가다(去갈 거)'가 결합한 합성어이고, '나아가다'는 '낮다(進나아갈 진)'와 '가다(行다닐 행)'의 합성어입니다. 예부터 '나가다'는 밖으로 나가는 출(出)이고, '나아가다'는 앞으로 나아가는 진(進)입니다. '나가다'가 일정한 범위를 벗어나는 것이라면, '나아가다'는 지금의 위치보다 앞쪽으로 가는 것입니다. 지금보다 상황이 좋아지는 방향으로 가거나, 지금보다 앞의 위치로 가는 것에는 '나아가다'를 쓰고, 그 외의 문맥에서는 모두 '나가다'를 쓰면 됩니다. 한편 '나가다'는 '만들어 나가다'처럼 보조용언으로 많이 쓰이지만, '나아가다'는 어떠한 경우에도 보조용언으로 쓰일 수 없습니다.

꼽히다, 뽑히다

여럿 중에서 선택을 받는다는 뜻의 말들인 '꼽히다'와 '뽑히다'는 각각
'꼽다'와 '뽑다'의 피동사인데, 현실에서는 마치 동의어인 듯 뒤섞여 쓰이
기도 하지만 확연히 다른 말들입니다.

구분	뜻풀이	용례
꼽히다[1] 「동사」	1. 어떤 범위나 순위 안에 들다 2. '꼽다[1] 「2」'의 피동사. 지목을 당하다	· 손가락에 꼽히다. 첫손에 꼽히다 · 후보로 꼽히다. 일인자로 꼽히다
뽑히다 「동사」	'뽑다'의 피동사. 여럿 가운데에서 골라지다	· 친목 모임의 회장으로 뽑혔다 · 당당히 축구 국가대표로 뽑혔다

꼽는다는 것은 손가락을 접어가며 수를 헤아리는 것이고, 꼽힌다는
말은 손가락의 개수 안에 들어간다는 뜻입니다. '일 잘하기로 손에 꼽
힌다'나 '못되기로는 손에 꼽히는 인물이다'처럼 긍정과 부정의 문맥에
모두 쓸 수 있습니다. 뽑는다는 말은 여러 의미가 있지만 여기에서는
'여럿 가운데에서 골라내다'의 뜻인 '뽑다'의 피동사 '뽑히다'를 말합니
다. 이때의 '뽑히다'는 '선출(選出)되다'의 뜻입니다. 그런데 뽑히거나 선출
되는 것이 투표를 통해 이루어지는 것만은 아닙니다. 그럴 만한 위치의
누군가가 자신의 권한을 이용해 뽑을 수도 있기 때문입니다.

'꼽히다'는 손가락 안에 드는 것, '뽑히다'는 선출되는 것입니다.

'살진 생선'과 '살찐 생선' 중 어떤 표현이 맞을까요. 우리는 고도로 발달한 눈치로 '살진 생선'이 맞는다는 것쯤은 금세 맞힐 수 있습니다. 살찐 생선은 좀 웃기잖아. 그렇습니다.

구분	뜻풀이	용례
살지다「형용사」	1. 살이 많고 튼실하다 2. 땅이 기름지다 3. 과실이나 식물의 뿌리 따위에 살이 많다	· 살진 암소. 살지고 큰 물고기 · 살진 옥토 · 살진 과일은 보기에 탐스럽다
살찌다「동사」	1. 몸에 살이 필요 이상으로 많아지다 2. 힘이 강하게 되거나 생활이 풍요로워지다	· 살찐 사람. 살쪄서 바지가 작다 · 신록을 살찌게 하는 비

'살지다'는 형용사입니다. 형용사는 어떤 상태나 모습을 묘사하는 품사입니다. '살찌다'는 동사인데, 동사는 사물의 움직임이나 변화를 나타냅니다. 살이 많아 튼실한 모습을 묘사하려면 형용사인 '살지다'를, 과거보다 살이 많아진 변화에 대해 말하려면 동사인 '살찌다'를 써야 합니다. 사전의 용례를 보면 '살지다'는 암소나 물고기, 옥토, 과일처럼 동물이나 땅, 과일 등 사람이 아닌 사물에 사용된다는 걸 알 수 있습니다. 반면 '살찌다'는 주로 사람에게 쓰는 표현으로서 '필요 이상으로' 살이 많아진 것을 뜻합니다. 소나 돼지 등 가축에 '살찐 돼지'나 '살찐 소'로 표현하는 것은 적절하지 않습니다. 그러나 '소를 살찌게 하다', '말이 살찌는 계절' 등의 맥락에서는 동사인 '살찌다'를 쓰는 것이 맞습니다. 변화를 나타내기 때문입니다.

두껍다, 두텁다

두꺼운 입술, 두터운 입술. 두꺼운 옷, 두터운 옷. '두껍다'와 '두텁다'
도 마치 동의어처럼 쓰이지만 같은 말이 아닙니다.

구분	뜻풀이	용례
두껍다 「형용사」	1.두께가 보통의 정도보다 크다 2.층을 이루는 사물의 높이나 집단의 규모가 　보통의 정도보다 크다 3.어둠이나 안개, 그늘 따위가 짙다	· 두꺼운 이불, 두꺼운 입술 · 고객층이 두껍다 · 선수층이 두껍다 · 두꺼운 안개, 두꺼운 어둠
두텁다 「형용사」	신의, 믿음, 관계, 인정 따위가 굳고 깊다	· 두터운 신뢰, 두터운 믿음 · 신앙심이 두텁다 · 두터운 친분, 두터운 교분 · 두터운 우정을 쌓다

물리적인 두께에는 '두껍다'를 쓰고, 추상적이며 심리적인 두께에는
'두텁다'를 써야 합니다. 따라서 '두꺼운 입술'이 맞고 '두터운 입술'은 잘
못이며, '두꺼운 신뢰'가 아닌 '두터운 신뢰'로 쓰는 것이 적절합니다.

'두텁다'의 작은말은 '도탑다'입니다. 표준국어대사전은 '서로의 관계에
사랑이나 인정이 많고 깊다'로 풀이하고 있습니다. '도탑다'는 '도타운
우애, 도타운 정, 도타운 믿음, 도타운 사랑'처럼 쓰입니다. 도타운, 도
탑다. 요즘에는 예전만큼 많이 쓰이지는 않지만 느낌이 무척 포근하고
예쁜 말입니다.

데리다, 모시다

부장님, 제가 데리러 갈게요. 아랫사람이 윗분을 데리러 간다고 하는 것은 결례입니다. '데리다'의 높임말인 '모시다'를 써야 합니다.

구분	뜻풀이	용례
데리다 「동사」	('데리고', '데리러', '데려' 꼴로 쓰여) 아랫사람이나 동물 등을 몸 가까이 있게 하다	· 개를 데리고 산책하다 · 아이를 데리러 가다 · 정류장까지 데려다줄게
모시다 「동사」	1. 웃어른이나 존경하는 이를 가까이에서 받들다 2. '데리다'의 높임말 3. 제사 따위를 지내다	· 시부모님을 모시고 산다 · 할아버지를 모시러 갔다 · 시월이면 시제를 모신다

몇 년 전 '데려가다', '데려오다', '데려다주다'가 합성어로 사전에 올랐습니다. 이제 '강아지를 데려 오다. 강아지를 데려 가다. 강아지를 데려다 주다'처럼 띄어 쓰지 않아도 됩니다. '데리다, 데려가다, 데려오다, 데려다주다'의 활용형이 아니면 '데려다 달라고 했다'로 단어마다 띄어 써야 합니다. 그런데 많은 사람이 '달다'란 동사가 있다는 사실을 잘 알지 못합니다. '데려다 달라고'에서 '달라고'의 기본형이 바로 '달다'입니다.

단어		뜻풀이 및 용례
달다5	동사	말하는 이가 듣는 이에게 어떤 것을 주도록 요구하다 ¶ 아이가 용돈을 달라고 한다. 옷을 다오. 대관절 얼마나 달라는 것이오?
	보조동사	듣는 이에게 앞말이 뜻하는 행동을 해 줄 것을 요구하는 말 ¶ 책을 빌려 달라고 간청하다. 형 대신 이 일을 좀 해 다오.

맞추다, 맞히다

'맞추다'란 단어는 주로 '무엇과 무엇을' 맞춘다거나, '무엇을 무엇과' 맞추어 본다고 할 때 사용합니다. '맞추다'는 둘 이상의 대상을 비교하여 서로 조화를 이루도록 한다는 뜻의 말입니다.

'맞히다'는 '맞다'의 사동사입니다. '맞다'가 자기가 직접 맞는 것이라면, '맞히다'는 주어(主語)가 맞는 게 아니라 다른 무엇이 맞게 하는 것입니다. 즉, '맞히다'란 낱말의 주된 의미는 무엇에 적중시키거나 닿게 하는 것입니다.

비고	주요 의미	용례
맞히다 「동사」	1. 적중하다 2. 무엇을 다른 물체에 닿게 하다	· 문제의 정답을 맞히다 · 퀴즈의 답을 맞히다 · 적장을 화살로 맞히다 · 비를 맞히다 · 주사를 맞히다
맞추다 「동사」	1. 대상끼리 서로 비교하다 2. 떨어진 것을 제자리에 맞게 대어 붙이다	· 문짝을 문틀에 맞추다 · 친구와 답을 맞추어보았다 · 친구와 일정을 맞추었다 · 다른 부서와 보조를 맞추다 · 라디오 주파수를 맞추다

야구 중계를 보다 보면 '맞추다'로 잘못 쓰는 경우가 많습니다. 야구에서 타자가 투수의 공을 치는 것은 '맞추는 것'이 아니라 '맞히는 것'입니다. 참고로, 입은 맞히는 게 아니라 맞추는 것입니다.

메우다, 메꾸다

'메꾸다'는 '메우다'의 잘못이었으나 현실에서의 쓰임이 워낙 많아 2011년 9월부터 복수 표준어가 되었습니다. 이제 '메꾸다'를 '메우다' 대신 쓸 수 있지만, 모든 상황에 그럴 수 있는 것은 아닙니다.

구분	뜻풀이	용례
메다¹ 「동사」	1. 뚫려 있거나 비어 있는 곳이 막히거나 채워지다 2. 어떤 장소에 가득 차다 3. 어떤 감정이 북받쳐 목소리가 잘 나지 않다	· 하수도 구멍이 메다 · 메어 터지게 많다 · 너무 기뻐 목이 메었다
메우다² 「동사」	1. '메다¹1'의 사동사. ≒메꾸다 3. 2. '메다¹2'의 사동사 3. =메꾸다 2. 4. =메꾸다 1.	· 빈칸을/구덩이를 메우다 · 하객들이 가득 메웠다 · 부족한 돈을 메우려… · 무료한 시간을 메우려…
메꾸다 「동사」	1. 시간을 적당히 또는 그럭저럭 보내다. ≒메우다²4. 2. 부족하거나 모자라는 것을 채우다. ≒메우다²3. 3. =메우다²1.	· 시간만 메꾸긴 싫다 · 부족한 돈을 메꿔라 · 빈칸을 메꾸다

보셨듯이 '메꾸다'는 '메우다'의 동의어로 쓰이지만, '메우다²' 2번의 의미로는 쓸 수 없습니다. 즉, '어떤 장소를 가득 채우다'의 뜻으로는 '메우다'만 가능하고 '메꾸다'는 안 됩니다. 예를 들어, '수많은 인파가 광장을 가득 메꾸고 있습니다'는 안 되고, '수많은 인파가 광장을 가득 메우고 있습니다'로 써야만 문법에 맞습니다. 어떤 장소를 가득 채우는 것이 '사람'에만 해당하는 것은 아닙니다. '도로를 자동차가 가득 메우고 있다'도 맞습니다. 이때 '메꾸다'를 써서 '도로를 자동차가 가득 메꾸고 있다'로 표현하는 것은 잘못입니다.

미치다, 끼치다

'미치다'와 '끼치다'는 동의어가 아닌데, '영향을 미쳤다'와 '영향을 끼쳤다'가 모두 문법에 맞는다 하니 혼란스럽습니다.

비고	뜻풀이	용례
미치다² 「동사」	1. 거리나 수준 등이 일정한 선에 닿다 2. 영향이나 작용 등이 대상에 가하여지다. 　또는 그것을 가하다	· 결승점에 못 미쳐 넘어졌다 · 생산이 수요에 못 미쳤다 · 사퇴 압력이 그에게 미쳤다
끼치다² 「동사」	1. 영향, 해, 은혜 등을 당하거나 입게 하다 2. 어떠한 일을 후세에 남기다	· 심려/폐/걱정/손해를 끼치다 · 물가에 영향을 끼쳤다 · 인류 발전에 영향을 끼쳤다

'미치다'는 '무엇이 무엇에 다다르다, 무엇이 무엇에 이르다'의 의미로 씁니다. 그의 손이 미치지 않는 곳이 없다. 그의 영향력이 여기까지 미치다. 아무리 손을 뻗어도 미치지 않았다. 생각이 미치지 못 했다. '미치다'는 좀처럼 부정적인 의미를 가진 목적어와 함께 쓰이지 않습니다. '피해를 미쳤다, 폐를 미쳤다, 심려를 미쳤다, 불편을 미쳤다'로 쓰면 어색합니다. '끼치다'는 대체로 부정적인 단어 '해, 손해, 피해, 누, 폐, 심려, 걱정, 불편' 따위와 결합되어 쓰입니다. 물론 '영향'이나 '은혜' 등의 단어와 결합되기도 합니다. 그러나 좋은 의미로 쓸 때에는 '영향을 끼쳤다'보다는 '영향을 주었다'가 바람직하고, '은혜를 끼쳤다'보다 문장의 주어를 바꾸어서라도 '은혜를 입었다'로 표현하는 것이 더 자연스럽습니다.

비치다, 비추다

'비치다'는 빛이 나서 환하게 되거나 드러난다는 뜻의 자동사[i]이고, '비추다'는 빛을 내는 대상이 다른 대상에 빛을 보내어 밝게 하다란 뜻의 타동사[ii]입니다.

목적어가 있으면 타동사 '비추다'를 쓰고, 아니면 자동사 '비치다'를 씁니다. 즉, '비치다'는 대부분 '～이 비치다'의 형식으로 쓰입니다. 그런데, '～을 비치다'로 쓰이는 경우도 있습니다. '얼굴을 비치다'와 '생각을 비치다'입니다. 하는 수 없습니다. 그 두 가지만 제외하고, 목적어가 나타나는 문장에는 모두 '비추다'를 쓰면 됩니다. 타동사는 그 동작의 대상인 목적어를 필요로 하므로 '비추다'는 대부분 '～을 비추다'의 형식으로 쓰입니다. 단, '어떤 것과 견주어 보다'라는 뜻으로 쓰일 때엔 '～에 비추다'가 됩니다.

구분	동사	쓰임 형식	용례
비치다	자동사	…이 비치다	· 어둠 속에 달빛이 비치다 · 번쩍이는 번갯불에 그의 늠름한 모습이 비치었다 · 난감해하는 기색이 비치더니 도망치듯 사라졌다 · 속이 비치는 옷감이다
비추다	타동사	…을 비추다	· 새어 나오는 불빛이 마루를 비추고… –한수산, 유민 · 엑스선에 가슴을 비추었다 · 거울에 얼굴을 비추다 · 경험에 비추어 볼 때 성공하기 어렵다(견주어 볼 때)

---

i 자동사(自動詞): 동사가 나타내는 동작이나 작용이 주어에만 미치는 동사. '꽃이 피다'의 '피다'

ii 타동사(他動詞): 동작의 대상인 목적어를 필요로 하는 동사. '밥을 먹다'의 '먹다'

부치다, 붙이다

'부치다'와 '붙이다'는 모두 '붙다'에서 나온 말들입니다. 그러나 '부치다'는 '붙이다'처럼 '붙다'의 의미가 남아 있지 않은 새로운 의미의 말로 바뀌었습니다.

구분	뜻풀이	용례
부치다[1]	모자라거나 미치지 못하다	· 그 일은 힘에 부쳤다
부치다[2]	1. 편지나 물건 따위를 보내다 2. 다른 곳이나 다른 기회로 넘기어 맡기다 3. 어떤 일을 거론하거나 문제 삼지 않다 4. 원고를 인쇄에 넘기다 5. 다른 것에 의지하여 대신 나타내다 6. 먹고 자는 일을 다른 곳에서 하다 7. 어떤 날에 즈음해 의견을 나타내다	· 편지를 집으로 부치다 · 안건을 회의에 부치다 · 여행 계획을 비밀에 부치다 · 원고를 인쇄에 부쳤다 · 그리움을 시에 부치다 · 삼촌 집에 숙식을 부치다 · 한글날에 부쳐
부치다[3]	논밭을 이용하여 농사를 짓다	· 부쳐 먹을 땅 한 평 없다
부치다[4]	프라이팬 등에 기름을 발라 음식을 익히다	· 엄마는 빈대떡을 부치셨다
부치다[5]	부채 따위를 흔들어서 바람을 일으키다	· 손을 부채삼아 부쳤다

'부치다'의 여러 뜻풀이 중 그 어디에도 '붙다'의 의미가 남아 있는 것은 없습니다. 그러나 '붙다'의 사동사인 '붙이다'에는 '붙다'의 의미가 그대로 살아 있습니다. 예를 들어 보겠습니다.

> 반창고를 붙이다, 담뱃불을 붙이다, 조건을 붙이다, 뿌리를 붙이다, 주석을 붙이다, 내기에 돈을 붙이다, 바닥에 등을 붙이다, 벽에 붙이다, 경호원을 붙이다, 몸에 근육을 붙이다, 이름을 붙이다, 흥미를 붙이다, 말을 붙이다.

'붙다'의 의미가 있으면 '붙이다'를 쓰고, 아니면 '부치다'입니다.

'식었거나 찬 것을 덥게 하다'라는 말은 원래 '데이다'였습니다. '데이다'는 후에 '데우다'로 바뀌었는데, '덥다'의 어근[i]에 사동형 접미사 '-히'가 붙은 '덥히다'란 말이 새로 만들어졌습니다. 그렇게 나중에 나온 '덥히다'가 오히려 '데우다'보다 폭넓은 의미로 쓰입니다.

구분	의미	용례
데우다 「동사」	식었거나 찬 것을 덥게 하다	· 물을 데우다 · 찌개를 데웠다
덥히다 「동사」	1. '덥다2(체온이 높은 느낌이 있다)'의 사동사 2. '덥다3(사물의 온도가 높다)'의 사동사 3. 마음이나 감정 등을 푸근하고 흐뭇하게 하다	· 모닥불에 손을 덥혔다 · 방을/찌개를 덥히다 · 마음을 덥혀 주는 미담

'데우다'는 '덥히다'의 일부입니다. '데우다'는 주로 물이나 국, 찌개처럼 액체 상태인 사물의 온도를 높이는 것을 말합니다. 그에 비해 '덥히다'는 액체 상태의 것을 포함한 모든 사물의 온도를 높이는 것, 거기에 더하여 사람의 마음이나 감정의 온도를 높이는 것에도 쓰입니다. 따라서 '데우다'를 쓰는 자리에는 모두 '덥히다'를 쓸 수 있지만, '덥히다' 대신 모든 곳에 '데우다'를 쓸 수는 없습니다.

데우는 것은 주로 액체 상태의 것이고, 덥히는 것은 그 외 모든 것입니다. 추상적인 개념인 마음이나 감정도 덥힐 수 있습니다.

---

i 어근(語根): 단어의 실질적 의미를 나타내는 중심 부분. '사랑하다, 사랑스럽다'의 '사랑'이 어근

돋구다, 돋우다 _____

우리가 '돋구다'로 표현하는 거의 모든 경우는 '돋우다'로 해야 맞습니다. 돋굴 수 있는 대상은 안경의 도수뿐입니다. 다른 모든 것은 돋우어야 합니다. 다음 예문들에 쓰인 '돋구다'는 모두 '돋우다'로 바꿔 써야 맞습니다.

- 봄나물이 입맛을 돋군다→ 봄나물이 입맛을 돋운다
- 화를 돋구는 행동→ 화를 돋우는 행동
- 목청을 돋구어 소리쳤다→ 목청을 돋워(돋우어) 소리쳤다
- 신경을 돋구는 소리→ 신경을 돋우는 소리

'돋구다'와 '돋우다' 모두 '돋다'의 사동사입니다. '돋구다'는 '돋다'에 사동 접미사 '-구-'가 결합한 파생어이고, '돋우다'는 '돋다'에 사동 접미사 '-우-'가 결합한 파생어입니다.

구분	의미	용례
돋구다	안경의 도수 따위를 더 높게 하다	· 안경의 도수를 돋굴 때가 되다
돋우다	1. 끌어 올려 도드라지거나 높아지게 하다 2. 괴거나 쌓아 도드라지거나 높아지게 하다 3. 감정이나 기색 따위가 높아지게 하다 4. 정도를 더 높이다 5. 입맛이 당기게 하다	· 발끝을 돋우어 심지를 돋웠다 · 벽돌을 돋우다 · 화를, 호기심을, 신경을 돋우다 · 달빛이 더욱 적막을 돋우었다 · 봄나물이 입맛을 돋우었다

'돋구다'는 안경 등의 도수를 높이는 것에만 쓰고, 그 외에는 모두 '돋우다'를 써야 합니다.

우리말을 알다

생긴 것도 비슷한 녀석들이 발음이나 뜻까지 비슷합니다. 누구라도 혼동할 수밖에 없습니다.

한글 맞춤법 규정[i]에서는 '늘이다'는 '본디보다 길게 하다, 아래로 처지게 하다'의 뜻을, '늘리다'는 '크게 하거나 많게 하다'란 뜻을 나타낸다고 설명합니다. 더 간략하게 정리하면 이렇습니다. 무엇을 길게 하면 '늘이다'이고, 무엇을 확대하면 '늘리다'입니다.

구분	대상	주요 의미	용례
늘이다	길이	길게 하다	· 고무줄을 늘였다 · 소매의 길이를 늘였다 · 문발을 늘였다 · 밧줄을 늘였다 · 좌판을 길게 늘여 놓았다
늘리다	넓이, 부피, 수, 시간, 실력 등	확대하다	· 넓은 평수로 늘려 이사했다 · 입던 바지의 통을 늘렸다 · 입학 정원을 늘렸다 · 방송 시간을 더 늘렸다 · 실력을 늘려 다시 도전해라

길이를 길게 하는 것은 '늘이다', 그게 아니면 '늘리다'입니다.

---

i 한글 맞춤법 제6장 그 밖의 것, 제57항의 해설

벌이다, 벌리다

대부분 '벌이다'로 써야 할 곳에 '벌리다'를 씁니다. 특히 '잔치를 벌렸다', '논쟁을 벌렸다'로 잘못 쓰는 경우가 많습니다.

벌이다 「동사」
1)일을 계획하여 시작하거나 펼쳐 놓다 2)놀이판이나 노름판 따위를 차려 놓다
3)여러 가지 물건을 늘어놓다 4)가게를 차리다 5)전쟁이나 말다툼 따위를 하다

벌리다 「동사」
1)사이를 넓히거나 멀게 하다 2)껍질 따위를 열어 젖혀서 속의 것을 드러내다
3)우므러진 것을 펴지거나 열리게 하다

뜻풀이가 많다 보니 확실하게 와 닿지 않습니다. 하지만 알고 보면 단순합니다. 무엇인가를 펼치거나 늘어놓는 것은 '벌이다'이고, 어떤 틈이나 사이를 넓히거나 멀게 하는 것이 '벌리다'입니다.

구분	주요 의미	용례
벌이다	펼치거나 늘어놓다	· 풍성한 감사 잔치를 벌였다 · 비밀리에 노름판을 벌였다 · 책을 잔뜩 벌여 두고 공부를 한다 · 청년 운동을 벌이고 있는 사람이다 · 시국에 대한 치열한 논쟁을 벌였다
벌리다	틈이나 사이를 넓히거나 멀게 하다	· 자리의 간격을 넓게 벌려 놓았다 · 입을 벌리고 하품을 했다 · 밤송이를 벌리고 알밤을 꺼냈다 · 두 팔을 벌려 맞아들였다 · 양 팔을 옆으로 벌렸다

벌어지게 하는 것은 '벌리다', 그게 아니면 '벌이다'입니다.

우리말을 알다

들리다, 들르다

오는 길에 약국에 좀 들렸다가 와라. 맞춤법에 맞는 표기는 '들렀다가'입니다. '들르다'는 '들리다'와 구분하여 써야 합니다.

구분	뜻풀이	예문
들르다	지나는 길에 잠깐 들어가 머무르다	· 퇴근길에 포장마차에 들렀다
들리다¹	1.병에 걸리다 2.귀신이나 넋 따위가 덮치다	· 그는 심한 폐렴에 들렸다
들리다³	'듣다¹'의 피동사	· 어디서 음악 소리가 들렸다
들리다⁴	'들다⁴'의 피동사	· 양손엔 가방이 들려 있었다
들리다⁶	'들다⁴'의 사동사	· 그에게 선물을 들려 보냈다

'한번 들려라. 한번 들릴게'는 잘못이고, '한번 들러라, 한번 들를게'로 써야 맞습니다. '들르다'는 '들러, 들러서, 들르고, 들르니, 들르는, 들르면, 들르지, 들른, 들를, 들렀다'로 활용합니다.

'들러'는 기본형 '들르다'의 어간에 연결어미 '-어'가 결합하면서 어간 끝음절의 모음 'ㅡ'가 탈락한 활용형입니다. '크다'의 어간에 '-어'가 결합하면 '커'가 되고, '쓰다'에 어간에 '-어'가 붙어 '써'가 되며, '치르다'는 '치러', '잠그다'는 '잠가'가 되는 것과 같은 이치입니다. 그런 이유로 '들러, 들러서, 들렀다'가 된 것이고, 자음 어미가 올 때에는 '들르고, 들르니, 들르면, 들르지' 등으로 활용합니다.

안치다. 앉히다

밥솥에 쌀을 앉히고 청소를 시작했다. '안치다'를 써야 할 곳에 '앉히다'를 사용한 경우입니다. 쌀을 앉혔다면 서성거리던 쌀을 앉도록 했다는 뜻이니 말이 되지 않습니다. 그런데 많은 사람이 '앉히다'로 써서 맞춤법에 맞는 '안치다'를 쓰면 왠지 잘못 쓴 것처럼 볼 수도 있습니다. 밥을 하려면 솥에 쌀을 앉히지 말고 안쳐야 합니다.

구분	뜻풀이	용례
안치다² 「동사」	밥, 떡, 찌개 따위를 만들기 위하여 그 재료를 솥이나 냄비 따위에 넣고 불 위에 올리다	· 솥에 고구마를 안쳤다 · 솥에 쌀을 안치러 갔다
앉히다 「동사」	'앉다'의 사동사 […을 …에] 앉게 하다	· 아이를 의자에 앉혔다 · 아들을 부장 자리에 앉혔다

'안치다'와 '앉히다'는 발음이 같지만 뜻은 다른 동음이의어입니다. '앉히다'의 첫음절 받침인 'ㄵ'의 'ㅈ'이 뒤 음절의 'ㅎ'과 축약되어 'ㅊ'으로 변하면서 [안치다]로 발음되기 때문입니다. 한글 맞춤법[i]에서는 발음 형태는 같거나 비슷하면서 뜻이 다른 단어는 구별하여 적도록 하고 있습니다. '안치다'는 '끓이거나 찔 물건을 솥이나 시루에 넣다'라는 뜻을 나타내며, '앉히다(앉게 하다)'는 '앉다'의 사동사입니다. 한편, 밑으로 내려앉거나 잠잠해지는 것을 뜻하는 '가라앉다'의 사동사는 '가라앉히다'입니다.

---

i 한글 맞춤법, 제6장 그 밖의 것, 제57항

우기다, 욱이다

커다란 쌈을 입에 우겨넣었다. 이렇게 대부분 '우겨넣다'로 쓰지만 '상대가 싫다는데 먹으라고 우겨서 넣는다'는 뜻이 되므로 아주 해괴한 문장입니다. 마구 밀어 넣는 것이면 '욱여넣다'로 써야 합니다.

구분	뜻풀이	용례
우기다 「동사」	억지를 부려 제 의견을 고집스럽게 내세우다	· 자기주장을 끝까지 우겼다 · 결백하다고 우기고 있다
욱이다 「동사」	'욱다²'의 사동사 안쪽으로 조금 우그러지게 하다	· 종이컵을 욱이고 있다 · 누가 욱인 듯한 모습이다
욱여넣다 「동사」	주위에서 중심으로 함부로 밀어 넣다	· 밤을 주머니에 욱여넣었다 · 밥을 말아 욱여넣었다

현대에 들어 '욱다'나 '욱이다'의 쓰임은 거의 없으나 '욱여넣다'는 아직도 많이 사용되고 있습니다. '욱여넣다'는 '욱이다'의 활용형 '욱여(욱이어)'와 '넣다'가 결합한 합성어입니다. 근래에 들어서는 역할을 다하고 물러나는 '욱이다' 대신 '우그리다'와 '우그러뜨리다(≒우그러트리다)'가 활약하는 양상입니다.

구분	뜻풀이	용례
우그리다	물체를 안쪽으로 우묵하게 휘어지게 하다	· 우그린 깡통을 차며 놀다
우그러뜨리다	안쪽으로 우묵하게 휘어져 들어가게 하다	· 새 차를 우그러뜨리다니

점잖다, 젊잖다

'점잖다'의 표기를 '젊잖다'로 잘못 알고 있는 사람이 많습니다. '점잖은 사람'과 '젊잖은 사람'은 다른 의미입니다. '점잖은 사람'은 의젓하고 예의가 바른 사람이고, '젊잖은 사람'은 나이가 젊지 않은 사람입니다. '점잖다'는 그 자체가 한 단어인 형용사이고, '젊잖다'는 '젊지 않다'가 준 말입니다. 즉, '젊잖다'는 '젊다'의 어간에 어미 '-지'가 붙어 보조용언 '않다'와 함께 쓰여 줄어든 말입니다.

구분	뜻풀이	용례
점잖다 「형용사」	1.언행이나 태도가 의젓하고 신중하다 2.품격이 꽤 높고 고상하다	· 점잖은 노인. 점잖게 말하다 · 그녀는 점잖은 집안 자손이다
젊다 「형용사」	1.나이가 한창때에 있다 2.혈기 따위가 왕성하다	· 젊었을 때엔 힘깨나 쓰던 인물이다 · 젊은 기운. 젊은 영혼. 젊은 혈기

'점잖다'와 '젊잖다'는 혈통이 같습니다. 괴롭거나 성가시다는 '귀찮다'가 '귀(貴)하지 않다'가 줄어 만들어진 말이듯이, '점잖다'도 '젊지 않다'의 뜻을 가진 말이 줄어 만들어진 말입니다. '점잖다'의 어원이 비록 '젊지 않다'이지만 표기는 반드시 '점잖다'로 해야 합니다. '점잖지 않다'를 줄여 쓴 표현은 '점잖잖다'입니다. 한편, '점잔을 빼다, 점잔을 부리다, 점잔을 피우다'의 '점잔[i]'은 '점잖다'의 어근이 '점잔'인 것으로 오해하여 만들어진 명사입니다.

i 점잔: 점잖은 태도

우리말을 알다

담다, 담그다, 담구다

1)김치를 담아 먹다 2)김치를 담가 먹다 3)김치를 담궈 먹다

1)은 김치를 그릇에 담아서 먹는다는 뜻이고, 2)는 김치를 직접 만들어 먹는다는 뜻이며, 3)은 문법에 어긋납니다. '담궈(담구어)'는 방언인 '담구다'의 활용형이기 때문입니다. 표준어는 '담그다'입니다.

15세기 문헌[i]에는 '담그다'의 어형이 '둠그다'로 나타나는데, '둠다' 역시 '담그다'의 뜻으로 쓰인 기록도 있습니다. 그러나 '담그다'의 의미로는 '둠그다'가 '둠다'보다 더 많이 나타나는 것으로 보아 중세에도 '담그다'와 '담다'를 구분하여 썼을 것으로 추정합니다. 어떤 것을 액체 속에 넣거나 발효 음식을 만드는 행위에 관한 표현으로는 '담그다'가 '담다'보다 정통성을 가진 말입니다.

'담그다'가 액체 속에 무엇인가를 넣는 것을 뜻한다면, '담다'는 어떤 그릇에 무엇인가를 넣는 것을 뜻합니다. '담다'는 추상적 개념에도 쓰여 글이나 그림, 말, 표정 등에 생각이나 마음을 드러내는 것도 '담다'로 표현합니다. '담그다'의 어간에 어미 '-아'가 연결되면 어간의 모음 'ㅡ'가 탈락하면서 '담가'가 됩니다. 담가, 담가라, 담근, 담그는, 담글, 담그면, 담그지, 담그겠다, 담갔다.

---

i 구급방언해(1466), "글는 므레 둠가", "더운 므레 손바롤 둠고미 됴ᄒᆞ니 ᄎᆞ거든 다시 ᄭᅩᆯ라" 등

받치다, 받히다, 바치다 _____

밟히고 받쳐서 부상을 입지만. 멧돼지에 물리거나 받쳐서. 옆면이 받쳐서 찌그러진. 블록에 잘 받혀서 넣어야. 일제도 아주 악에 받혀서. 주인공을 잘 받혀서. 목숨을 받쳐서 죽을 각오로. 청춘을 다 받쳐서 살면. 이 한 몸을 받쳐서라도.

뉴스 기사를 검색했더니 나온 글들인데, 모두 단어의 선택이 잘못된 사례들입니다. 무엇에 부딪힌 상황에서는 '받쳐서'가 아닌 '받혀서'로, 그리고 '받혀서'로 표기한 것은 모두 '받쳐서'로 바꾸어 써야 맞습니다. 목숨이나 청춘, 몸을 아낌없이 내놓는 것은 '받치다'가 아닌 '바치다'입니다.

구분	주요 의미	예문
받치다[1]	1. 잘 소화되지 않고 위로 치밀다 2. 몸의 일부분이 아프게 느껴지다 3. 심리적 작용이 강하게 일어나다	· 먹은 것이 자꾸 받쳐서 굶어야겠다 · 맨바닥이라 등이 받쳐서 못 자겠다 · 악에/설움에/감정에 받쳐서
받치다[2]	1. 밑이나 옆 등에 다른 물체를 대다 2. 잘할 수 있도록 뒷받침해 주다	· 옆에서 조용히 우산을 받쳐 주었다 · 어떤 옷을 받쳐 입어도 어울린다 · 수비수가 잘 받쳐 주어서 이겼다
받히다[1]	(받다[2]의 피동사) 머리나 뿔 따위에 세차게 부딪히다	· 소에게 받혀서 꼼짝을 못 한다 · 승용차에 받혀 크게 다쳤다
바치다[1]	1. 신이나 웃어른께 정중하게 드리다 2. 모든 것을 아낌없이 내놓다	· 제물을 바쳐 마을의 안녕을 빌었다 · 평생 난민을 돕는 일에 몸을 바쳤다

무엇에 부딪힌 것에는 '받히다'를 쓰고, 그 외에는 '받치다'를 쓰면 됩니다. '바치다'는 무엇을 드리거나 내놓는 것입니다.

우리말을 알다

벗고, 씻고, 잇다

'ㅅ'과 'ㅆ' 받침이 헷갈릴 때, 어간에 어미 '-아/-어'를 붙여 발음해서 쌍시옷 소리가 나면 쌍시옷 받침이고, 그렇지 않으면 시옷 받침이라고 생각하면 됩니다.

구분	발음	설명
쌍시옷 받침	있+어[이써]	[이서]가 아닌 [이써]로 소리가 나니까 쌍시옷 받침
	했+어[해:써]	했어(하+았/였+어). [해:써]로 소리가 나니 쌍시옷 받침
	갔+어[가써]	갔어(가+았+어). [가써]로 소리가 나니까 쌍시옷 받침
시옷 받침	벗+어[버서]	[버써]가 아닌 [버서]로 소리가 나니까 벗다, 벗어
	씻+어[씨서]	[씨써]가 아닌 [버서]로 소리가 나니까 씻다, 씻어
	잇+어[이어]	[이어]로 ㅅ 불규칙 활용이 되니 잇고, 잇지, 이어, 이으니

어간의 받침이 'ㅅ'인 용언은 불규칙하게 활용됩니다. 뒤에 자음 어미가 오면 '긋고, 긋지, 벗고, 벗지, 잇고, 잇지'처럼 받침 'ㅅ'이 그대로 남지만, 모음인 어미 앞에서 어떤 말은 '이어(잇다)'처럼 받침 'ㅅ'이 탈락하는데, 어떤 말은 '벗어(벗다)', '씻어(씻다)'처럼 받침 'ㅅ'이 그대로 남습니다. 탈락하는 것이 'ㅅ' 불규칙 용언입니다.

쌍시옷 받침은 단 세 종류뿐입니다. '있다'의 활용형(있고, 있어, 있지)과, 선어말어미 '-았-/-었-'이 포함되어 줄어든 말(였다, 했다, 됐다, 갔다, 먹었다, 잡았다 등), 그리고 선어말어미인 '-겠-'입니다. 있, 았/었, 겠. 그 외에는 모두 시옷 받침입니다. 긋다, 벗다, 씻다, 잇다, 젓다.

싸이다, 쌓이다

온 세상에 하얀 눈이 싸여 있다. 그는 근심 걱정에 쌓여 있다. '눈이 쌓여(쌓이어) 있다'와 '걱정에 싸여(싸이어) 있다'로 써야 맞습니다. '싸다'와 '쌓다'의 피동사는 '싸이다'와 '쌓이다'입니다. 어미 '-어'가 붙어 활용한 '싸이어'와 '쌓이어'는 싸여'와 '쌓여'로 줄어듭니다.

구분	풀이	용례
싸다[1]	보이지 않게 씌워 가리거나 둘러 말다	· 선물을/책가방을/도시락을 싸다
싸이다[1]	'싸다[1]'의 피동사	· 신비에/안개에/보자기에 싸인
쌓다	여러 개를 겹겹이 포개어 얹어 놓다	· 물건을/실력을/명성을 쌓다
쌓이다	'쌓다'의 피동사	· 눈이/먼지가/걱정이 쌓이다

'싸이다'와 '쌓이다'의 준말은 모두 '쌔다'입니다. '싸이다'는 축약이 일어나 '쌔다'로 되는 건 알겠는데, '쌓이다'는 어찌하여 '쌔다'로 변했을까요. 그것은 '쌓이다'가 줄어들 때 'ㅎ'이 탈락하면서 동시에 모음 축약이 일어나 '쌔다'가 되었기 때문입니다.

구분	뜻풀이	용례
쌔다[2]	'싸이다[1]'의 준말	· 어머니가 끼시던 반지가 하얀 한지에 꽁꽁 쌔어 있었다 · 손수건으로 정성스럽게 쌘 도시락이다
쌔다[1]	'쌓이다'의 준말	· 쌔고(쌓이고) 쌘(쌓인) 게 남잔데, 그렇게 못된 놈을 만나니 · 그런 물건은 이 세상에 쌨다

우리말을 알다

부딪치다, 부딪히다

땅만 보며 걷다 전봇대와 충돌했습니다. 부딪친 것일까요, 부딪힌 것일까요. 만약 내가 전봇대로 가서 충돌했다면 '부딪치다'이고, 전봇대가 난데없이 내게 돌진하는 바람에 충돌했다면 '부딪히다'가 맞습니다. '부딪치다'와 '부딪히다'는 모두 '부딪다'의 파생어입니다.

구분	의미	예문
부딪치다 「동사」	'부딪다'를 강조하여 이르는 말	· 파도가 바위에 부딪쳤다 · 부딪친 현실이 쉽지 않았다 · 그와 눈길이 부딪치는 게 싫다
부딪히다 「동사」	'부딪다'의 피동사. 부딪음을 당하다	· 파도가 뱃전에 부딪혔다 · 행인에게 부딪혀 넘어졌다 · 어려운 문제에 부딪혔다

'부딪치다'는 '부딪다'의 어근에 강세 접미사 '-치-'가 결합한 파생어로서 능동사입니다. '부딪히다'는 '부딪다'의 어간에 피동 접미인 '-히-'가 결합한 파생어이고 피동사입니다. 즉, '부딪치다'는 주어가 움직여 무엇엔가 부딪는 것이고, '부딪히다'는 주어가 무엇엔가 부딪는 행위를 당한 것입니다. 능동과 피동의 차이입니다.

예컨대 '파도가 바위에 부딪쳤다'는 파도가 바위에게로 가서 충돌한 것이고, '파도가 뱃전에 부딪혔다'는 배가 움직이는 바람에 멀쩡히 있던 파도가 뱃전과 충돌한 것입니다.

떨어뜨리다, 떨어트리다

접미사 '뜨리다'와 '트리다'는 모두 표준어입니다. 원래 '뜨리다'만이 표준어였으나 '트리다'가 워낙 폭넓게 사용될 뿐 아니라 오히려 더 널리 쓰이고 있어 복수 표준어로 인정한 것입니다. '뜨리다'가 표준어 자리를 먼저 차지하고 있었기에 기본 표준어이고, '트리다'는 그 동의어입니다. 국어사전에서 '뜨리다'를 찾아보면 '≒트리다'로 되어 있고, '트리다'는 '=뜨리다'로 되어 있는 것을 보면 알 수 있습니다. 기본 표제어의 앞에는 등호인 '='이 붙고 동의어의 앞에는 근사치 부호인 '≒'이 붙습니다.

'뜨리다'가 들어간 말들은 모두 '트리다'로 바꾸어 써도 문법에 맞고, 의미상의 차이도 없습니다. 다만, '뜨리다'는 좀 소극적이며 약한 느낌이라면, '트리다'는 보다 적극적이고 강한 느낌은 있습니다.

한편 '떨구다'는 '떨어뜨리다'의 방언이었으나, 2011년 8월부터 '시선을 아래로 향하다'의 뜻을 가진 표준어[i]가 되었습니다. 같은 날 표준어가 된 것들이 '맨날, 내음, 먹거리, 뜨락' 등이었는데, 오래도록 논란이 되었던 '짜장면'도 포함되었습니다. 그러니 이제는 '그러면 짬뽕은 잠봉이냐'며 비아냥거리지 않아도 됩니다.

---

i 국립국어원(2011), 새로 추가된 표준어 목록(39개 항목)
간지럽히다, 남사스럽다, 등물, 맨날, 묫자리, 복숭아뼈, 세간살이, 쌉싸름하다, 토란대, 허접쓰레기, 흙담, ～길래, 개발새발, 나래, 내음, 눈꼬리, 떨구다, 뜨락, 먹거리, 메꾸다, 손주, 어리숙하다, 연신, 휭하니, 걸리적거리다, 끄적거리다, 두리뭉실하다, 맨숭맨숭/맹숭맹숭, 바둥바둥, 새초롬하다, 아옹다옹, 야멸차다, 오손도손, 찌뿌둥하다, 추근거리다, 택견, 품새, 짜장면

우리말을 알다

불리다, 불리우다

'불리우다'는 '불리다'의 잘못입니다. 뉴스를 검색해 보면 '불리우는'으로 쓴 기사가 2만7천여 건, '불리운'은 5천7백여 건, '불리운다'가 3천2백여 건이나 뜨는 것을 보아도 우리가 평소에 '불리다'를 '불리우다'로 잘못 쓰는 경우가 얼마나 많은지 알 수 있습니다.

'불리다'는 '부르다'의 피동사입니다. 그런데 '부르다'와 '불리다'의 모습이 조금 다릅니다. '부르다'가 '르' 불규칙 용언이기 때문입니다. '르' 불규칙 용언은 어간 뒤에 모음인 어미나 접사가 오면 어간 끝음절의 모음 'ㅡ'가 탈락하고 'ㄹ'이 하나 더 추가되는 용언입니다. '부르다'의 어간에 어미 '어'가 결합하면 모음 'ㅡ'가 탈락하면서 'ㄹ'이 덧나 '부ㄹㄹ+어'가 되고, 'ㄹ'이 어간과 어미에 하나씩 붙어 '불러'가 됩니다. 모음인 피동 접미사 '-이-'가 와도 같은 현상이 일어나 '부르+이+다'는 '불리다'로 바뀝니다.

'불리우다'는 피동 접미사 '-이-'에 또다시 접미사 '-우-'를 덧붙인 것으로, 피동형인 '불리다'에 사동 접미사를 추가한 이상한 형태입니다. '부르다'의 어간에 연결어미 '어'와 보조동사 '지다'가 연결된 '-어지다'의 형식으로 '불러지다'라는 피동형을 만들 수 있습니다. 그러나 '불리어지다'는 피동 접미사 '-이-'에 '-어지다'가 덧붙은 이중 피동이므로 문법에 맞지 않습니다. 하물며 '불리워지다'는 삼중 피동의 꼴이 되니 더욱 이상한 말입니다.

다림질, 다리미질

'다림질'은 '다리미질'의 준말이고 표준어입니다. 표준어가 아닐 것으로 생각했던 수많은 말이 실은 표준어인 경우가 아주 많습니다. 그중 몇 가지만 더 살펴보겠습니다.

구분	뜻풀이	용례
갈	'가을¹'의 준말	· 갈 봄 여름 없이 꽃이 피네
갈치다	'가르치다¹'의 준말	· 빵점이라네. 죽어라 갈친 보람도 없이
개르다	'개으르다('게으르다'의 작은말)'의 준말	· 개른 놈이 아니라 명상 즐기는 놈이야
겔리	'게을리'의 준말	· 그렇게 겔리 하면 늘그막에나 끝내겠다
결	'겨울(가을 다음의 계절)'의 준말	· 올 결처럼 춥지 않으면 살 만하지
나대접	'나이대접'의 준말	· 나대접 받고 싶으면 잘 해라
낫값	'나잇값(나이에 어울리는 행동)'의 준말	· 너는 낫값을 한다. 낫값도 못 한다
늙마	'늘그막(늙어가는 무렵)'의 준말	· 늙마에 편하게 살 만큼 돈도 모았다
더레다	'더럽히다'의 준말	· 가문의 명예를 더레지 않도록 해라
딥다	'들입다(세차게 마구)'의 준말	· 딥다 고생만 했지 아무 보람이 없다
무뜯다	'물어뜯다'의 준말	· 그렇게 무뜯고 싸우는 게 정치이더냐
물팍	'무르팍(무릎의 속된 표현)'의 준말	· 물팍 까지도록 엎드려 빌어도 안 된다
뷕	'부엌(음식 만드는 곳)'의 준말	· 사내가 **뷕**에 들어가면 안 된다는 옛말
션찮다	'시원찮다(시원하지 않다)'의 준말	· 애가 겉만 번드르르하지 몸은 션찮아
앰하다	'애매하다(잘못 없이 당해 억울하다)'의 준말	· 왜 앰한 사람한테 화내고 그러세요
잡매다	'잡아매다'의 준말	· 그녀는 긴 머리를 잡매고 일을 했다
쨈새	'짜임새'의 준말	· 말이 길기만 했지 전혀 쨈새가 없어
쮀뜯다	'쥐어뜯다'의 준말	· 얄미워서 머리를 쮀뜯어 버렸대요
헤지다	'헤어지다'의 준말	· 죽자 살자 싸우려면 그냥 헤져라

미끄럼, 미끌림, 미끄러짐

'미끄럼'과 '미끄러짐'은 표준어이지만 '미끌림'은 방언입니다. '미끄럼'은 형용사 '미끄럽다'에서 파생한 명사이고, '미끄러짐'은 '미끄러지다'의 명사형입니다. 그러나 '미끌림'은 '미끄러지다'의 경남 지역 방언 '미끌리다'의 명사형이므로 표준어가 아닙니다.

구분	뜻풀이	용례
미끄럽다 「형용사」	거침없이 저절로 밀려 나갈 정도로 번드럽다	· 바닥이 미끄럽다 · 길이 미끄러워 넘어졌다
미끄러지다 「동사」	비탈지거나 미끄러운 곳에서 한쪽으로 밀리어 나가거나 넘어지다	· 빙판에 미끄러지다 · 시험에서 미끄러지지 마
미끌리다	'미끄러지다'의 방언(경남)	· 미끌림 방지. 미끌림 현상

'미끄럼'은 명사입니다. '미끄럽다'의 어간에 명사를 만드는 접미사인 '-ㅁ'이 결합하면 '미끄러움'이 됩니다. 그 '미끄러움'이 '미끄럼'으로 축약이 되었는데 축약된 형태가 명사로 인정받은 것입니다. '미끄럽다'의 어간에 명사형 어미 '-ㅁ'이 결합한 것이 '미끄러움'입니다. 같은 말에서 나왔지만 파생명사인 '미끄럼'과 명사형인 '미끄러움'의 쓰임은 다릅니다. 예컨대 '미끄럼을 타기에는 너무 미끄러움'이란 문장에서, '미끄럼'의 품사는 명사인데, '미끄러움'은 모습만 명사형일 뿐 '미끄럽다'라는 서술성을 가진 형용사입니다. 용언의 명사형은 명사처럼 보여도 명사가 아니라 동사이거나 형용사입니다.

혼동, 혼돈, 혼란

　참으로 혼동되는 말들입니다. 국어사전을 찾으면 더욱 심한 혼돈과 혼란에 빠집니다.

구분	뜻풀이	용례
혼동(混同)	구별하지 못하고 뒤섞어서 생각함	· 현실과 꿈을 혼동했다 · 음성이 비슷해서 혼동했다
혼돈(混沌)	마구 뒤섞여 있어 갈피를 잡을 수 없음. 또는 그런 상태	· 가치관의 혼돈, 정치적 혼돈 · 그땐 극심한 혼돈의 시대였다
혼란(混亂)	뒤죽박죽이 되어 어지럽고 질서가 없음	· 가치관의 혼란, 정치적 혼란 · 지도력으로 혼란을 수습했다

　첫 글자는 모두 섞을 혼(混) 자입니다. 혼동에는 한 가지 동(同) 자, 혼돈에는 엉길/어두울 돈(沌) 자, 혼란에는 어지러울 란(亂) 자가 쓰였습니다. 혼동이란 전부 같은 것으로 보여 뭐가 뭔지를 '구별'하지 못하는 것입니다. 쌍둥이를 보며 누가 형이고 누가 동생인지 쉽게 구별하지 못하고 헷갈리는 것이 혼동입니다. 그에 비해 혼돈이나 혼란은 마구 엉겨 있거나 뒤죽박죽이 된 상태를 뜻합니다.

　가치관의 혼돈/혼란, 정치적 혼돈/혼란. 혼돈과 혼란은 마치 동의어인 듯 보이지만 차이가 있습니다. '혼돈'은 완전한 암흑 상태인 카오스(chaos)라 할 수 있고, '혼란'은 엉망이 되어 어찌할 수 없는 상황인 컨퓨전(confusion)에 해당합니다. 혼란이 심하면 혼돈이 옵니다. 혼돈은 극단의 표현입니다.

우리말을 알다

참석, 참가, 참여

구분	뜻풀이	용례
참석(參席)	(參 참여할 참, 席 자리 석) 모임이나 회의 따위의 자리에 참여함	· 참석 인원. 모임 참석이 어렵다 · 남자들만 참석하게 되어 있었다
참가(參加)	(參 참여할 참, 加 더할 가) 모임, 단체 또는 일에 관계하여 들어감	· 참가 대상. 참가에 의의가 있다 · 행사에 참가하다
참여(參與)	(參 참여할 참, 與 더불 여) 어떤 일에 끼어들어 관계함	· 현실 참여. 시민 참여가 적었다 · 회사 경영에 깊숙이 참여했다

사전 뜻풀이만 보아서는 알 수 없습니다. 예를 들어 보겠습니다.

구분	해설
토론회에 참석했다	토론회가 열리는 자리에 간 것만으로도 토론회에 참석한 것
토론회에 참가했다	토론회에 토론자(패널)로 초대되어 토론자의 명단에 오른 것
토론에 참여했다	토론회에서 의견을 제시하며 토론에 직접 관여한 것

토론회에 참석했고, 토론자로 참가도 했지만, 한마디도 하지 않았다면 참여한 것이 아닙니다. 반면 참석자가 자신의 의견을 제시했다면 토론에 참여했다 할 수 있습니다. 이렇게 정리할 수 있습니다.

구분	의미	비고
참석(參席)	어떤 모임의 자리에 나감	그 자리에 있으면 참석
참가(參加)	어떤 모임이나 단체의 구성원으로 함께 함	대회, 행사, 조직, 전쟁
참여(參與)	어떤 일에 직접 관여하여 행동함	행위를 통해 직접 관여함

참가는 공식적인 개념, 참여는 능동적이며 적극적인 개념입니다.

덕분, 때문, 탓

'덕분에'는 긍정 표현에 쓰이고, '때문에'와 '탓에'는 부정 표현에 쓰인다고 알고 있습니다. 그런데 '때문에'가 반드시 부정적인 맥락에만 쓰이지는 않습니다. 뜻풀이와 용례를 보겠습니다.

구분	뜻풀이	용례
덕분	베풀어 준 은혜나 도움 ≒덕(德), 덕택(德澤), 덕윤(德潤)	· 이건 모두 형님 덕분입니다 · 염려 덕분에 잘 지냈습니다
때문	(명사나 대명사. 어미 '-기, -은, -는, -던' 뒤에 쓰여) 어떤 일의 원인이나 까닭	· 너 때문에 내가 힘들었다 · 네가 오기 때문에 기쁘다
탓	1.주로 부정적인 현상이 생겨난 까닭이나 원인 2.구실이나 핑계로 삼아 원망하거나 나무라는 일	· 술이 과한 탓에 실수했다 · 안되면 조상 탓만 한다

부정적 맥락에만 쓰이는 '탓'과는 달리, '때문'은 부정과 긍정의 맥락에 두루 쓰입니다. 누군가의 도움으로 좋은 결과가 생겼을 때에는 '때문'보다 '덕분'으로 쓰는 것이 더 바람직합니다. 예를 들어, '선생님 때문에 시험을 잘 치렀습니다'보다 '선생님 덕분에 시험을 잘 치렀습니다'가 고마운 마음을 전달하는 것에 적절합니다.

'덕분' 대신 '덕택'으로 표현하면 그 의미를 보다 분명하게 전달할 수 있습니다. '택' 자의 발음이 '분'보다 더 명료하게 전달되는 것도 있지만, 단어의 선택을 고심해 진심을 전하고자 하는 화자(話者)의 마음이 드러나기 때문입니다. 그저 단순한 말치레로만 들리지는 않습니다.

동의어처럼 쓰이는 간여(干與)와 관여(關與) 역시 의미 차이가 있는 말들입니다. 국어사전만 찾아보아도 그 차이를 발견할 수 있습니다.

구분	뜻풀이	용례
간여(干與)	(干 방패 간/줄기 간, 與 더불 여) 어떤 일에 간섭하여 참여함	· 난 남의 일에 간여하는 것이 싫다 · 군부가 정치에 간여하는 것은 옳지 않다
관여(關與)	(關 관계할 관, 與 더불 여) 어떤 일에 관계하여 참여함	· 그것은 제가 관여하는 업무가 아닙니다 · 그는 오랫동안 정치에 관여하고 있었다

'간여'와 '관여'는 '간섭(干涉)'과 '관계(關係)'의 차이입니다. 아무 관련이 없는 사람이 간섭하여 참여하는 것이 간여이고, 관계된 사람이 참여하는 것이 관여입니다. 즉, 간섭의 뜻이 있으면 간여이고, 그게 아니면 관여입니다. 간섭이란 남의 일에 끼어들어 영향을 미치려는 것을 뜻하는데, 간섭이란 말 대신 참견(參見)이란 말을 쓰기도 합니다. 남의 일에 쓸데없이 참견하여 이래라저래라 한다는 '홍야항야하다'란 말도 있습니다. '홍이야항이야하다'의 준말로서 표준어입니다.

'간여'는 '남에 일에 끼어드는 것', '관여'는 '자신이 관계된 일에 참여하는 것'으로 구별하여 쓰시면 됩니다.

개발, 계발

  세상에 무수하게 존재하는 비슷한 말들은 자꾸만 나를 시험하려 듭니다. 개발과 계발은 어떤 차이가 있는 것일까요. 개발과 닭발의 차이라면 구별이 쉽겠지만 그런 말은 또 아닙니다.

구분	뜻풀이	용례
개발(開發)	(開 열 개, 發 필 발) 1. 토지나 천연자원 따위를 유용하게 만듦 2. 지식이나 재능 따위를 발달하게 함 3. 산업이나 경제 따위를 발전하게 함 4. 새로운 물건이나 생각을 만들거나 내어놓음	· 유전 개발. 수자원 개발 · 자신의 능력 개발 · 산업 개발 · 신제품/프로그램 개발
계발(啓發)	(啓 열 계, 發 필 발) 슬기나 재능, 사상 따위를 일깨워 줌	· 능력/소질/상상력 계발 · 합리적 사고를 계발하다

  어쩌라고 개발(開發)과 계발(啓發)의 한자 훈(訓뜻)까지 똑같습니다. 현실에서는 '자기 개발'과 '자기 계발', '능력 개발'과 '능력 계발'이 같은 말처럼 쓰입니다. 난감합니다. '개발(開發)'의 열 개(開) 자는 새로운 영역을 여는 것을 뜻합니다. 반면 '계발(啓發)'의 열 계(啓) 자는 계도(啓導일깨움)나 계몽(啓蒙이끌어 깨우침) 등에 쓰인 것처럼 사람에게 있는 잠재력을 일깨워 여는 것을 뜻합니다. 개발과 계발의 차이는 '새로 여느냐', '잠자던 능력을 일깨워 여느냐'의 차이입니다. 개발은 폭넓게 쓰이지만 계발은 사람에만 국한됩니다. '계발'은 '개발'을 모두 대체할 수 없지만, '계발'이 쓰인 곳에는 모두 '개발'로 표현해도 상관이 없습니다.

결재와 결제가 자꾸 혼동이 되다 보니 대충 얼버무려 말하는 경우도 있습니다. 어차피 듣는 사람이 알아서 들을 테니 말입니다.

구분	뜻풀이	용례
결재 (決裁)	결정할 권한이 있는 상관이 부하가 제출한 안건을 검토하여 허가하거나 승인함. '재가4(裁可)'로 순화	· 결재를 하다/받다/올리다 · 서류를 결재하다
결제 (決濟)	증권 또는 대금을 주고받아 매매 당사자 사이의 거래 관계를 끝맺는 일	· 결제 자금. 어음의 결제 · 요금을 카드로 결제하다

'결재(決裁)'는 결정할 결(決) 자와 마를 재(裁) 자로 짜인 말로서 요즘은 '재가(裁可)'로 순화되었습니다. '마를(裁)'의 '마르다'는 물기가 없어진다는 '마르다'가 아니고, 치수에 맞게 자른다는 뜻의 '마르다²'입니다. 재단(裁斷마름질)이나, 재판(裁判)이란 단어에 쓰인 것처럼, '자르다', '결단하다', '결정하다'의 뜻을 가지고 있습니다. 그리고 '결제(決濟)'에 쓰인 건널 제(濟) 자는 경제(經濟)에 쓰인 글자로서 '건너다', '돕다', '이루다'의 뜻을 갖고 있습니다. 돈을 건네어 '결제'를 해야 거래가 이루어집니다.

안건을 판단하여 결정하는 일에는 '재판'이나 '재가'를 떠올려 '결재'로 쓰고, 돈을 건네어 거래를 맺는 것은 경제 활동이니 '경제'와 연관지어 '결제'로 쓰시면 됩니다.

고소, 고발

    선거일을 며칠 앞두고 고소와 고발이 잇따르고 있습니다. 많이 들어본 소리입니다. 살면서 송사(訟事)에는 절대 휘말리지 않아야 한다지만 안타깝게도 세상일이 내 마음대로만 되지 않습니다.

구분	뜻풀이
고소(告訴)[3]	(告 고할 고, 訴 호소할 소) 1. 고하여 하소연함 2. 범죄의 피해자나 다른 고소권자가 범죄 사실을 수사 기관에 신고하여 그 수사와 범인의 기소를 요구하는 일
고발(告發)[2]	(告 고할 고, 發 필 발) 1. 세상에 잘 알려지지 않은 잘못이나 비리 따위를 드러내어 알림 2. 피해자나 고소권자가 아닌 제삼자가 수사 기관에 범죄 사실을 신고해 수사 및 범인의 기소를 요구하는 일

    고소(告訴)는 피해 당사자가 가해자를 처벌해달라고 요구하는 것인데 반하여, 고발(告發)은 피해자가 아닌 제삼자(第三者)가 가해자의 처벌을 요구하는 것입니다. 가해자의 처벌을 요구하는 것은 같지만 직접 하느냐 남이 하느냐의 차이입니다. 고소를 할 권리는 피해자와 피해자의 법정대리인[i] 그리고 배우자와 친족[ii]에만 있습니다. 반면 고발은 범죄를 인지한 사람이면 누구라도 가능합니다.

---

i 법정대리인(法定代理人): 본인의 위임을 받지 않고도 법률의 규정에 의하여 당연히 대리할 권리가 있는 사람. 미성년자에 대한 친권자나 후견인 따위이다.

ii 친족'(親族): 「법률」배우자, 혈족, 인척을 통틀어 이르는 말

자세히 보아도 그게 그것 같지만, 곤욕(困辱)은 모욕(侮辱)을, 곤혹(困惑)은 당혹(當惑)을 연관 지어 생각하시면 더는 헷갈리지 않습니다.

구분	뜻풀이	용례
곤욕(困辱)	(困 곤할 곤, 辱 욕될 욕) 심한 모욕. 또는 참기 힘든 일	· 곤욕을 치르다/당하다/겪다/ · 길에서 건달에게 곤욕을 당했다
모욕(侮辱)	(侮 업신여길 모, 辱 욕될 욕) 깔보고 욕되게 함	· 모욕을 느끼다/당하다/받다/주다 · 많은 사람 앞에서 모욕을 당했다
곤혹(困惑)	(困 곤할 곤, 惑 미혹할 혹) 곤란한 일을 당하여 어찌할 바를 모름	· 예상 못한 질문에 곤혹을 느끼다 · 엉뚱한 소문에 곤혹을 치렀다
당혹(當惑)	(當 마땅 당, 惑 미혹할 혹) 생각이 막혀서 어찌할 바를 모름	· 당혹을 금치 못하다 · 매우 당혹한 표정을 지어 보였다

곤욕은 주로 '곤욕스럽다. 곤욕을 치르다, 곤욕을 당하다, 곤욕을 겪다'로 쓰입니다. 곤혹은 '곤혹스럽다, 곤혹을 치르다, 곤혹하다, 곤혹감, 곤혹을 느끼다'로 표현됩니다. 곤혹(困惑)에 쓰인 미혹할 혹(惑) 자는 '유혹(誘惑)', '현혹(眩惑)', '불혹(不惑)" 등에 쓰인 글자로, '미혹(迷惑)하다'의 뜻은 '무엇에 홀려 정신을 차리지 못하다, 정신이 헷갈리어 갈팡질팡 헤매다'입니다.

곧, 곤욕은 욕된 것, 곤혹은 당혹스러운 것을 뜻합니다.

....

i 불혹(不惑): 미혹되지 아니함. 마흔 살을 달리 이르는 말(공자. 논어 위정편)

공감, 동감 _____

공감(共感)과 동감(同感)을 대개 비슷한 말로 생각하지만 같은 말은 아닙니다. 공감과 동감이 서로 완벽히 대체할 수도 없습니다.

구분	뜻풀이	용례
공감	남의 감정, 의견, 주장에 대하여 자기도 그렇다고 느낌. 그렇게 느끼는 기분	· 그들의 분노에 공감하다 · 그들의 쓰라린 고통을 공감하다
동감	어떤 견해나 의견에 같은 생각을 가짐. 또는 그 생각	· 나는 그의 주장에 완전 동감이다 · 나는 손을 들어 동감을 표시했다

공감은 '함께 느끼는 감정'에 그치지만, 동감은 '똑같은 감정이라고 생각하는 것'입니다. 공감은 '같은 느낌'으로, 동감은 '똑같은 생각'으로 요약할 수 있습니다. 생각이 완벽히 일치하는 것이 동감입니다. 공감에 비하여 동감이 보다 적극적이고 능동적이란 느낌을 줍니다. 그러나 공감은 사람 사이에 아주 소중한 덕목입니다. 공감을 해야 이해도 배려도 사랑도 할 수 있습니다. 공감하지 않고서는 동감할 수도 없습니다. 그러나 공감한다 해서 언제나 동감할 수 있는 것은 아닙니다. 배가 고파 빵을 훔친 사람의 마음에 공감할 수는 있어도 동감할 수는 없으며, 바람만 불어도 통증을 느낀다는 통증 환자의 말을 경험하지 않은 사람이 공감을 할지는 몰라도 동감까지 할 수는 없습니다.

공정(公正)과 공평(公平). 공정한 분배와 공평한 분배. 차이가 있습니다. 뒤 글자인 바를 정(正)과 평평할 평(平)이 만드는 차이입니다.

구분	뜻풀이	용례
공정(公正)	(公 공평할 공, 正 바를 정) 공평하고 올바름	· 공정 보도, 공정 경쟁 · 법관은 판결에 공정을 기해야 한다
공평(公平)	(公 공평할 공, 平 평평할 평) 어느 쪽으로도 치우치지 않고 고름	· 과세의 공평, 공평한 분배 · 교육의 기회는 공평해야 한다

'공정'의 의미에는 '공평'도 포함되어 있습니다. 어느 쪽으로 치우치지 않는 것이 '공평'이고 보면, 단어의 차이는 '올바름'과 '고름'에서 생깁니다. 즉, '정의(正義)'와 '평등(平等)'의 차이입니다. 공정이란 모두의 가치관으로 볼 때 '옳고 바른 것'을 의미합니다. 공평은 치우침이나 차별이 없이 '똑같은 것'을 뜻합니다.

'공정한 분배'란 공동체의 이념과 합의에 의하여 올바르게 분배되는 것입니다. 어떠한 부정과 불공정이 없는 분배입니다. 한편 '공평한 분배'란 차별이 없는 분배를 말합니다. 그 말은 똑같은 분량으로 분배되는 것을 의미하지는 않습니다. 구성원의 합의로 만들어진 공정한 원칙에 따라 분배되는 것을 의미합니다. 그 기준이 연공서열이든 실적이나 성과든 그 무엇이든 간에 전체의 합의를 통하여 정한 비율대로만 분배한다면 공평한 분배라 할 수 있습니다.

누출, 유출

정보 누출/유출, 방사능 누출/유출 같은 상황의 표현에서 '누출'과 '유출'이 함께 쓰입니다. 그 둘은 같은 말일까요.

구분	뜻풀이	용례
누출(漏出)	(漏 샐 누, 出 날 출) 1. 액체나 기체 따위가 밖으로 새어 나옴 2. 비밀이나 정보 등이 밖으로 새어 나감	· 유조선에서 기름이 누출되었다 · 정보가 밖으로 누출되었다
유출(流出)	(流 흐를 유, 出 날 출) 1. 밖으로 흘러 나가거나 흘려 내보냄 2. 귀중한 물품이나 정보 등이 불법적으로 　 나라나 조직의 밖으로 나가 버림	· 제방의 토사가 유출되었다 · 문제가 일부에게 유출되었다 · 산업 정보를 외국에 유출하다

'누출(漏出)'과 '유출(流出)'은 '새어 나가다'와 '흘러 나가다'의 차이입니다. 의미상 같은 말이지만, 구분해서 사용되어 왔습니다. 그래서 '누출'은 액체나 기체가 새어 나오는 것에 한정하고, '유출'은 액체와 기체, 고체로 된 물체가 흘러 나가는 것까지 포함합니다. 토사나 문화재, 물건과 같은 것에는 누출이라 하지도 않고 유출이라 합니다.

비밀이나 정보가 빠져 나가는 것에는 '누출'과 '유출'을 모두 쓸 수 있습니다. 비밀이나 정보는 '새어 나가는 것'이나 '흘러 나가는 것'이나 마찬가지입니다. 국립국어원은, '누출'과 '유출'은 거의 같은 의미로 쓰이지만, '불법적'인 경우에는 '유출'이 더 어울린다고 설명합니다.

목적(目的)과 목표(目標)를 혼동하는 경우도 많습니다. 비슷해 보이긴 해도 분명히 다른 말입니다.

구분	뜻풀이	용례
목적3	실현하려고 하는 일이나 나아가는 방향	· 다이어트의 목적은 건강 회복이다 · 이번 여행의 목적은 휴식이다
목표	1.목적을 이루려고 지향하는 실제적 대상 2.도달해야 할 곳을 목적으로 삼음	· 연내 완공을/우승을 목표로 하다 · 목표 지점, 사격 목표, 달성 목표

목표는 목적이 될 수 없습니다. 몸무게 5킬로그램을 빼는 것은 다이어트의 목표는 될 수 있어도 목적이 될 수 없습니다. 왜 다이어트를 하는지 그 '왜'에 해당하는 것이 목적입니다. 목표는 목적을 이루기 위한 구체적인 지향점을 말합니다. 세상의 모든 목적은 궁극적으로 성취감과 행복감을 추구하기 위해서 존재할 것입니다.

구분	핵심 의미	핵심어	성격	용례		
목적	이루려고 하는 바	이유	추상적	삶: 행복	여행: 휴식	운동: 건강
목표	목적 달성을 위한 지향점	지향점	구체적	내 집 마련	책 2권 읽기	5kg 감량

그런 말을 하는 목표가 뭐야? 천만 관객 목적을 달성했다. 어색합니다. 목적과 목표는 같은 말이 아니기 때문입니다.

등살, 등쌀

'등살'이 맞고 '등쌀'은 잘못된 표기인 듯싶지만 둘 다 맞습니다.

구분	뜻풀이	용례
등살	등에 있는 근육	· 등살에 소름이 돋다. 등살을 꼿꼿하게 펴고 걸어라
등쌀	몹시 귀찮게 구는 짓	· 탐관오리의 등쌀. 아이들의 등쌀에 못 견디겠다

'등살'의 발음도 '등쌀'과 똑같은 [등쌀]입니다. 합성어 '등살'의 구성은 '등의 살'로서 사이시옷이 생략된 것이어서 된소리로 발음됩니다. 한글 맞춤법[i]은 하나의 형태소 안에서 뚜렷한 이유 없이 된소리로 나면 된소리로 적도록 합니다. '산뜻, 잔뜩, 살짝, 훨씬, 담뿍, 움찔, 몽땅, 엉뚱'과 더불어 '등쌀'이 해당합니다. 그런데 '눈살'은 '눈쌀'이란 단어가 없으므로 언제나 '눈살'로만 적어야 합니다.

구분	뜻풀이	용례
눈살¹	두 눈썹 사이에 잡히는 주름	· 눈살을 펴다/모으다/세우다/찌푸리다
눈살²	1.=눈총(눈에 독기를 띠며 쏘아보는 시선) 2.애정 있게 쳐다보는 눈	· 눈살이 따갑다. 눈살을 쏘다/쏟다/던지다 · 건너편의 그녀에게 그윽한 눈살을 던졌다

'눈살¹'과 '눈살²'은 모두 [눈쌀]로 소리가 납니다. 역시 사이시옷을 받쳐 적어야 하지만 이미 다른 받침이 있어 생략한 까닭입니다.

---

i 한글 맞춤법, 제3장 소리에 관한 것, 제1절 된소리, 제5항

우리말을 알다

발달, 발전

발달로 써야 할 곳에 발전을 쓰기도 하고, 그 반대의 경우도 있습니다. 단어의 명확한 뜻 구분이 쉽지 않아 서로 뒤섞여 쓰입니다.

구분	뜻풀이 및 용례
발달(發達)	1.신체, 정서, 지능 등이 성장하거나 성숙함 ¶ 신체의 발달. 운동 신경의 발달. 음악은 아이의 정서적 발달에 좋다 2.학문, 기술, 문명, 사회 등의 현상이 보다 높은 수준에 이름 ¶ 의학의 발달. 과학 기술의 발달. 통신 산업의 발달로 원거리 통신이 훨씬 편리해졌다 3.어떤 대상이 제법 크게 형성됨. 기압, 태풍 등의 규모가 점차 커짐 ¶ 대륙붕의 발달. 삼각주의 발달. 고기압의 발달. 열대성 저기압이 태풍으로 발달했다
발전(發展)	1.더 낫고 좋은 상태나 더 높은 단계로 나아감 ¶ 과학의 발전에 기여하다. 발전을 이룩하다. 자기 발전을 위해 노력하다. 경제가 발전하다 2.일이 어떤 방향으로 전개됨 ¶ 이야기가 이제 발전 단계로 접어들었다. 사태의 발전 양상을 보니 생각대로는 안 될 듯하다

'발달(發達)'은 발전해서 높은 수준에 '도달(到達)'한 상태를 말하고, '발전(發展)'은 더 높은 수준으로 '진전(進展)'하는 것을 뜻합니다. 발전의 과정을 거쳐 발달에 이릅니다. 즉, '발달'은 발전의 결과입니다. '발달(發達)'의 달(達) 자는 '도달하다', '이르다'의 뜻이 있습니다. '발전(發展)'의 전(展) 자는 '펴다' 외에 '나아가다'나 '나아지다'의 의미가 있습니다. 문맥이 '높은 수준에 다다르다(이르다)'이면 '발달'로, '더 높은 수준으로 나아가다'면 '발전'으로 쓰는 것이 적절합니다.

'발달'은 발전이 이루어진 상태를 이르는 말이고, '발전'은 보다 높은 수준으로 나아가는 것을 뜻합니다.

승낙, 허락

승낙(承諾), 수락(受諾), 허락(許諾)은 뒤 글자가 같은 한자인데 왜 다르게 표기할까요. 한자 諾은 본디 '낙'으로 소리 내야 하나 수락(受諾)이나 허락(許諾) 등 일부 단어에서는 '락'으로도 발음합니다. 본래의 발음을 본음(本音)이라 하고 세상에 통용되는 발음을 속음(俗音)이라 합니다. '승낙'에서의 '낙'이 본음이고 '수락'과 '허락'에서의 '락'은 속음입니다. 엄밀히 말하면 속음은 잘못된 발음입니다. 잘못된 발음인 줄 알면서 왜 표준어로 했을까요. 한글 맞춤법에서는 한자어에서 본음으로도 나고 속음으로도 나는 것은 각각 그 소리에 따라 적기로 했습니다. 우리 민족이 오랜 시일에 걸쳐 습관적으로 발음해온 소리를 규범에서 받아들인 것입니다. 그렇게 속음이 표준어로 인정된 것은 아주 많지만 몇 개만 더 살펴보겠습니다.

한자	본음	속음	뜻풀이
困難	곤난	곤란	(困 곤할 곤, 難 어려울 난) 사정이 몹시 딱하고 어려움. 또는 그런 일
琴瑟	금슬	금실	(琴 거문고 금, 瑟 큰 거문고 슬) 부부간의 사랑
木瓜	목과	모과	(木 나무 목, 瓜 오이 과) 모과나무의 열매
牧丹	목단	모란	(牧 칠 목, 丹 붉을 단) 작약과의 낙엽 활엽 관목
布施	포시	보시	(布 베 포/펼 포, 施 베풀 시) 자비심으로 재물이나 불법(佛法)을 베풂
雪糖	설당	설탕	(雪 눈 설, 糖 엿 당) 맛이 달고 물에 잘 녹는 결정체
媤宅	시택	시댁	(媤 시집 시, 宅 집 택) '시집¹'을 높여 이르는 말
十月	십월	시월	(十 열 십, 月 달 월) 한 해 열두 달 가운데 열째 달
六月	육월	유월	(六 여섯 육, 月 달 월) 한 해 열두 달 가운데 여섯째 달
議論	의론	의논	(議 의논할 의, 論 논할 론) 어떤 일에 대하여 서로 의견을 주고받음
初生	초생	초승	(初 처음 초, 生 날 생) 음력으로 그달 초하루부터 처음 며칠 동안
肺炎	폐염	폐렴	(肺 허파 폐, 炎 불꽃 염) 폐에 생기는 염증

우리 언론에서는 일제히 '핵실험'이라 했는데, 북한에서는 '핵시험', 미국에서는 'test'란 단어를 썼습니다. 실험과 시험에는 어떤 차이가 있어 이렇게 서로 다른 용어를 쓰는 것일까요.

구분	뜻풀이	용례
시험 (試驗)	(試 시험 시, 驗 시험 험) 1.재능이나 실력 등을 검사하고 평가하는 일 2.성질이나 기능을 실지로 증험하여 보는 일 3.사람의 됨됨이를 알기 위하여 떠보는 일	·시험을 보다/치다/치르다 ·가전제품은 시험을 해보고 사라 ·나를 시험해 보겠다는 거나
실험 (實驗)	(實 열매 실, 驗 시험 험) 1.실제로 해 봄. 또는 그렇게 하는 일 2.이론이나 현상을 관찰하고 측정함 3.새로운 방법이나 형식을 사용해 봄	·이게 정말 되는지 실험해 보자 ·성능/화학 실험. 실험 결과/도구 ·실험 연극. 실험적 작품

실험은 기존에 없었던 어떤 이론이나 가설이 정말 맞는지 그 현상을 관찰하기 위해서 실제로 검증해보는 것입니다. 반면 시험은 실험을 거쳐 검증된 결과물이 실제 환경에서도 제대로 기능하는지 확인하려고 작동해보는 것입니다. 시험을 하기 위해서는 실험이 선행되어야 합니다. 실험이 주로 연구실이나 실험실에서 이루어진다면, 시험은 실제와 유사한 환경에서 이루어집니다. 북한은 핵능력이 완성 단계에 이르렀음을 과시하기 위하여 '핵시험'이란 표현을 쓰고, 우린 그것을 인정하고 싶지 않은 마음에 '핵실험'이라 합니다. 실험은 영어의 'experiment'에 해당하고, 시험은 'test'입니다.

배부, 배포

둘 다 나누어 준다는 말이지만 '배부'와 '배포'는 각 상황에 맞게 골라 써야 합니다. 대상이 특정되어 있느냐 아니냐의 차이입니다.

구분	뜻풀이	용례
배부(配付)[4]	(配 나눌 배, 付 줄 부) 출판물이나 서류 등을 나누어 줌	· 지원자에게 입학 원서를 배부합니다 · 합격 통지서가 합격생에게 배부되다
배포(配布)[1]	(配 나눌 배, 布 펼 포) 두루 나누어 줌	· 신문 배포, 호외 배포, 전단 배포 · 홍보물이 모든 가정으로 배포되었다

배부(配付)의 '부(付)'는 '주다', '수여하다'의 뜻을 가진 글자입니다. 그것의 성격과 연관된 사람에게 나누어 주는 것이 '부(付)'입니다.

구분	뜻풀이	용례
교부(交付)[2]	(관공서 등에서) 서류를 내어 줌	· 합격자에게 면허증을 교부하다
납부(納付)	세금이나 공과금 등을 관계 기관에 냄	· 제때 납부해야 연체료를 안 낸다
송부(送付)	편지나 물품 따위를 보냄	· 각 가정으로 성적표를 송부했다

배포(配布)의 '포(布)'는 '넓게 펴다'의 뜻입니다. 출판물과 서류뿐 아니라 물품을 나누어 주는 것도 배포입니다. 즉, 다수의 사람에게 폭넓게 나누어 주는 것이 포(布)인데, 공포(公布)[1], 살포(撒布)[2], 유포(流布)[2] 등에 쓰인 글자입니다. 정리하면 '배부(配付)'는 그것과 상관된 특정한 사람들에게 나누어 주는 것이고, '배포(配布)'는 불특정 다수에게 나누어 주는 것입니다.

비슷한 단어들인 배상(賠償)과 보상(報償)과 보상(補償). 각기 다른 뜻을 가진 말이므로 구별하여 써야 합니다.

구분	뜻풀이 및 용례
배상(賠償)[5]	(賠 물어줄 배, 償 갚을 상) 남의 권리를 침해한 사람이 그 손해를 물어 주는 일 ¶ 배상 청구. 피해자가 배상을 돈으로 요구했다. 손해를 배상하고 용서를 빌었다
보상(報償)[1]	(報 갚을 보/알릴 보, 償 갚을 상) 1. 남에게 진 빚 또는 받은 물건을 갚음 ¶ 빌린 돈의 보상이 어렵게 되었다. 보상을 약속하고 사업 자금을 빌려 갔다 2. 어떤 것에 대한 대가로 갚음 ¶ 노고에 대해 보상을 받다. 그는 아무런 보상도 바라지 않고 나를 도와주었다 3. 행위를 촉진하거나 학습 분위기를 조성하기 위해 주는 물질이나 칭찬
보상(補償)[2]	(補 기울 보/도울 보, 償 갚을 상) 1. 남에게 끼친 손해를 갚음 ¶ 피해 보상. 유통사는 유통 과정 중에 발생한 제품의 손실을 보상해야 한다 2. 국가나 단체가 적법 행위로 가한 재산상의 손실을 보완해 주는 행위 ¶ 지역 주민들은 태풍 피해에 대하여 국가가 보상하라는 시위를 벌였다 3. 열등함을 의식할 때, 다른 일을 잘 해서 보충하려는 마음의 작용 ¶ 보상 행동. 보상 작용

문제는 법률 용어 '배상(賠償)[5]'과 '보상(補償)[2]'의 구분입니다. 모두 피해를 주었거나 입었을 때 이루어지는 것인데, 상황에 따라서 단어 선택이 달라져야 합니다. 법률적으로 보면, 불법이나 위법 행위로 피해를 끼쳤을 때 그 손해를 물어주는 것이 배상(賠償)이고, 국가의 적법하고 합법한 행위에도 피해가 발생했을 때 그 손해를 갚는 것이 보상(補償)입니다. 이때의 배상이나 보상을 '손해배상'과 '손실보상'이라 합니다.

조치, 조처

'조치'와 '조처'는 일반적으로 같은 의미로 사용됩니다. 인사 조치, 엄중 조치, 제한 조처, 법적 조처, 제재 조치, 예방 조처. 예로 든 각 조처의 자리에 조치를 넣어도 아무 의미 변화가 없습니다. 국어사전에 '응급조치'의 동의어로 '응급조처'가 실린 것만 보아도 '조치'와 '조처'는 거의 같은 뜻으로 사용되고 있음을 알 수 있습니다.

구분	의미	예문
조치(措置)	벌어지는 사태를 잘 살펴서 필요한 대책을 세워 행함. 또는 그 대책	· 후속 조치가 따르다 · 법적 조치를 취하다
조처(措處)	제기된 문제나 일을 잘 정돈하여 처리함. 또는 그러한 방식	· 백성들에게 불리한 조처가 내리면 · 일 조처를 범연히 하실 리 없지만

조치는 둘 조(措)에 둘 치(置), 조처는 둘 조(措)에 곳 처(處)입니다. 조치는 어떤 대책을 만들어 두는 것이고, 조처는 어떤 대책을 만들어 어떠한 곳에 실행하는 것입니다. 조치가 '대책 수립'이 핵심이라면, 조처는 '대책 실행'이 핵심입니다. 그러나 그것은 단지 자구 해석에 불과합니다. 현실에서는 '조치'와 '조처'는 같은 말로 쓰이기 때문에 서로 바꾸어 써도 전혀 문제가 없습니다. 일설에는 일제 강점기 이후 일본식 한자어인 '조치'가 우리말 '조처'를 밀어내고 자리를 차지했다고 하나 전혀 근거 없는 말입니다. 조치(措置)란 한자어는 조선왕조실록에만 해도 그 수를 헤아릴 수 없을 정도로 많이 기록되어 있습니다.

우리말을 알다

안이한/안일한 생각, 안이한/안일한 태도. 좋은 얘기 같지는 않습니다. 열정, 노력, 성실, 신중 등과는 꽤 거리가 있어 보입니다.

구분	뜻풀이	용례
안이(安易)[2]	(安 편안 안, 易 쉬울 이) 1. 너무 쉽게 여기는 태도나 경향 2. 근심이 없이 편안함	· 안이하게 처리하다/대처하다 · 문득 안이한 행복 같은 것을 느꼈다
안일(安逸)[3]	(安 편안 안, 逸 편안할 일) 편안하고 한가로움. 또는 편안함만을 누리려는 태도	· 안일에 젖은 생활. 안일에 빠지다 · 안일한 삶에서 벗어나고 싶지 않았다

'안이'는 '근심이 없이 편안함', '안일'은 '편안하고 한가로움'이란 좋은 의미도 있으나, 여기에서는 부정 표현에서의 의미 차이를 살피려 합니다. '안이(安易)'와 '안일(安逸)'은 둘 다 아무 걱정이나 근심이 없이 편안한 태도를 갖는다는 점에서는 같습니다. 그러나 '안이'가 아무 걱정 없이 쉽게만 생각하는 것이라면, '안일'은 아무 걱정 없이 편안함만을 생각하는 것입니다. 또한 '안이'가 근거 없는 자신감이나 편의주의 때문에 대충 넘기려는 태도라면, '안일'은 무사안일과 천하태평의 정신으로 세월아 네월아 하는 태도라 할 수 있습니다.

짧게 정리하면, '안이(安易)'는 너무 쉽게 생각하는 것, '안일(安逸)'은 너무 편안하려 하는 것으로 구별하여 사용하면 됩니다.

인지도, 지명도

　인지도, 지명도. 뭐가 어떻게 다른지 알 수 없어 국어사전을 찾아보지만 계속 헷갈립니다. 어떤 차이가 있을까요.

구분	의미	예문
인지도 (認知度)	어떤 사람이나 물건을 알아보는 정도	· 제품의 인지도를 높이다 · 상대편 후보는 인지도가 떨어진다
지명도 (知名度)	세상에 이름이 널리 알려진 정도	· 후보 지명도보다 참신성을 보겠다 · 사회 전반의 지명도를 획득했다

　인지도는 '알아보는 정도', 지명도는 '이름이 알려진 정도'로 요약됩니다. 인지도는 '인지하는 정도' 즉 알고 있는 정도입니다. 그에 비하여 지명도는 단지 '이름'에만 한정됩니다. 다른 건 잘 모르더라도 이름이 잘 알려졌다면 지명도가 높다 할 수 있습니다.

　'알아보는 정도'라는 설명 때문에 인지도를 눈으로 보았을 때 아는 정도로 오해할 수 있으나 그렇지 않습니다. 예컨대 누구에게 하루키를 아느냐 물었더니 무라카미 하루키의 대표작과 작품 세계 등을 거침없이 말했다면 하루키에 대한 인지도가 높은 것입니다. 그러나 비록 작품은 읽어보지 않았더라도 하루키를 아는 사람의 수가 많다면 하루키의 지명도는 높은 것입니다. 지명도는 단지 '이름'이 알려진 정도입니다.

우리말을 알다

상황 인지, 상황 인식. '인지'와 '인식'이 같은 뜻으로 쓰일 때가 많지만 역시 동의어가 아닙니다.

구분	뜻풀이	용례
인지(認知)[8]	어떤 사실을 인정하여 앎	· 신호/존재를 인지하다 · 현실/위험/가능성을 인지하다
인식(認識)	사물을 분별하고 판단하여 앎	· 인식이 높다/바뀌다/나쁘다/없다 · 가치인식. 현실인식. 인식비판

'인지'는 어떠한 존재나 상황의 실체가 뭔지를 아는 것이고, '인식'은 어떠한 존재나 상황을 분별하고 판단하여 아는 것입니다. '인지(認知)'의 인(認)도 '알다'이고 지(知)도 '알다'입니다. 그게 뭔지를 아는 것이 '인지'입니다. 인지 능력은 사람뿐 아니라 동물에도 있습니다. 감각기관을 통하여 알게 되는 것이 '인지'입니다. 곧, 지각(知覺)하는 것이 인지입니다. '인식(認識)'의 식(識) 자도 '알다'의 뜻이지만 지(知)와는 다릅니다. 수많은 인지의 경험과 분석적 사고(思考)가 쌓여 만들어진 '앎'이 '식(識)'입니다. 사람이 갖고 있는 지식(知識)과 식견(識見)[i]의 총합입니다. 즉, 학습과 경험을 통하여 축적된 의식(意識)이나 관념(觀念)[ii]이 인식입니다.

---

i 식견(識見): 학식과 견문이라는 뜻으로, 사물을 분별할 수 있는 능력을 이르는 말

ii 관념(觀念): 어떤 일에 대한 견해나 생각

체계, 체제

    국어사전에서 영어 operating system의 약어인 '오에스(OS)'를 검색하면 운영 체제라 설명하며 '운영 체계'나 '운영 체제'로 바꾸어 쓸 것을 권하고 있습니다. 그러면 체계와 체제가 같은 말일까요.

구분	의미	용례
체계 (體系)	일정한 원리에 따라서 낱낱의 부분이 짜임새 있게 조직되어 통일된 전체	명령 체계, 사상 체계, 이론 체계, 전달 체계, 지휘 체계, 교통 신호 체계, 체계가 잡히다, 체계를 세우다
체제 (體制)	사회를 하나의 유기체로 볼 때, 그 조직이나 양식, 또는 그 상태	냉전 체제, 체제 개편, 중앙 집권 체제, 체제 구축, 새로운 지도 체제가 들어서다

    체계(體系)는 특정한 기능을 하는 구체적 성격을 띤 집합체이고, 체제(體制)는 포괄적이며 기본적인 형태의 큰 틀을 말합니다. 체제가 어떤 '큰 틀의 구조'라면, 체계는 '특정한 성격과 기능을 가진 구조'라 할 수 있습니다. 어떠한 구조, 즉 체제를 구성하는 요소가 체계입니다. 체제의 안에는 수많은 체계가 있습니다. 국가라는 체제가 작동하려면 입법 체계, 사법 체계, 행정 체계, 의료 체계, 교통 체계 등의 각종 체계가 제대로 기능을 해야 합니다. 체제는 체계들의 합집합으로 볼 수 있습니다. 한편 체제(體制)와 체재(體裁)[i]는 동의어입니다.

---

i 체재(體裁): 생기거나 이루어진 틀. 또는 그런 됨됨이. '형식'으로 순화.

우리말을 알다

출연과 출현은 어떤 기준으로 구분해야 할까요.

구분	의미	예문
출연 (出演)	연기, 공연, 연설 따위를 하기 위하여 무대나 연단에 나감	· 그 드라마가 나의 첫 출연 작품이다 · 그는 수많은 연극과 영화에 출연했다 · 오늘 출연하는 강사는 유명한 작가이다
출현 (出現)	나타나거나 또는 나타나서 보임	· 그의 등장을 구세주의 출현으로 여겼다 · 뜻밖에 그가 출현해 우릴 놀라게 했다 · 혹시 멧돼지가 출현할지 모른다

출연도 출현의 하나입니다. 자신의 재능이나 생각을 펼쳐 보이기 위해 어떤 무대나 연단에 출현하는 것을 따로 '출연'이라 합니다. 출연(出演)의 한자는 날 출(出)과 펼 연(演)입니다. 출연은 무엇을 펼쳐 보이기 위해 군중 앞에 나서는 것인데, 그 무엇은 주로 노래, 춤, 연기 등의 예술적 재능이나 어떤 분야의 전문 지식으로 한정됩니다. 출현(出現)은 날 출(出)과 나타날 현(現)으로, 그저 나타나는 것일 뿐입니다. 분명한 목적을 갖고 나타난 '출연'보다 광의의 표현입니다.

만일 방청석에 앉아 있다가 TV 화면에 잠깐 비쳤다면 출연일까요, 출현일까요. 출연이라기에는 다소 쑥스러운 상황입니다. 텔레비전에 내가 나오긴 했지만, 정말 좋겠지만, 그냥 출현이라 해야 맞습니다.

재연, 재현

'재연'과 '재현'의 차이에 대해서도 알아보겠습니다. ㄱ)우려했던 상황이 재연되었다. ㄴ)우려했던 상황이 재현되었다. 어떤 표현이 맞을까요. 경우에 따라서는 둘 다 맞는 표현일 수 있습니다.

구분	뜻풀이	용례
재연 (再演)	1.연극, 영화 등을 다시 상연하거나 상영함 2.한 번 하였던 행위나 일을 다시 되풀이함	· 햄릿이 5년 만에 재연되었다 · 현장 재연/ 불행한 사태의 재연
재현 (再現)	다시 나타남. 또는 다시 나타냄	· 옛 봉평장의 모습을 재현했다 · 4강 신화를 재현하고자 한다

'재연'은 과거에 있었던 것을 똑같은 방식으로 다시 보여주는 것입니다. '재현'은 과거의 모습을 다시 보여주는 것입니다. 재연(再演)의 연(演) 자는 어떠한 행동을 '펼치다' 혹은 '실지로 하다'의 뜻을 가진 한자로, '행위'의 성격이 짙습니다. 반면 재현(再現)의 현(現) 자는 '나타나다', '드러나다', '눈앞에 있다'의 의미로, 어떤 현상이나 모습 같은 것이 다시 눈에 보이는 것을 뜻합니다. 행동으로 과거의 일(공연, 사건, 행동)을 똑같이 보여주는 것이 '재연'이고, '재현'이란 과거의 모습이 다시 나타나거나 과거의 모습을 다시 나타내는 것입니다. 즉, '재연'은 과거의 일을 행위로 다시 보여주는 것, '재현'은 과거의 모습을 그대로 다시 보여주는 것입니다. 행위에 의미를 두면 '재연'을, 모습에 중점을 두면 '재현'을 쓰면 됩니다.

우리말을 알다

네가 벌써 한목 하는구나. 예문의 띄어쓰기는 맞을까요. 그리고 이때에 '한목'이 맞을까요. 우선 '한목'이 한 단어로 사전에 올라 있어 '한 목'으로 띄어 쓰지 않아도 됩니다. 그러나 이 맥락에서는 '한몫'으로 표현해야 합니다. '한몫' 역시 한 단어입니다.

구분	뜻풀이	용례
한목 「명사」	한꺼번에 몰아서 함을 나타내는 말	· 돈 생기면 한목에 갚을게 · 속초는 한목에 산과 바다를 즐길 수 있다
한몫 「명사」	1. 한 사람 앞에 돌아가는 배분 2. 한 사람이 맡은 역할	· 한몫 잡다. 한몫 챙기다. 한몫 떼어 주다 · 사회에서 한몫을 담당하다. 한몫 거들다

'한목'은 관형사 '한'과 명사 '목'의 합성어인데 '목'이 '꿰미'의 옛말인지의 여부는 확실치 않습니다. '한몫'은 관형사 '한'과 명사 '몫'의 합성어입니다. 한편 '몫이 좋은 가게'에서는 '몫'이 아니라 '목(장사가 잘되는 자리)'으로 적어야 맞습니다.

구분	뜻풀이	용례
목	1. 척추동물의 머리와 몸통을 잇는 잘록한 부분 5. 자리가 좋아 장사가 잘되는 곳이나 길 따위	· 목을 움츠리고 다니지 마라 · 목 좋은 곳에 점포를 냈다
몫	1. 여럿으로 나누어 가지는 각 부분 2. 나눗셈에서 피제수를 제수로 나누어 얻는 수	· 몫을 나누다, 몫을 챙기다 · 6을 3으로 나눈 몫은 2이다

---

i 꿰미: 1)물건을 꿰는 끈이나 꼬챙이. 또는 거기에 무엇을 꿴 것. 2)끈 따위로 꿰는 물건을 세는 단위

진면모, 진면목

　진면모(眞面貌)와 진면목(眞面目)은 유의어이지만 현실에서는 동의어처럼 쓰입니다. 표준국어대사전의 뜻풀이는 한 단어만 다를 뿐이고, 고려대한국어대사전의 뜻풀이는 똑같습니다.

구분	단어	뜻풀이	용례
표준 사전	진면모	본디부터 지니고 있는 그대로의 모습	・진면모가 드러나다
	진면목	본디부터 지니고 있는 그대로의 상태	・진면목을 드러내다
고려 사전	진면모	본디 그대로의 참된 모습이나 내용	・어려운 상황에서야 진면모가…
	진면목	본디 그대로의 참된 모습이나 내용	・기차라야 여행의 진면목을…

　이번엔 한자사전을 보겠습니다.

구분	뜻풀이
진면모 (眞面貌)	(眞 참 진, 面 낯 면, 貌 모양 모) 본디부터 지니고 있는 실지(實地) 그대로의 생김새
진면목 (眞面目)	(眞 참 진, 面 낯 면, 目 눈 목) 본래 가지고 있는 훌륭하거나 좋은 점으로서의 진짜 모습

　둘 다 '진짜의 모습'을 뜻하더라도, '진면모'는 긍정과 부정의 맥락에 모두 쓸 수 있으나, '진면목'은 긍정 표현에만 쓰입니다. 진면모는 구체적 실체의 본모습이고, 진면목은 추상적인 것까지 포함합니다. 진면목과 '참모습'은 같은 말입니다. 그렇다면, '소문난 악당의 진면목을 드러냈다'란 문장은 올바른 표현일까요, 아닐까요.

많은 분이 '통채로'로 적습니다. 접미사 '-째'는 명사에 붙여 적지만, 의존명사인 '채'는 띄어 씁니다. '통채로'처럼 붙여 적는 경우는 없습니다. 띄어 쓴다 해도 '통 채로'란 표현도 있을 수 없습니다.

구분	뜻풀이	용례
-째	1. '그대로', 또는 '전부'의 뜻을 더하는 접미사 2. '차례'의 뜻을 더하는 접미사	· 그릇째, 뿌리째, 껍질째, 통째 · 몇째, 이틀째, 셋째, 열 잔째
채	1. 있던 상태 그대로 있다는 뜻의 의존 명사 2. 물건을 세는 단위로 쓰이는 의존 명사	· 옷을 입은 채, 노루를 산 채 · 집/장롱/이불 한 채

명사 '통째'는 '덩어리 전부'를 이르는 말입니다. 이때의 '통-'은 통째의 뜻을 더하는 접두사로서, 통닭, 통나무, 통가죽 등에 쓰인 말입니다. 의존명사 '채'는 용언의 관형사형 뒤에서 '(어떠한) 채로', '(무엇인) 채로'의 형식으로 띄어 씁니다. 따라서 명사 '통' 뒤에 의존명사인 '채'를 붙여 적을 수 없고, 바로 뒤에 이어질 수도 없습니다.

한편, 접미사 '-채'는 몇 가지 명사 뒤에 붙어서 '구분된 건물 단위'를 뜻합니다. 예컨대 문간채, 바깥채, 사랑채, 안채, 행랑채 등에 쓰인 것이 접미사 '-채'입니다.

바라, 바래

행복하기 바라. 꿈을 이루길 바라요. 이렇게 적어야 규범에 맞습니다. 대부분 '행복하길 바래', '이루길 바래요'로 표현하기 때문에 규범 표기가 되레 어색합니다. 웃기잖아요. 듣기가 불편해요. 바보 같아요. 이상해요. 잘난 척하는 것 같아요. 다른 건 몰라도 '바래'의 형태만 인정해 주면 안 될까요. '바래', '바래요', '바램' 등은 잘못이니 '바라', '바라요', '바람'으로 써야 한다는 것에 많은 분께서 국립국어원에 올린 반응들입니다. 그 심정을 충분히 헤아릴 수 있고 안타깝지만, '바라다'는 문법적으로 '바래'로는 활용할 수 없습니다.

구분	뜻풀이	용례
바라다[1] 「동사」	생각이나 바람대로 일이나 상태가 이루어지거나 그렇게 되었으면 하고 생각하다	· 기적이 있기를 바란다 · 돈을 바라고 너를 도운 게 아냐
바래다[1] 「동사」	볕이나 습기를 받아 색이 변하다	· 종이가 누렇게 바래다 · 빛이 바랜 사진을 꺼내 들었다
바래다[2] 「동사」	가는 사람을 배웅하거나 바라보다	· 어머니를 역까지 바래다 드렸다 · 안 보일 때까지 바래고 서있었다

'바라다'의 어간에 어미 '-아'가 결합하면 어간의 모음 'ㅏ'가 탈락하면서 '바라'가 됩니다. 즉, '바라+아'는 절대 '바래'의 형태로 나타날 수 없습니다. '바라다'의 어간에 명사 파생 접미사 '-ㅁ'이 붙어 된 '바람'은 부는 '바람'과는 형태가 같으나, '바래다'의 명사형 '바램'과는 같은 모양일 수 없습니다.

마라고, 말라고

가지 마라고 통사정을 했다. 간접 인용문에서는 '마라고'가 아니라 '말라고'로 써야 합니다. 하지만 따옴표 속에 넣고 조사 '라고'를 붙여 직접 인용문으로 쓰면 규범에 맞습니다. "가지 마"라고 통사정을 했다. '가지 말으라'라고 쓰는 것도 잘못입니다. '말다'처럼 'ㄹ' 받침인 용언의 간접 인용문의 종결어미는 '-으라'가 아닌 '-라'를 써야 합니다. 따라서 '말라고, 살라고, 빌라고, 달라고'로 써야 맞습니다.

맞춤법[i]에서는 본디 어간 끝의 받침 'ㄹ'은 'ㄷ, ㅈ, 아' 앞에서 탈락하지 않는 것이 원칙이더라도, 관용적으로 'ㄹ'이 탈락한 형태가 굳어져 쓰이는 것은 탈락한 대로 적기로 했습니다. 그래서 '말다'의 경우 'ㄹ' 받침이 있는 '말아, 말아요, 말아라'로 쓰는 것이 원칙이지만, '마, 마요, 마라'나 '마다하다, 마지않다'처럼 원칙에서 벗어난 것을 표준어로 했던 것입니다. 그런데 실제로는 본디의 원칙대로 발음한 '말아, 말아요, 말아라'의 쓰임이 적지 않았습니다. 그러자 2016년[ii]부터 어간의 받침 'ㄹ'이 탈락하지 않은 것도 기존의 탈락한 형태와 함께 표준어로 인정했습니다. 결국 두 가지 형태인 '마/말아, 마요/말아요, 마라/말아라'가 모두 표준어가 된 것입니다. '말다'의 명령형 '마'는 종결어미 '-아'가 붙은 '마아'가 축약된 것이고, '마라'는 종결어미 '-아라'가 연결된 '마아라'가 축약된 것입니다.

---

i 한글 맞춤법, 제4장 형태에 관한 것, 제2절 어간과 어미, 제18항 및 해설
ii 국립국어원, 2015년 표준어 추가 결과(2015년 12월 14일 고시, 2016년 1월 1일부터 적용)

하지 마란 말이야, 하지 말란 말이야 _____

오래전 '밤새지 마란 말이야'라는 광고 문구가 있었습니다. 그러나 간접 인용문에서는 '−지 말란 말이야'로 써야 규범에 맞습니다. 직접 인용문은 따옴표를 써서 "그건 '하지 마란 말이야'로는 표기할 수 있습니다. 그러나 일상에서는 '놀지 마란 말이야', '떠들지 마란 말이야'로 표현하면 문법에 어긋납니다.

'하지 말란 말이야'에 쓰인 '말란'은 '말라는'이 준 말이고, '말라는'은 '말라고 하는'이 줄어든 말입니다. 즉, '−고 하는'이 준 '−라는'이 다시 줄면 '−란'이 됩니다. 한편 'ㄹ'을 제외한 받침 있는 동사 어간 뒤에서는 '−으라는'의 준말인 '−으란'이 쓰입니다. '먹으란 말, 잡으란 말, 갚으란 말, 삶으란 말'처럼.

'하지 말란 말이야'에 쓰인 '말'은 문장 속에서 다시 강조 하거나 확인하는 뜻을 나타내는 말입니다. '나를 사랑하란 말이야', '너를 사랑한단 말이야'처럼 대개 '−으라는(으란)/−라는(란) 말이다'와 '−다는(단) 말이다'의 구성으로 쓰입니다.

참고로, '말이야'를 줄여 '말야'로 쓰는 것은 규범에 맞지 않습니다. 해체의 종결어미 '−야'는 '나야', '너야'에서처럼 모음 뒤에서만 쓰이고, 받침이 있는 말 뒤에서는 조사 '이다'의 어간 '이−'와 결합한 '−이야'의 형태로 써야 합니다. 밥이야, 죽이야, 미음이야.

그러네요, 그렇네요

'그러네요'와 '그렇네요'. 둘 중 어떤 것이 맞을까요. 답은 둘 다입니다. 2016년, 어간의 받침 'ㄹ'이 탈락한 '마요'와 탈락하지 않은 '말아요'가 모두 표준어가 되었을 때, 'ㅎ' 불규칙용언이 어미 '-네'와 결합할 때 어간 끝 'ㅎ'이 탈락하지 않은 것도 표준어가 되었습니다.

그동안은 '노랗다, 동그랗다, 조그맣다' 등과 같은 'ㅎ' 불규칙 용언이 종결어미 '-네'와 결합할 때에는 'ㅎ'을 탈락시켜 '노라네, 동그라네, 조그마네'와 같이 써야 했으나, 불규칙 활용의 체계성과 현실의 쓰임을 반영하여 '노랗네, 동그랗네, 조그맣네'와 같이 'ㅎ'을 탈락시키지 않은 것도 표준어로 인정한 것입니다.

어간 끝의 'ㅎ'이 'ㄴ'이나 'ㅁ'으로 시작하는 어미 앞에서 줄어드는 'ㅎ' 불규칙 활용은 주로 형용사에서 나타납니다. 불규칙 활용을 하는 '그렇다, 까맣다, 말갛다, 뿌옇다, 어떻다, 이렇다, 저렇다, 조그맣다, 커다랗다, 파랗다'와 같은 형용사는 어미 '-네'와 결합했을 때 'ㅎ'이 탈락한 것과 탈락하지 않은 것 모두 표준어입니다.

한편, 형용사의 어간 뒤에는 종결어미 '-으니'와 '-니', 그리고 '-으냐'와 '-냐' 둘 중 어느 것도 결합할 수 있습니다. 따라서 '그러니? 그렇니?'와 '그러냐? 그렇냐?' 모두 표준어입니다.

노래져요, 누레져요

'노랗다'와 '누렇다'의 차이입니다. '노래져요'는 합성어 '노래지다'의 어간 '노래지-'에 어미 '-어'와 보조사 '요'가 차례로 연결된 것이고, '누레져요'는 합성어 '누레지다'가 활용한 형태입니다.

구분	뜻풀이	용례
노랗다 「형용사」	활용 정보: 노래, 노라니, 노랗소	· 은행잎이 노랗게 물들었다 · 노란 유채꽃이 지천이다 · 어디 아픈지 얼굴이 노래요
	1. 병아리, 개나리꽃처럼 밝고 선명하게 노르다 2. 얼굴에 핏기가 없고 노르께하다	
누렇다 「형용사」	활용 정보: 누레, 누러니, 누렇소	· 누런 먼지를 날리며 달렸다 · 벼가 누렇게 익어가고 있다 · 어디 아픈지 얼굴이 누레요
	1. 익은 벼처럼 다소 탁하고 어둡게 누르다 2. 얼굴에 핏기가 없고 누르께하다	

'노랗다'의 어간에 어미 '-아'가 연결된 '노랗+아'는 어간 받침 'ㅎ'이 탈락하면서 '노래'가 되고, '누렇다'의 어간에 어미 '-어'가 결합한 '누렇+어'는 '누레'가 됩니다. 이렇게 'ㅎ' 불규칙 용언은 어미 '-아/-어'가 연결될 때 어간의 모음과 결합하여 '-애/-에'의 형태로 바뀝니다. '노랗다'는 '노라네, 노랄, 노래, 노래지다, 노랗고, 노랗게, 노랗네'로, '누렇다'는 '누러네, 누럴, 누레, 누레지다, 누렇고, 누렇게, 누렇네'로 활용합니다. 마찬가지로 '까맣다'는 '까매'로, '꺼멓다'는 '꺼메', '빨갛다'는 '빨개', '뻘겋다'는 '뻘게', '파랗다'는 '파래', '퍼렇다'는 '퍼레', '하얗다'는 '하얘', '허옇다'는 '허예'로 적어야 맞습니다.

우리말을 알다

'그러잖아도'는 '그러지 않아도'가 준 말입니다. 동사 '그러다'의 어간에 연결어미 '-지'가 붙은 뒤 보조용언 '않다'와 함께 쓰인 활용형입니다. '그렇잖아도'는 '그렇지 않아도'가 줄어든 말입니다. 형용사 '그렇다'의 어간에 어미 '-지'가 붙은 뒤 '-지 않아도'의 구성으로 쓰인 것입니다. '그렇찮아도'는 잘못된 표기입니다.

'그러잖아도'는 '그러다'가 동사이므로 어떤 행동과 관련한 표현에, '그렇잖아도'는 '그렇다'가 형용사이니 어떤 상태와 관련한 표현에 써야 합니다.

구분	용례	비고
그러잖아도	· 이젠 그러잖아도 먹고살 만하다	그렇게 하지 않아도
	· 그러잖아도 지금 말하려던 참이었다	그렇게 하지 않아도
	· 그러잖아도 화가 나 있는데 약을 올리니까…	약을 올리지 않아도
그렇잖아도	· 단 둘이 있으니 그렇잖아도 어색한 사이에…	어색한 상태의 표현
	· 얼굴의 칼자국이 그렇잖아도 험상궂은 얼굴을…	험상궂은 모습 표현
	· 그렇잖아도 예쁜 얼굴이 더욱 빛이 났다	예쁜 얼굴 모습 표현

'그러다'는 '그리하다'의 준말이고, '그리하다'는 '그렇게 하다'가 준 말입니다. 즉, '그러잖아도'는 '그렇게 하지 않아도'란 뜻으로서 행동과 관련되어 있습니다. '그렇잖아도'는 '그렇지 않아도'의 준말이라는 것만 기억하시면 됩니다. 형용사인 '그렇다'는 어떤 상태나 모양이 그러하다는 것을 나타내는 말입니다.

맞다는, 맞는다는

입맛에 맞다고 했다. 내 말이 맞다며. 그게 맞다는 거지. 예문들은 모두 비문입니다. '맞다고'는 '맞는다고', '맞다며'는 '맞는다며', '맞다는'은 '맞는다는', '맞다면'은 '맞는다면'으로 고쳐 적어야 합니다. 생뚱맞다고 생각하시겠지만 '맞다'가 동사이기 때문에 규범에 어긋납니다. 동사가 현재형으로 활용하면 'ㄹ' 받침이 있는 동사 외에는 모두 어간 뒤에 종결어미 '-는다'가 와야 합니다. 그러나 형용사는 기본형의 종결어미로 '-다'를 쓸 수 있습니다. 예를 들어보겠습니다.

구분	품사	현재형	비고
웃다	동사	웃는다, 웃는다고, 웃는다면, 웃는다는	'웃다고, 웃다면, 웃다는'은 비문
싫다	형용사	싫다, 싫다고, 싫다면, 싫다는	기본형 그대로 활용 가능

동사는 현재형일 때 반드시 '-는다(-ㄴ다)'가 붙어 활용해야 하는데, 그렇지 않으면 아주 이상한 문장이 됩니다. 네가 웃다고, 네가 웃다면, 네가 웃다는, 내가 가다고, 내가 가다면, 내가 가다는. 아주 이상합니다. '웃다'와 '가다'가 동사여서 그렇습니다.

그러나 '맞다'가 동사의 틀에만 갇혀 있는 것은 옳지 않습니다. 하루빨리 형용사로도 인정되어야 합니다. 현실에서의 쓰임과는 동떨어지게 지금처럼 동사로만 묶어두면 온 국민을 문법 파괴자로 만들고 맙니다. 내 말이 맞다는 거지. 다들 이렇게 씁니다.

있은, 있었던

서울광장에서 있은 환영식. 어제 있은 한글날 기념식. 왠지 부자연스럽고 어색합니다. '있은'을 '있었던'으로 바꾸면 한결 부드러워집니다. '있다'는 동사이면서 형용사입니다. '있는다', '있어라', '있자'로 표현할 때엔 동사이고, 무엇이 존재하는 상태(상황)를 서술할 때에는 형용사입니다. 환영식이나 기념식이 벌어진 상황을 서술하는 것일 때의 '있다'는 동사가 아닌 형용사입니다.

관형사형 어미 '-은'은 동사에서는 과거시제에 쓰이지만 형용사에서는 현재시제에 쓰입니다. 동사 '먹다'의 '먹은'은 과거이고, 형용사 '좋다'의 '좋은'은 현재입니다. 형용사의 과거시제인 '-던'과 '-았던'은 '좋던'이나 '좋았던'처럼 활용합니다. 어미 '-던'은 완료되지 않은 미완의 상태이고, '-던'의 앞에 선어말어미 '-았-/-었-'이 붙은 '-았던/-었던'은 완전하게 종료된 상태를 말합니다. 과거에 벌어져 이미 완료된 것은 '있었던'으로 써야 합니다. 예를 들면, '어제 있었던 일', '지난여름에 있었던 추억', '네가 있었던 자리', '역사에 있었던 사실' 등입니다. 이럴 때에 '있은'으로 표현하는 것은 적절하지 않습니다. 그러나 시간을 나타내는 단어가 뒤따를 때에는 '있은'을 써야 합니다. 예컨대, '그 일이 있은 뒤', '그런 일이 있은 후', '너를 지켜보고 있은 지', '그 사건이 있은 지', '그 처분이 있은 날부터' 등은 문법에 맞습니다. 이때의 '있다'는 동사입니다. '있었던'으로 쓰면 어색한 이유입니다.

않는, 않은

'않다'는 '아니하다'의 준말입니다. 보조용언 '아니하다'는 동사나 형용사의 뒤에서 '-지 아니하다'와 '-지 않다'의 구성으로 쓰이는데, 동사의 뒤에서는 보조동사이고, 형용사의 뒤에서는 보조형용사입니다. 본용언에 따라 보조용언의 품사가 달라집니다. '않다'의 앞이 동사이면 '않다'가 보조동사이고, 형용사면 보조형용사입니다.

동사에는 과거형 어미 '-은'과 현재형 어미 '-는'이 모두 붙을 수 있지만, 형용사에는 현재형 어미 '-은'만 올 수 있습니다. 예컨대 동사 '잡다'의 과거형은 '잡은'이고 현재형은 '잡는'이지만, 형용사인 '예쁘다'와 '작다'는 '예쁘는'이나 '작는'으로 쓸 수 없고 '예쁜'과 '작은'만 가능합니다. 따라서 '않다'가 보조동사일 땐 '하지 않은'과 '하지 않는'처럼 활용할 수 있고, 보조형용사면 오직 '예쁘지 않은' 식으로만 쓸 수 있는 것입니다. 동사와 형용사의 어간에 붙어 뒤에 오는 명사를 수식할 수 있도록 하는 어미가 관형사 전성어미입니다.

구분	어간의 받침	전성어미			용언	과거	현재	미래
		과거	현재	미래				
동사	받침 없을 때	-던, -ㄴ	-는	-ㄹ	하다	하던, 한	하는	할
	받침 있을 때	-던, -은	-는	-을	잡다	잡던, 잡은	잡는	잡을
형용사	받침 없을 때	-던	-ㄴ	-ㄹ	예쁘다	예쁘던	예쁜	예쁠
	받침 있을 때	-던	-은	-을	작다	작던	작은	작을

연결어미 '-고'가 붙어 있는 본용언이 동사이면 '있지'와 '않다'는 모두 운명적으로 보조동사가 됩니다. '-고 있다'와 '-고 있지 않다'의 구성에서는 본용언이 반드시 동사여야 합니다. 따라서 아래의 표에서 형용사의 용례들은 문법적으로 말이 되지 않습니다.

본용언	단어	구성	용례
동사	자다	-고 있다	자고 있다, 자고 있는, 자고 있는지
		-고 있지 않다	자고 있지 않다, 자고 있지 않는지
	하다	-고 있다	하고 있다, 하고 있는, 하고 있는지
		-고 있지 않다	하고 있지 않다, 하고 있지 않는지
형용사	예쁘다	-고 있다	예쁘고 있다, 예쁘고 있는, 예쁘고 있는지
		-고 있지 않다	예쁘고 있지 않다, 예쁘고 있지 않는지
	아름답다	-고 있다	아름답고 있다, 아름답고 있는, 아름답고 있지는
		-고 있지 않다	아름답고 있지 않다, 아름답고 있지 않는지

동사는 '한', '하는'처럼 어미 '-은(-ㄴ)'과 '-는'이 모두 결합하지만, 형용사는 '예쁘는, 아름다우는'은 안 되고 '예쁜, 아름다운'처럼 어미 '-은(-ㄴ)'만 붙을 수 있습니다. 또한 동사는 '자는지, 하는지'처럼 어미 '-는지'가 붙고, 형용사에는 '예쁜지, 아름다운지'처럼 '-은지(-ㄴ지)'가 붙습니다. '-고 있지 않다'의 구성에서는 본용언인 동사를 따라 반드시 '-는지'를 써서 '지금도 자고 있지 않는지'로 써야 합니다. 한편 어미 '-는다(-ㄴ다)'가 붙어 '나 지금 예쁜다', '나 마구 아름다운다'처럼 어색하면 '예쁘다'와 '아름답다'는 형용사입니다.

알은체, 아는 체 _____

영 아닌 것 같은데 '알은체하다'도 표준어입니다. 그런데 문법에는 맞지 않는 형식입니다. 동사 '알다'를 문법에 맞게 쓰면 '안 체하다'나 '아는 체하다'가 되어야 합니다. '알다'와 같은 'ㄹ' 받침의 용언은 ㄴ, ㅂ, 시, 오(나보시오)로 시작하는 어미 앞에서는 어간의 끝소리 'ㄹ'이 무조건 탈락합니다. 그럼에도 '알은'은 'ㄹ'이 탈락하지 않은 상태에서 관형사형 어미 '-은'이 결합했습니다. 받침이 없는 동사와 'ㄹ' 받침의 동사 뒤에는 관형사형 전성어미 '-ㄴ'이나 '-는'이 와야 합니다. 그리하여 '알다'는 '안'이나 '아는'으로 활용합니다. 그런데 어떻게 '알은체하다'가 표준어가 되었을까요.

표준어 규정[i]에서는, '알은'은 'ㄹ' 불규칙 용언이므로 '안'으로 해야 마땅할 것이지만 '알은'으로 굳어 버린 관용을 존중해서 '알은'의 형태를 그대로 두었다고 밝히고 있습니다. 아울러 '알은체'와 '알은척'을 동의어로 보아 모두 표준어로 하였다는 설명도 덧붙였습니다.

'알은체'와 '알은척'은 실제로 알고 있을 때 쓰는 표현이고, '아는 체'와 '아는 척'은 실제로는 모르는데 아는 것처럼 행동할 때 쓰는 표현입니다.

....

i 제1부 표준어 사정 원칙, 제3장 어휘 선택의 변화에 따른 표준어 규정, 제5절 복수 표준어

우리말을 알다

짬짜미, 짬짬이

둘 다 표준어이고 발음도 똑같습니다. 하지만 뜻하는 바는 완전히 다릅니다. 게다가 짬짜미는 명사이고, 짬짬이는 부사입니다.

구분	뜻풀이 및 용례
짬짜미 「명사」	남모르게 자기들끼리만 짜고 하는 약속이나 수작 ¶ 밤늦게 돌아오는 그 일에 분명 노파의 짬짜미가 있으리라. —현덕, 남생이
짬짬이 「부사」	짬이 나는 대로 그때그때 ¶ 언니는 직장에 다니면서도 짬짬이 아버지가 하시는 일을 도왔다

'짬짜미'는 '조를 짜다', '팀을 짜다', '계획을 짜다', '시간표를 짜다' 할 때의 동사 '짜다'에서 나온 말로 보입니다. 일본식 한자어 담합(談合)의 순우리말 표현입니다. 담합이란 말이 워낙 널리 쓰이고 있으나 이제 더 이상은 쓰지 말아야 합니다. 대신 예쁘고 귀여운 '짬짜미'를 쓰는 것이 좋습니다. 그러나 '짬짜미'는 '담합'과 마찬가지로 대체로 좋지 않은 표현에 주로 쓰입니다. 가격 짬짜미 업체들에 과징금. 기업들의 짬짜미 조사 착수. 짬짜미의 비슷한 말로는 내약(內約)과 밀약(密約)이 있습니다. 내약이나 밀약은 긍정과 부정의 표현에 모두 쓰입니다. 남모르게 하는 약속, 은밀히 하는 약속을 뜻합니다. 부사 '짬짬이'는 '시간의 여유가 생기는 대로'라는 뜻을 가진 말로서, 비슷한 말로는 '틈틈이(겨를이 있을 때마다)'가 있습니다.

지그시, 지긋이

부사 '지그시'와 '지긋이'. 발음은 같지만 쓰임은 다릅니다.

구분	뜻풀이	용례
지그시 「부사」	1. 슬며시 힘을 주는 모양 2. 조용히 참고 견디는 모양	· 지그시 밟다, 지그시 누르다 눈을 지그시 감다, 입술을 지그시 깨물다 · 아픔을 지그시 참다, 화를 지그시 참다 고통을 지그시 견디다
지긋이 「부사」	1. 나이가 비교적 많아 듬직하게 2. 참을성 있고 끈지게	· 그는 나이가 지긋이 들어 보인다 나이가 지긋이 든 사람이 기다리고 있다 · 지긋이 앉아서 이야기가 끝나길 기다렸다 그렇게 큰 슬픔을 지긋이 견뎌냈다

'지그시'는 어떤 용언에서 파생한 말이 아니라 고유의 부사입니다. 반면 '지긋이'는 형용사 '지긋하다'의 어근 '지긋–'에 부사 파생 접미사 '–이'가 결합하여 만들어진 부사입니다. 비교적 나이가 많아 보인다는 맥락에서는 무조건 '지긋이'를 쓰면 됩니다. 그리고 참을성 있게 앉아 있는 것을 표현할 때엔 '지긋이 앉아서'로 표기하면 됩니다. 그 외에는 모두 '지그시'를 쓰면 틀림이 없습니다.

'지그시 바라본다'는 말은 눈에 슬며시 힘을 주어 바라보는 것이고, '지긋이 바라본다'는 말은 참을성 있게 오래도록 바라보는 것을 뜻합니다. 부드럽고 은근한 눈길로 바라보는 것은 '그윽이 바라보다'로 표현하는 것이 적절합니다.

우리말을 알다

깨끗지, 개운치

어근 뒤에 '-하다'가 붙은 용언이 어떤 때는 어간의 끝 음절 '하-'가 통째로 줄어 '-지'가 되고, 'ㅎ'이 남아 '-치'로 나타나기도 합니다. 형용사 '깨끗하다'의 어간에 어미 '-지'가 붙어 활용한 '깨끗하지'가 줄어들 때엔 어간의 끝 음절인 '-하'가 통째로 줄어 '깨끗지'가 됩니다. 그런데 형용사 '개운하다'의 경우 '개운하지'가 줄면 어간 끝의 'ㅎ'이 남아 '개운치'가 됩니다. 어떤 까닭일까요.

거북지(거북하지), 익숙지(익숙하지), 생각지(생각하지), 섭섭지(섭섭하지)
간편치(간편하지), 발설치(발설하지), 무심치(무심하지), 사랑치(사랑하지)

무성음 어근 뒤에서는 '-지'로 표기하고, 유성음 뒤에서는 '-치'로 적습니다. '깨끗하지', '개운하지'에 쓰인 '-지'는 용언의 내용을 부정하거나 금지하려 할 때 쓰는 연결어미입니다. 그래서 '-지'의 뒤에는 반드시 보조용언 '않다, 못하다, 말다, 아니다, 없다'가 뒤따릅니다. 익숙지 않다. 넉넉지 못하다. 생각지 마라. 사랑치 마라.

'-하다'가 들어간 용언이 어미 '-지'와 결합하여 줄어들 때
┌ 어근 끝 음절이 유성음(모음,ㄴ,ㅁ,ㅇ,ㄹ)이면 '-치'로 줄고
└ 어근 끝 음절이 무성음(유성음을 제외한 자음)이면 '-지'로 줍니다.

한편, '서슴치'는 잘못입니다. 기본형이 '서슴다'이기 때문입니다. '서슴지'로 적어야 맞습니다.

생각도록, 사랑토록

'-하다'가 있는 용언 어간에 어미 '-도록'이 붙어 줄어들 때도 같습니다. 무성음 뒤에서는 어간 끝 음절 '하-'가 통째로 줄고, 유성음 뒤에서는 자음 'ㅎ'이 남아 거센소리로 축약을 일으킵니다. 어근 끝 음절이 무성음인 '생각하다'에 어미 '-도록'이 붙어 활용한 '생각하도록'이 준 말은 '생각도록'입니다. 어근 끝이 유성음인 '사랑하다'의 '사랑하도록'은 '사랑토록'으로 줄어듭니다.

마찬가지로 유성음 뒤에서는 연구토록(연구하도록), 개운토록(개운하도록), 명령토록(명령하도록), 무심토록(무심하도록), 분발토록(분발하도록)으로 써야 하고, 무성음 뒤에서는 이슥도록(이슥하도록), 익숙도록(익숙하도록), 학습도록(학습하도록), 번듯도록(번듯하도록)으로 적어야 합니다.

어미 '-게'나 '-다' 등이 붙어 줄어들 때도 같습니다. 무성음 어근 뒤에서는 생각게(생각하게), 생각다(생각하다)로 쓰고, 유성음 뒤에서는 사랑케(사랑하게), 사랑타(사랑하다)처럼 표기해야 합니다.

구분	용언	어간에 어미가 붙어 줄어들면			
		-지	-도록	-게	-다
유성음 어근 뒤	사랑하다	사랑치	사랑토록	사랑케	사랑타
무성음 어근 뒤	생각하다	생각지	생각도록	생각게	생각다

우리말을 알다

'-잖은'과 '-찮은'은 모두 '-지 않은'의 구성입니다. '적지 않다'가 줄어 '적잖다'가 된 것이고, '만만하지 않다'가 준 '만만치 않다'가 다시 줄면 '만만찮다'가 됩니다. 한글 맞춤법 제39항[i]은 어미 '-지' 뒤에 '않-'이 어울려 '-잖-'이 될 적과, '-하지' 뒤에 '않-'이 어울려 '-찮-'이 될 적에는 준 대로 적도록 했습니다. 그래서 '적지 않은'은 '적잖은'으로, '만만하지 않은'은 '만만찮은'으로 표기합니다.

그런데 '-하지'와 '않-'이 결합하면 항상 '-찮-'으로 줄어들지는 않습니다. '-하지 않다'가 한 단어로 될 때에는 먼저 본용언이 '-지'나 '-치'로 준 다음에 보조용언 '않다'와 결합합니다. 그러면 '-지 않다'는 '-잖다'가 되고, '-치 않다'는 '-찮다'가 됩니다. 아래의 표에 그 용례를 담아보았습니다.

구분	본래의 구성	본용언 축약	줄어든 말
무성음 어근 뒤	깨끗하지 않다	깨끗지 않다	깨끗잖다, 깨끗잖게, 깨끗잖은, 깨끗잖아
	익숙하지 않다	익숙지 않다	익숙잖다, 익숙잖게, 익숙잖은, 익숙잖아
	섭섭하지 않다	섭섭지 않다	섭섭잖다, 섭섭잖게, 섭섭잖은, 섭섭잖아
	생각하지 않다	생각지 않다	생각잖다, 생각잖게, 생각잖은, 생각잖아
유성음 어근 뒤	만만하지 않다	만만치 않다	만만찮다, 만만찮게, 만만찮은, 만만찮아
	변변하지 않다	변변치 않다	변변찮다, 변변찮게, 변변찮은, 변변찮아
	평범하지 않다	평범치 않다	평범찮다, 평범찮게, 평범찮은, 평범찮아
	개운하지 않다	개운치 않다	개운찮다, 개운찮게, 개운찮은, 개운찮아

....
i 한글 맞춤법, 제4장 형태에 관한 것, 제5절 준말, 제39항 본문 및 해설

생각다, 이상타

이 글은 '-하다'가 붙은 용언 어간에 종결어미 '-다'가 붙어 줄어드는 경우에 대한 보충 설명입니다.

'생각하다 못해'가 축약되면 어간 끝음절 '하-'가 통째로 줄어 '생각다 못해'가 되고, '답답하다 못해'는 '답답다 못해', '깨끗하다 못해'는 '깨끗다 못해'가 됩니다. 요즘은 '길 위에서 너를 생각다', '너도 참 답답다', '하늘 참 깨끗다'처럼 줄여 쓰는 경우는 거의 없으나 문법적으로는 맞는 표기입니다.

'이상하다'가 줄 때에는 'ㅏ'만 줄고 'ㅎ'이 남아 축약되어 '이상타'가 됩니다. '다정하다'는 '다정타'이고, '무능하다'는 '무능타', '아니하다'는 '아니타', '정결하다'는 '정결타'입니다. 마찬가지로 '감탄타(감탄하다), 무심타(무심하다), 부지런타(부지런하다), 사랑타(사랑하다), 추진타(추진하다), 청타(청하다), 편타(편하다)'가 맞는 표기입니다.

> 즉, '-하다'가 붙은 용언이 종결어미 '-다'와 결합하여 줄어들 때
> ┌ 어근 끝의 음절이 유성음(모음, ㄴ, ㅁ, ㅇ, ㄹ)이면 '-타'로 줄어들고
> └ 어근 끝의 음절이 무성음(유성음 이외의 자음)이면 '-다'로 줍니다.

그러면, '생각하건대'를 줄여 쓰면 '생각건대'가 맞을까요, '생각컨대'가 맞을까요. 같은 원리를 적용하시면 됩니다. '생각건대'입니다.

우리말을 알다

'씌어'와 '쓰여' 모두 규범에 맞습니다. '쓰다'의 피동사는 '쓰이다[1]'이고 그 준말은 '씌다[2]'입니다. '씌어'는 '씌다'의 어간에 연결어미 '-어'가 붙어 활용한 것이고, '쓰여'는 '쓰이다'의 어간에 어미 '-어'가 붙어 활용한 '쓰이어'가 줄어든 것입니다. '쓰이어'는 두 가지 형태로 축약됩니다. 피동 접미사 '-이-'가 어간에 올라붙어 줄면 '씌어', 어미 '-어'에 이어져 줄면 '쓰여'가 됩니다. 어간 끝 'ㅏ, ㅗ, ㅜ, ㅡ'와 '-이어'가 결합해 줄 때엔 대개 같은 현상이 나타납니다.

구분	피동/사동	준말	활용형	용례
까다	까이다	깨다	깨어/까여	병아리가 알에서 깨었다/알에서 까였다
파다	파이다	패다	패어/파여	도로에 웅덩이가 패었다/ 웅덩이가 파였다
보다	보이다	뵈다	뵈어/보여	왠지 많이 아파 뵈었다/왠지 많이 아파 보였다
쏘다	쏘이다	쐬다	쐬어/쏘여	벌어 쐬어 퉁퉁 부었다/벌에 쏘여 퉁퉁 부었다
눕다	누이다	뉘다	뉘어/누여	아기를 침대에 뉘었다/아기를 침대에 누였다
뜨다	뜨이다	띄다	띄어/뜨여	유독 그가 눈에 띄었다/유독 그가 눈에 뜨였다
쓰다	쓰이다	씌다	씌어/쓰여	고맙다고 씌어 있다/고맙다고 쓰여 있다

그런데 '뜨이다'의 경우 '띄어쓰기, 띄어 쓰다, 띄어 놓다'로 써야 맞춤법에 맞고, '뜨여쓰기, 뜨여 쓰다, 뜨여 놓다'로 쓰는 것은 문법에서 인정하지 않습니다.

올른지, 올는지

오랫동안 짝사랑한 여인에게 쪽지를 건넵니다. 어느 날 몇 시에 모처에서 기다리겠노라고. 남자는 그날 일찌감치 나가 무작정 기다립니다. 올지 안 올지, 마음은 설렘 반 불안 반입니다. 올는지 말는지 모를 그녀를 한없이 기다리는 남자의 마음입니다. 많은 분이 '올는지'의 표기를 '올른지'로 오해합니다. '올는지'가 [올른지]로 소리 나기 때문입니다. 맞춤법에 맞는 어미는 '－ㄹ는지'입니다.

어미	설명	용례
－ㄹ는지	어떤 불확실한 사실의 실현 가능성에 대한 의문을 나타내는 종결어미	· 손님이 올는지 까치가 울었다 · 그 사람이 과연 올는지

'올른지, 올런지, 올련지'는 모두 잘못된 표기입니다. '올는지'로 쓰고 [올른지]로 읽습니다. 어미 '－ㄹ는지'는 '이다'의 어간이나 받침 없는 용언의 어간, 'ㄹ' 받침인 용언의 어간, 그리고 어미 '－으시－' 뒤에서 사용됩니다. '－을는지'는 'ㄹ'을 제외한 받침 있는 용언의 어간이나 어미 '－었－' 뒤에 붙는 어미입니다. 사랑일는지, 어떠실는지, 갈는지, 잘는지, 잡았을는지, 붙었을는지, 먹었을는지.

문득 황지우 시인의 시 「너를 기다리는 동안」이 떠오릅니다.

아주 먼 데서 나는 너에게 가고 아주 오랜 세월을 다하여 너는 지금 오고 있다

우리말을 알다

벌써 1년, 벌써 일 년

의존명사는 앞말과 띄어 써야 합니다. 해를 세는 단위인 '년'은 의존 명사라서 앞말과 띄어 써야 하는데, '1년'처럼 붙여 적으면 잘못된 것은 아닐까요. 규범을 따르면 아라비아 숫자는 의존명사에 붙여 쓸 수 있습니다. 아라비아 숫자라도 원칙은 의존명사와 띄어 써야 하지만 붙여 쓰는 것도 허용하는 것입니다. 따라서 '벌써 1 년'과 '벌써 1년', '벌써 일 년'의 표기는 모두 맞습니다.

'연월일'의 의존명사 대신 마침표를 찍어 표기할 경우 '연월일'의 글자가 있던 자리에는 모두 마침표가 있어야 합니다. 만약, '2020. 5. 8'로 적으면 '2020년 5월 8'로 쓴 꼴이 됩니다. 뒤에 요일을 적을 때도 '2020. 5. 8.(금)'으로 써야 합니다. 또한 '2020년5월8일'이나 '2020.5.8.'처럼 모두 붙여 쓴 것도 규범에서 벗어납니다.

아라비아 숫자 뒤에 접미사 '-여'와 같은 한글이 있을 때에는 반드시 의존명사를 띄어 적습니다. 5명, 50여 명, 100원, 5천 원, 5만여 원, 벌써 1년, 벌써 10여 년.

수를 적을 때에는 만(萬) 단위로 띄어 씁니다. 42억 7850만 9876원. 9870만 명. 2만 1234개, 서른두 명, 오천사백삼십일 명. 그러나 계약서 등 공문서에서 금액을 표시할 때엔 만 단위로 띄어 쓰지 않고 모두 붙여 적습니다. 이는 변조 등의 사고를 막기 위함입니다.

하루 빨리, 하루빨리 _____

어느 표기가 잘못되었을까요. 띄어쓰기를 하지 않은 '하루빨리'일까요. 둘 다 맞습니다. 붙여 쓴 '하루빨리'는 한 단어로 이루어진 부사어로 '하루속히'와 동의어입니다. 명사 '하루'와 부사 '빨리'를 띄어 쓰면 어떤 날보다 '하루 일찍' 혹은 그날보다 '하루 먼저'의 뜻이 됩니다. 만약 '나는 성탄절 하루 빨리 도착했다'라고 쓰면 12월 24일에 도착했다는 뜻입니다.

'하루라도 빨리'가 준 '하루빨리'는 '최대한도로 서둘러'의 뜻을 가진 말이지, 띄어 쓴 '하루 빨리'처럼 어떤 날을 특정한 표현이 아닙니다. 단지 부사 '빨리'를 강조한 표현이 '하루빨리'입니다.

'빨리'는 '빠르다'의 어간에 부사화 접미사 '-이'가 결합하여 만들어진 파생어입니다. '빠르다'는 '르' 불규칙 용언[i]이어서 어간 뒤에 모음인 어미나 접사가 오면 어간의 모음 'ㅡ'가 탈락하면서 'ㄹ'이 하나 더 덧납니다. '빠르다'에서 나온 파생어가 '빨리'라면, '빨리'에 접미사 '-하다'가 결합하여 만들어진 파생어가 '빨리하다'입니다. 동사 '빨리하다'는 '빨리 하다'로 띄어 쓰는 것과 의미상의 차이가 없기 때문에 붙여 쓰는 것이 좋습니다. 붙여 쓴 '빨리해라'와 띄어 쓴 '빨리 해라'는 결국 같은 의미인 까닭입니다.

....

i 르 불규칙 용언: 어간의 끝음절 '르'가 어미 '-아', '-어' 앞에서 'ㄹㄹ'로 바뀌는 용언. '흘러', '길러', '말라', '갈라'로 활용하는 '흐르다', '기르다', '마르다', '가르다' 따위가 있다.

우리말을 알다

큰 집, 큰집

가)큰 집에서 살고 싶어요. 나)큰집에서 살고 싶어요. 띄어 쓴 '큰 집'과 붙여 쓴 '큰집'의 차이입니다. 가)는 크기가 큰 집에서 살고 싶다는 것이고, 나)는 '종가'에 가서 살고 싶다는 것입니다. 띄어 쓴 '작은 집'과 붙여 쓴 '작은집' 역시 마찬가지로 이해하면 됩니다. 띄어쓰기를 한 '큰 아들'은 성장한 아들이나 키가 큰 아들을 뜻하고, '큰아들'은 맏아들을 말합니다.

형용사 '크다'와 '작다'의 관형사형 '큰'과 '작은'이 들어간 명사구와, '큰'과 '작은'이 결합한 합성어는 그렇게 의미가 달라집니다. 작은 아버지, 작은 고모, 작은 형, 작은 삼촌은 모두 키가 작은 분들입니다. 큰아버지, 큰이모, 큰고모, 큰형, 큰삼촌, 작은아버지, 작은이모, 작은고모, 작은형, 작은삼촌은 가족 서열에 따른 호칭입니다.

'큰'과 '작은'은 얼마 전까지 표준국어대사전에 접두사로 올라 있었습니다. '큰'과 '작은'이 접두사라면 '큰집', '작은집'은 파생어(접사가 결합하여 하나의 단어가 된 말)가 됩니다. 그러나 학교 문법에서는 그들을 합성어(실질 형태소끼리 결합하여 하나의 단어가 된 말)로 해석했습니다. 혼란이 일자 표준국어대사전은 '큰'과 '작은'을 사전에서 삭제했습니다. 이제 '큰'과 '작은'이 붙은 단어들은 모두 '합성어'라 생각하면 됩니다. 친족과 관련한 말에 '큰'과 '작은'이 결합할 때에는 모두 뒷말에 붙여 적습니다. 띄어 쓰면 키가 크거나 작음을 뜻하기 때문입니다.

머리 속, 머릿속

'내 머리 속의 지우개'란 영화가 있었습니다. 표기를 보면 머리뼈 안에 지우개가 있어서 기억들을 말끔히 지워버린다는 내용으로 유추할 수 있습니다. '머리 속'과 '머릿속'은 전혀 다른 말입니다.

구분	발음	뜻풀이	용례
머리 속	[머리 쏙ː]	1. 두개골의 안쪽 2. 머리털의 속	· 머리 속 전두엽의 역할 · 머리 속을 긁었다
머릿속	[머리쏙] [머릳쏙]	생각이 이루어지거나 지식이 저장된다고 믿는 머리 안의 추상적인 공간	· 머릿속에 생각이 많다 · 머릿속으로 그려보았다

물리적 공간은 '머리 속'이고, 추상적 공간이 '머릿속'입니다. 머리의 속은 '머리 속'으로 띄어 써야 하지만, '머릿속'은 합성어이므로 붙여 적습니다. 마찬가지로, '배 속'과 '가슴 속'은 물리적인 공간을 말함이고, '뱃속'이나 '가슴속'은 추상적인 공간을 의미합니다.

구분	발음	의미	용례
배 속	[배 쏙ː]	배의 속, 배의 안쪽	· 너의 배 속엔 거지가 있나 보다
뱃속	[밷쏙]	'마음'을 속되게 이르는 말	· 그 사람 뱃속을 대체 알 수 없다
가슴 속	[가슴 쏙ː]	가슴의 속, 가슴의 안쪽	· 가슴 속으로 웬 벌레가 들어갔다
가슴속	[가슴쏙]	마음속	· 가슴속 깊이 간직한 추억이 있다

'가슴속'은 중간에 사이시옷이 숨어 있어 된소리로 발음됩니다.

우리말을 알다

다음 날, 다음날

띄어 쓴 '다음 날'은 어떤 날의 그다음 날을 뜻합니다. 붙여 쓴 '다음날'은 정해지지 않은 미래의 어떤 날을 말합니다. 오늘 이후의 그 언젠가, 그러니까 막연한 훗날을 의미합니다. '다음날에 한번 보자'고 했다면, 그건 내일 보자는 게 아니라, 다음에 기회가 되면 한번 보자는 것입니다. '담('다음'의 준말)에 밥 한번 먹자'처럼 어쩌면 그저 뻔한 인사치레일 수 있습니다.

여기서 주의할 것은, 띄어 쓴 '다음 날'이 내일을 뜻하고, 붙여 쓴 '다음날'이 막연한 훗날인데, 띄어 쓴 '지난 겨울'과 합성어인 '지난겨울'은 그 반대라는 것입니다. '지난 겨울'은 예전의 어느 겨울을, '지난겨울'은 바로 전의 겨울을 뜻합니다. 지난봄, 지난여름, 지난가을, 지난겨울, 지난밤, 지난주, 지난달, 지난해. 이들은 모두 합성어이고, 막연한 어느 때를 말하는 것이 아닌, 지금 바로 이전의 특정 시점을 뜻합니다.

한편, '다음 주'나 '다음 달', '다음 해'는 '다음날'처럼 합성어가 없기 때문에 언제나 띄어 적어야 합니다. 이들은 '다음날'처럼 막연한 어느 때를 가리키는 표현이 아니어서, 어느 특정한 주의 그다음 주, 어느 특정한 달의 그다음 달, 그리고 어느 특정한 해의 그다음 해를 뜻합니다.

말 없이, 말없이

'말없이'는 한 단어이니까 붙여 써야 하지만, '말'과 '없이'를 띄어 써야 할 때도 있습니다.

단어	뜻풀이	용례
말없이 「부사」	1.아무런 말도 아니 하고 2.아무 사고나 말썽이 없이	· 말없이 행동하다/바라보다/사라지다/걷다 · 말없이 건강하게 자라 주는 것이 기쁠 뿐이다

국어사전에 '말없다'는 없어도 부사 '말없이'는 올라 있습니다. 표준국어대사전에는 '간데없이, 꾸밈없이, 난데없이, 뜬금없이, 밤낮없이, 밥맛없이, 세상없이, 온데간데없이, 진배없이' 등 '−없이'가 붙은 부사어만 160개 넘게 실려 있습니다. 이러니 띄어쓰기를 정확히 하려면 매번 국어사전을 찾는 수밖에 별 도리가 없습니다.

예컨대 '길동은 아무 말 없이 사라졌다'에서는 왜 '말 없이'로 띄어 적었을까요. 관형사 '아무'는 부사인 '말없이'를 수식할 수 없기 때문입니다. 관형사는 체언만 꾸며줍니다. '아무 말 없이'로 띄어 적으면 관형사 '아무'가 체언인 '말'을 꾸미게 되므로 문법에 맞습니다. 관형사가 앞에 있으면, '어떤 말 없이, 다른 말 없이, 별다른 말 없이'처럼 '말'과 '없이'를 반드시 띄어 써야 합니다.

놓아주다, 놓아 주다

1)물건은 문 앞에 놓아주세요. 2)물건은 문 앞에 놓아 주세요. 모두 맞지만 점수를 매기면 1)은 80점이고 2)가 100점입니다.

단어	뜻풀이	용례
놓아주다 「동사」	자유로운 상태가 되도록 풀어 주다	· 잡은 고기를 놓아주다 · 증거 불충분으로 범인을 놓아주었다

합성어 '놓아주다'는 풀어 준다는 뜻입니다. 맞춤법[i]에서는 본용언과 보조용언의 관계에서는 띄어 쓰는 것이 원칙이지만 붙여 적는 것도 허용합니다. 그러나 사전적으로 해석하면 붙여 적은 1)은 '물건을 문 앞에 풀어 주세요'가 됩니다. 잡아 두었던 생명체를 풀어 주라는 것입니다. 비록 '놓아주세요'로 쓰는 것이 문법에는 어긋나지 않더라도 문맥을 볼 때에는 '놓아 주세요'가 더 정확한 표기입니다.

'놓아주다'의 준말은 '놔주다'입니다. '좋아'가 '좌'로 줄지 않는 것에 비하면 아주 이례적입니다. 현실의 쓰임을 인정하여 특별히 예외[ii]로 한 것입니다. 또한 '놓다'의 활용형 '놓아라'는 '놔라', '놓았다'는 '놨다'로 줄여 쓸 수 있지만, '놓은'은 '논'으로 줄여서 표기할 수 없습니다.

---

i 한글 맞춤법, 제5장 띄어쓰기, 제3절 보조 용언, 제47항
ii 한글 맞춤법, 제4장 형태에 관한 것, 제5절 준말, 제35항 해설 붙임1.

해보다, 해 보다

붙여 쓴 '해보다'와 띄어 쓴 '해 보다'는 의미하는 바가 다릅니다.

구분	뜻풀이	용례
해보다 「동사」	대들어 맞겨루거나 싸우다	· 어디 한번 해보겠다는 거야? · 될 때까지 해보자는 것이다

맥락이 '한번 해보다'일 때에는 한 단어인 '해보다'를 쓰면 됩니다. 본용언인 동사 '하다'의 뒤에 보조용언으로 '보다'를 쓴 경우라면 '해 보다'로 띄어 쓰는 것이 원칙이지만 붙여 쓰는 것도 허용됩니다. 따라서 본용언과 보조 용언을 띄어 쓴 '해 보다'가 원칙이지만 '해보다'로 붙여 써도 됩니다. 그렇다면 '해보다'와 '해 보다'의 띄어쓰기에 아무런 의미가 없어집니다.

그러나 반드시 띄어 써야 하는 경우가 있습니다. 본용언 '해'의 뒤에 오는 '보다'가 보조용언이 아니라 본용언으로 쓰인 경우입니다. 즉, '보다'에 실제로 본다는 의미가 있을 때입니다. 예컨대, 띄어 적은 '실험해 보다'는 실험을 해서 그 결과를 눈으로 보는 것이고, '확인해 보다'는 확인을 해서 그 내용을 실제로 보는 것을 뜻합니다. 즉, '해(서) 보다'일 때에는 띄어 써야 합니다.

우리말을 알다

한 단어인 '함께하다'와 띄어 쓴 '함께 하다'도 다른 의미입니다.

구분	뜻풀이	용례
함께하다 「동사」	1.경험, 생활 등을 얼마 동안 더불어 하다 2.어떤 뜻, 행동, 때 등을 동일하게 취하다	· 그와 평생을 함께할 생각이다 · 친구와 아픔을 함께하고 있다

문장의 맥락이 '얼마 동안 더불어 하다' 혹은 '동일하게 하다'일 때는 '함께하다'로 써야 합니다. 그러나 무엇을 '한꺼번에 같이'하는 것일 때에는 '함께 하다'로 띄어 써야 합니다. 그러면 '함께하다'와 '함께 하다'의 쓰임은 어떻게 구별해야 할까요.

첫째, 문장에서 부사는 없어도 되니까 '함께'를 과감히 제거해 봅니다. 예를 들어 '온 가족이 여행을 함께 하다'에서 '함께'가 없어도 문장이 되므로 '함께'는 부사입니다. 그렇다면 '하다'와 띄어 써야 합니다. 그러나 '생사를 함께하다'에서는 '함께'를 빼면 문장이 어색하므로 한 단어로 붙여 써야 맞습니다.

둘째, 부사는 위치를 바꿔도 되니까 '함께'의 위치를 옮겨 봅니다. '여행을 함께 하다'는 '함께 여행을 하다'로 해도 말이 됩니다. 그러면 '함께'가 부사이니까 '하다'와 띄어 적어야 합니다. 그런데 '생사를 함께하다'는 '함께 생사를 하다'로 하면 어색합니다. 그렇다면 '함께하다'가 맞습니다.

한 번, 한번

띄어 쓴 '한 번'은 횟수로 '1회'를 말함이고, 붙여 쓴 '한번'은 띄어 쓴 '한 번'에서 의미가 변한 말입니다.

단어		뜻풀이	용례
한번	명사	지난 어느 때나 기회	· 한번은 그런 일도 있었지 · 언젠가 한번 우연히 만났다
	부사	1. 무엇을 시험 삼아 시도함을 뜻함 2. 기회가 있는 어떤 때에 3. 어떤 행동이나 상태를 강조함 4. 일단 한 차례	· 번 먹어 보고, 한번 생각해 봐 · 우리 집에 한번 놀러 오세요 · 말 한번 잘했다, 춤 한번 잘 춘다 · 한번 물면 절대 놓지 않는다

띄어 쓴 '한 번'은 그저 '1회'라는 뜻만 있습니다. 차례나 횟수를 나타내는 의존명사 '번(番)'은 '한 번, 두 번, 세 번'처럼 수를 나타내는 관형사와 띄어 적어야 합니다. 맥락을 보았을 때 횟수일 때에는 '한 번'으로 띄어 쓰고, 그렇지 않다면 '한번'으로 붙여 쓰면 됩니다.

'백 번'과 합성어 '백번'도 마찬가지입니다. 횟수인 '백 번'은 띄어 써야 합니다. 그러나 '백번 말해도 소용없다, 백번 죽어 마땅하다'처럼 '여러 번 거듭' 혹은 '전적으로 다'의 문맥에서는 '백번'으로 붙여 적어야 합니다. '한 잔'과 '한잔'도 같습니다. 띄어 쓴 '한 잔'은 실제로 한 잔만을 말함이고, 합성어인 '한잔'은 간단하게 마시는 술이나 차를 뜻합니다.

우리말을 알다

의존명사 '데'를 어미 '-ㄴ데/-는데'와 혼동해 붙여 쓰는 경우가 많습니다. 조사는 체언에, 어미는 용언의 어간에 붙여 적지만, 의존명사는 관형어와 떼어 써야 합니다.

ㄱ)근무하는데 친구가 왔다. ㄴ)근무하는 데로 친구가 왔다. 의존명사의 뒤에는 격조사가 붙을 수 있습니다. 조사를 붙였을 때 자연스럽다면 의존명사입니다. 조사는 체언에만 붙습니다. ㄱ)의 '데' 뒤에 '근무하는데로 친구가 왔다'처럼 부사격 조사 '로'를 붙였을 때 문장이 성립하면 '데'는 의존명사이니까 ㄴ)처럼 '데'를 앞말과 띄어 적어야 합니다.

> 책을 다 읽는 데 삼 일이 걸렸다. 사람을 돕는 데 애 어른이 있겠니. 오직 졸업장을 따는 데 목적이 있다.

예문들에 조사 '에는'이나 '에'를 넣었을 때 모두 문장이 성립하기 때문에 '데'는 의존명사인 것이고 그러면 띄어 써야 합니다. 마찬가지로 '예쁜데다가'는 '예쁜 데다가'로 띄어 써야 맞습니다. '데다가'는 '데에다가'가 축약한 형태입니다. '에다가'는 격조사 '에'와 보조사 '다가'가 결합한 꼴입니다. 마찬가지로 '그런데다가'가 아닌 '그런 데다가'로 써야 합니다. '데에다가'는 '데다가'와 '데다'로 줄어듭니다. 그러므로 '예쁜 데다', '그런 데다'로 띄어 써야 문법에 맞습니다.

먹는지, 먹은 지

가)밥이나 잘 먹는지 모르겠다. 나)밥을 먹은 지가 언제였는지도 모르겠다. 가)와 나)의 띄어쓰기가 다른 이유는, 어미는 붙여 쓰고 의존 명사는 띄어 쓰기 때문입니다. '-는지'는 어미입니다.

구분	뜻풀이 및 용례
-는지 「어미」	('있다', '없다', '계시다'의 어간, 동사 어간 또는 어미 '-으시-', '-었-', '-겠-' 뒤에 붙어) 막연한 의문이 있는 채로 뒤 절의 사실이나 판단과 관련시키는 연결 어미 ¶ 얼마나 떠드는지 책을 읽을 수가 없다. 바람이 어찌나 부는지 무서울 정도다
	('있다', '없다', '계시다'의 어간, 동사 어간 또는 어미 '-으시-', '-었-', '-겠-' 뒤에 붙어) 해할 자리나 간접 인용절에 쓰여, 막연한 의문을 나타내는 종결어미 ¶ 고향에는 잘 다녀오셨는지. 내 동생이 일은 잘하는지

구분	뜻풀이 및 용례
지² 「의존명사」	(어미 '-은' 뒤에 쓰여) 어떤 일이 있었던 때로부터 지금까지의 동안을 나타내는 말 ¶ 그를 만난 지도 꽤 오래되었다. 집을 떠나온 지 어언 3년이 지났다. 여기 온 지 벌써 1년 되었다. 강아지가 집을 나간 지 사흘 만에 돌아왔다

의존명사 '지'는 어떤 때로부터 지금까지의 '기간(其間)'을 나타냅니다. 문맥을 보아 '기간'일 때에는 '지'가 의존명사이니까 띄어 쓰면 됩니다. 의존명사 '지'는 '떠나간 지, 먹은 지'처럼 반드시 용언의 관형사형 어미 '-ㄴ/-은'의 뒤에만 오고 '-ㄹ/-을' 뒤에서는 쓰이지 않습니다. 따라서 '갈 지 모른다'나 '갔을 지 모른다'로 띄어 적는 경우는 없고, 언제나 '갈 지 모른다'나 '갔을지 모른다'처럼 붙여 씁니다. 이때에 쓰인 어미는 '-ㄹ지/-을지'입니다.

우리말을 알다

'뿐'은 의존명사로 쓰이고, 조사로도 쓰이며, 어미에도 들어갑니다. '그럴 뿐'에서의 '뿐'은 의존명사이고, '그뿐'에서의 '뿐'은 조사입니다. '뿐'의 앞에 무엇이 오느냐에 따라 띄어쓰기가 달라집니다.

뿐	문장 구성	용례
의존명사	어미 '-을' 뒤에서 '-을 뿐' 꼴	· 웃을 뿐, 잘할 뿐, 줄 뿐이다
	어미 '-다' 뒤에서 '-다 뿐이지' 꼴	· 웃었다 뿐이지, 맞았다 뿐이지
조사	체언이나 부사어 뒤에 붙여 적음	· 너뿐이며, 이것뿐인, 그뿐이다 · 학교에서뿐인, 자랑뿐만 아니다

문장 속에서 '-ㄹ/-을' 다음에 오는 '뿐'은 반드시 의존명사이기 때문에 띄어 써야 합니다. 또한 '-다 뿐이지' 형식의 문장에 쓰이는 '뿐'도 모두 의존명사이므로 띄어 씁니다. 조사 '뿐'은 '그것만이고 더는 없다', '오직 그렇게 하거나 그러하다'라는 뜻의 보조사[i]입니다. 보조사는 다른 보조사와 겹쳐서 쓸 수 있습니다. '뿐만'은 보조사들인 '뿐'과 '만'의 결합입니다. '뿐만'의 뒤에는 언제나 '아니다'가 붙어 '그뿐만 아니다'의 꼴로 쓰입니다. '뿐만'은 조사여서 홀로 쓰일 수 없기 때문에 '뿐만 아니라'로 쓰면 비문입니다. 한편 '잘할뿐더러'의 '-ㄹ뿐더러'는 무엇이 더 있음을 뜻하는 연결어미입니다.

---

i 보조사(補助詞): 체언, 부사, 활용 어미 따위에 붙어서 어떤 특별한 의미를 더해 주는 조사 은/는, 이나/나, 을랑/랑, 도, 라도, 뿐, 만, 까지, 부터, 마다, 마저, 조차 등이 있음

그럴 뻔 하다, 그럴 뻔하다

의존명사 '뻔'에 접미사 '−하다'가 붙어 만들어진 파생어 '뻔하다'는 한 단어이므로 붙여 쓰는 것이 맞습니다. 따라서 '그럴 뻔 하다'로 쓰면 맞춤법에 어긋납니다. 이것은 의존명사 '양, 척, 체, 만, 법, 듯' 등에 접미사 '−하다'나 '−싶다'가 결합해 만들어진 모든 보조용언에 해당합니다. 뻔하다, 양하다, 척하다, 체하다, 만하다, 법하다, 듯하다, 듯싶다, 성싶다. 그 자체가 한 단어입니다. 보조용언은 본용언에 붙여 쓰는 것도 허용됩니다.

의존명사	파생어	용례	
		표기 원칙	허용되는 표기
양	양하다	아무것도 모르는 양하다	아무것도 모르는양하다
척	척하다	어디에서나 약한 척하는 아이다	어디에서나 약한척하는 아이다
체	체하다	어디에서나 약한 체하는 아이다	어디에서나 약한체하는 아이다
만	만하다	네가 좋아할 만한 음식이다	네가 좋아할만한 음식이다
법	법하다	눈이 내릴 법한 날씨이다	눈이 내릴법한 날씨이다
듯	듯하다	너는 원래 예뻤던 듯하다	너는 원래 예뻤던듯하다
	듯싶다	너는 원래 예뻤던 듯싶다	너는 원래 예뻤던듯싶다
성	성싶다	아무래도 비가 올 성싶다	아무래도 비가 올성싶다

의존명사에 '−하다'나 '−싶다'가 붙은 파생어는 한 단어이니까 붙여 써야 하지만, 의존명사 뒤에 조사를 붙여 쓸 때엔 뒤에 '하다'나 '싶다'가 오더라도 반드시 띄어 적어야 합니다. 예를 들면, '다칠 뻔도 했다, 아는 척은 한다, 그럴 만도 하다, 비가 그칠 법은 하다, 귀여웠을 듯도 싶다'와 같은 경우입니다.

우리말을 알다

무엇을 잘하지 못해서 할 수 없다는 뜻입니다. 부사어인 '못'과 '안'이 서술어 앞에 오면 문장을 부정문으로 만듭니다. 이른바 '못' 부정문과 '안' 부정문입니다. 또한 이 '못'과 '안'은 '못하다, 못되다, 못마땅하다, 안 되다'와 같은 합성어나 파생어를 만들기도 합니다.

구분	뜻풀이	용례
못 「부사」	무엇을 할 수 없다거나, 어떤 상태가 이루어지지 않았다는 부정의 뜻을 나타내는 말	· 죽어도 못 보내 · 잠을 통 못 자다
못하다 「동사」 「형용사」	1.어떤 행동이나 상태가 일정한 수준에 미치지 　않거나, 그 일을 할 능력이 없다(동사) 2.비교 대상에 미치지 아니하다(형용사)	· 노래를/술을 못하다 · 음식 맛이 예전보다 못하다 · 편안하지 못하다
못되다 「형용사」	1.성질이나 품행 따위가 좋지 않거나 고약하다 2.일이 뜻대로 되지 않은 상태에 있다	· 못된 버릇을 고치다 · 잘되면 내 탓, 못되면 남 탓
안 「부사」	'아니'의 준말로 용언의 앞에서 부정이나 반대의 뜻을 나타내는 말	· 안 벌고 안 쓰다, 안 춥다 · 이제 그 사람을 안 만나겠다
안되다 「동사」	1.일, 현상, 물건 등이 좋게 이루어지지 않다 2.사람이 훌륭하게 되지 못하다 3.일정한 수준이나 정도에 이르지 못하다	· 장사가 안돼 큰일이다 · 너 안되길 바라는 사람 없다 · 안되어도 셋은 합격할 듯

'못하다'가 보조용언일 때엔, 본용언인 동사나 형용사의 뒤에서 '-지 못하다'의 구성으로 쓰여 본용언의 내용을 부정합니다. '노래를 못해'는 '노래를 잘하지 못해'란 의미입니다. 그런데 '노래를 못해서 못 해'라 썼다면 '노래를 잘하지 못해서 노래를 할 수 없다'는 뜻입니다. 어떤 이유가 있어 하지 못하는 것은 '못 하다'이고, 남과 비교해서 능력이나 수준이 떨어지는 것은 '못하다'입니다.

못 다한, 못다 한, 못 다 한

　과거에는 '못다'란 부사가 없었습니다. 그래서 부사 '못'과 '다'를 띄어 써서 '못 다 한'으로 적어야 문법에 맞았습니다. 그러나 지금은 '못다'가 국어사전에 표제어로 올라 있으므로 '못다 한'으로 적는 것이 바람직합니다.

구분	뜻풀이
못4 「부사」	(주로 동사 앞에 쓰여)동사가 나타내는 동작을 할 수 없다거나 상태가 이루어지지 않았다는 부정의 뜻을 나타내는 말
못다¹ 「부사」	(동사 앞에 쓰여) '다 하지 못함'을 나타내는 말 ¶ 못다 이룬 꿈. 못다 읽은 책. 못다 한 사랑. 못다 한 이야기

　부사 '못다'를 써서 '못다 한'으로 적는 것이 맞는 표기라면, '못 다 한'으로 모두 띄어 쓰면 틀린 것일까요. 그렇지 않습니다. '못'을 띄어 쓰면 부정의 의미를 보다 강조합니다. 표준국어대사전에는 '못다¹'의 뜻풀이가 '다하지 못함'으로 되어 있는데 이는 띄어쓰기 오류입니다. 이때에는 '다 하지 못함'으로 띄어 적어야 합니다. '다 하다'와 '다하다'의 차이는 다음 쪽에서 알아보겠습니다.

　참고로, '못다 핀 꽃 한 송이'로 쓰는 게 규범에 맞습니다. '못 다 핀 꽃 한 송이'로 적어도 되지만 글자들이 너무 띄엄띄엄하니 굳이 그럴 이유가 없다면 '못다 핀 꽃 한 송이'로 쓰는 것이 좋겠습니다.

우리말을 알다

'다 하다'와 '다하다'는 의미 차이를 생각해 보겠습니다.

구분	뜻풀이	용례
다하다 「동사」	1.어떤 것이 끝나거나 남아 있지 아니하다 2.어떤 현상이 끝나다 3.수명 따위가 끝나다 4.힘이나 마음 따위를 모두 들이다 5.어떤 일을 완수하다	· 기름이 다하다, 군량미가 다하다 · 겨울이 다하고 봄이 왔다 · 수명이 다하다, 천수를 다하다 · 최선을/전력을/혼신을 다했다 · 의무를/도리를 다했다

표준국어대사전의 '못다'의 뜻풀이 표기인 '다하지 못함'을 사전적으로 해석하면 '다 떨어지지 못함', '다 끝나지 못함', '수명이 다 끝나지 못함', '힘이나 마음을 다 쓰지 못함' 등으로 해석할 수 있습니다. 어색합니다. 사전에서 '못다'의 예시로 든 '못다 이룬 꿈, 못다 읽은 책, 못다 한 사랑'이란 '다 이루지 못한 꿈, 다 읽지 못한 책, 다 하지 못한 사랑'을 의미합니다. '모두 하지 못함'을 뜻하는 것이라면, '다 하지 못함'으로 띄어 적어야 맞습니다.

부사 '다'를 써서 '다 했다'로 띄어 쓰면 '모두 했다', '모두 끝냈다'는 것입니다. 동사 '다했다'로 쓰면 '수명이 끝났다', '다 떨어졌다', '(힘이나 마음 등)모든 것을 쏟아부었다'라는 뜻이 됩니다. 모두 끝내지 못한 것은 '못다 함'이나 '다 하지 못함'으로 적어야 옳습니다. '이야기를 다 하지 못함, 꿈을 다 이루지 못함, 책을 다 읽지 못함, 할 말을 다 하지 못함'으로 띄어 써야 규범에 맞듯이 말입니다.

다되다, 다 되다

'다되다'는 부사 '다'와 동사 '되다'가 결합하여 만들어진 합성어로서 한 단어입니다. 합성어가 되면서 다른 의미를 갖게 되었습니다.

단어	뜻풀이	용례
다되다 「형용사」	완전히 그르친 상태에 있다	· 다된 집안처럼 이게 무슨 짓들이냐 · 돌아가는 꼴을 보니 세상이 다된 모양이다

'다되다'는 띄어 적는 '다 되다'와는 다르게 부정의 표현에만 쓰입니다. 대체로 집안, 세상, 회사 등 어떤 공동체에 대한 회의나 불만을 푸념조로 말할 때 '다되다'를 씁니다. 망했다는 것입니다. 반면 '다 되다'는 '모두 끝나다', '수명이 끝나다', '거의 성공하다', '한계에 이르다' 등의 뜻을 나타냅니다. 예를 들어 보겠습니다.

> 다 된 죽에 코 풀기. 이제 여행갈 준비는 다 되었다. 배터리가 다 되어서 전화를 못 받았다. 헛소문이 다 된 혼사를 망치고 말았다. 결혼할 나이가 다 된 자식이 있다.

예문들처럼 '다 되다'로 띄어 써야 할 것을 '다되다'로 적으면 이상한 뜻의 문장으로 변합니다. 심지어 정반대의 뜻이 되기도 합니다. 똑똑한 우리는 띄어쓰기가 잘못되었다 해도 전후 맥락을 살펴 정확히 이해할 수는 있습니다. 그러나 맞춤법에는 어긋납니다.

잘 못한 건 잘못한 게 아니야

'잘'과 '못'을 띄어 쓰느냐 붙이느냐에 따라 의미가 달라집니다.

구분	의미	용례
잘 못하다	(능력이나 수준이 떨어져) 잘하지 못하다	· 노래를 잘(하지) 못해요
잘못하다	1. 틀리거나 그릇되게 하다 2. 불행하거나 재수가 좋지 아니하게 하다	· 수술을 잘못하다 · 잘못하면 소매치기 당한다
잘 못되다	('잘되다'의 못 부정문으로) 잘되지 못하다	· 화장이 잘 못됐다(부족)
잘못되다	1. 어떤 일이 그릇되거나 실패로 돌아가다 2. 나쁜 길로 빠지다 3. 사고나 병 따위로 불행하게 되다	· 화장이 잘못됐다(실패) · 순간 잘못되어 학업을 포기 · 사고로 잘못되었다는 소식

'잘 못한다'는 것은 '잘하지 못한다'는 뜻입니다. 잘하지 못한 것은 잘 못한 게 아닙니다. 예컨대 노래를 잘 못하는 사람한테 '네가 잘못했다'며 화를 낼 수는 없습니다. '잘 하다'와 '잘하다', '잘 되다'와 '잘되다'도 차이가 있습니다. 부사 '잘'은 문장 속 용언의 의미를 보다 강조하는 역할을 합니다.

구분	의미	용례
잘 하다	1. 아무 탈 없이 순조롭게 하다 2. 쉽게 또는 자주 하다	· 많이 힘들 텐데 잘 하고 있다 · 그는 헛된 맹세를 잘 한다
잘하다	1. 옳고 바르게 하다 2. 좋고 훌륭하게 하다	· 평소에 처신을 잘하는 사람이다 · 공부도 잘하고 운동도 잘한다
잘 되다	1. 아무 탈 없이 순조롭게 되다. 2. 자주 되다	· 의외로 일이 잘 되어가고 있다 · 작은 충격에도 파손이 잘 된다
잘되다	1. 일, 현상, 물건 등이 좋게 이루어지다 2. 사람이 훌륭하게 되다 3. 일정한 수준이나 정도에 이르다	· 이해도 잘되고 암기도 잘되다 · 그는 늘 자식 잘되기를 바랐다 · 잘되어야 둘이 통과할 듯하다

잘 살다, 잘살다

'잘살다'는 부사 '잘'과 동사 '살다'가 결합하면서 띄어 적을 때와는 다른 의미로 바뀐 합성어입니다.

단어	뜻풀이	용례
잘살다 「동사」	부유하게 살다	· 좀 잘산다고 거들먹대는 꼴을 봐줄 수가 없다 · 잘살기보다 참되게 사는 게 더 어렵다

반면 동사구(動詞句)[i]로 구성된 '잘 살다'는 세 가지 정도로 해석할 수 있습니다. 부사 '잘'의 의미 중 '옳고 바르게', '좋고 훌륭하게', '아무 탈 없이 편하고 순조롭게'로 생각할 수 있기 때문입니다. 띄어 적어 '잘 살아야 해'로 썼다면 그 세 가지의 의미를 모두 담은 표현일 것입니다.

한 단어인 '잘살다'를 써서 '잘살아야 해'로 적으면 그저 부자가 되라는 뜻입니다. 글로는 한 칸 띄어 적으면 되지만, 말로 할 때에 '잘 살다'와 '잘살다'를 다르게 표현하는 방법은 무엇일까요. 발음입니다. 부사 '잘'이 장음은 아닙니다. 그러나 현실에서는 '잘'을 길게 발음함으로써 그 의미를 잘 살려낼 수 있습니다.

----

i 동사구(動詞句): 동사의 구실을 하는 구. '아버지께서 신문을 읽고 계시다'에서 '읽고 계시다' 따위

나 같은, 나같이

나 같은 삶을 원하면 나같이 살아라. '같은'은 띄어 쓰는데 '같이'는
왜 붙여 쓰는 걸까요. 이때의 '같이'는 조사이기 때문입니다. 그러나 '같
이'가 부사로 쓰일 때에는 앞말과 띄어 적어야 합니다.

같이	뜻풀이	용례
부사	(주로 격 조사 '과/와'나 여럿을 뜻하는 말 뒤에 쓰여) 1. 둘 이상의 사람이나 사물이 함께 2. 어떤 상황이나 행동 따위와 다름이 없이	· 친구와 같이 사업을 하다 · 세월이 물과 같이 흐른다
조사	(체언 뒤에 붙어) 1. '전형적인 특징처럼'의 뜻을 가진 격 조사 2. 앞말이 나타내는 그때를 강조하는 격 조사	· 눈같이 희다. 소같이 일 하다 · 매일같이, 새벽같이 나온다

부사 '같이'는 주로 '-와(과) 같이'의 형식으로 띄어 적지만, 조사인
'같이'는 붙여 써야 합니다. 속담 '개떡같이 말해도 찰떡같이 알아듣다'
를 보아도 조사 '같이'는 언제나 체언에 찰떡같이 붙습니다.

형용사 '같다'의 활용형인 '같은'은 단어이니까 당연히 앞 말과 띄어
써야 합니다. 그러나 '같다'가 붙어 만들어진 합성 형용사 '감쪽같다,
금쪽같다, 꿈같다, 목석같다, 불꽃같다, 실낱같다, 주옥같다, 찰떡같
다, 한결같다' 등이 활용한 형태는 그 자체가 한 단어이기 때문에 띄어
적지 않고 '감쪽같은, 금쪽같은, 꿈같은, 목석같은, 불꽃같은, 주옥같
은' 등으로 붙여 씁니다.

나에 사랑을 받아줘

   방자가 준 쪽지를 읽고서 향단이는 매우 실망한 눈빛을 하더니 돌아섰답니다. 우리는 초등학생 시절에 이미 조사 '의'와 '에'의 쓰임을 배웠습니다. 그럼에도 관형격 조사 '의'의 자리에 부사격 조사인 '에'를 써 놓고서 당당한 방자들이 있습니다. 심지어 TV의 자막에서도 엉덩이를 잘못 들이밀고 앉은 '에'가 간혹 목격되기도 합니다. 게다가 헷갈리니까 '의'와 '에'를 골라 쓰는 수고 없이 아예 모든 곳에 '에'로 쓰는 사람까지 생겼습니다.

   이렇게 혼동하는 이유는 '의'가 관형격 조사로 쓰일 때에는 [에]로 소리 나기 때문입니다. 조사 '의'는 이중모음 그대로 [의] 소리를 내는 게 원칙이지만, [에] 발음도 허용합니다. 조사 '의'는 '너의 향기'에서처럼 뒤에 오는 체언(향기)을 꾸밉니다. 따라서 '방의 있다' 식으로 용언 앞에는 올 수 없습니다. 반면 부사격 조사 '에'는 '너에 향기' 식으로 체언(명사, 대명사, 수사) 앞엔 올 수 없고 '방에 있다'처럼 뒤에 오는 용언(있다)을 꾸밉니다. 즉, 관형격 조사 '의'는 문장 속에서 체언을 꾸며 주고, 부사격 조사 '에'는 용언(동사, 형용사)을 꾸며 줍니다. 다음의 문장들은 조사가 맞게 쓰였는지 한번 살펴보겠습니다.

   ·일곱 시의 강남역은 혼잡하다
   ·일곱 시에 강남역에 도착할 거야

만두국, 북어국은 나라 이름

근래에 들어 합성어에 사이시옷을 받쳐 적어야 하는 경우가 많아졌습니다. 그러다보니 멀쩡히 잘 쓰던 말에 왜 쓸데없이 사이시옷을 끼워넣느냐는 불만도 많습니다. 오래전에 공부를 마친 분들로서는 계속 바뀌어가는 표준어를 모두 따라잡기가 그리 쉽지 않습니다.

표준어 규정으로 보면, '만두국'이나 '북어국'은 '만주국'이나 '일본국'처럼 '만두의 나라', '북어의 나라'가 될 수 있습니다. 하지만 오히려 '만둣국', '북엇국' 식의 표기가 어색하다는 사람이 많습니다. 사이시옷이 생소할뿐더러 언제 받쳐 적어야 하는지도 당최 알 수 없어서입니다. 현재의 맞춤법에서는 순우리말이 들어 있는 합성어에서 뒷말이 된소리로 나면 앞말에 사이시옷을 받쳐 적어야 합니다.

합성어	단어 구성	설명
만둣국	만두+국	순우리말 합성어로 [만두꾹]으로 발음되니 사이시옷 첨가
북엇국	북어+국	순우리말 합성어로 [북어꾹]으로 발음되니 사이시옷 첨가

만둣국, 북엇국처럼 고깃국, 김칫국, 냉잇국, 뭇국, 배춧국, 시래깃국, 나잇값, 담뱃값, 등굣길, 찻길, 하굣길, 혼삿길, 등댓불, 촛불, 구릿빛, 장밋빛, 햇빛, 갈빗집, 소줏집, 맥줏집, 횟집으로 표기해야 합니다. 단, 외래어가 들어간 합성어인 핑크빛, 피자집 등에는 사이시옷을 넣지 않습니다. 참고로 한자어는 외래어가 아닙니다.

사이시옷이 있어야 할 자리

사이시옷은 반드시 순우리말이 들어간 합성어에만 붙고, 다음 세 가지 중 하나의 조건에 맞아야만 붙을 수 있습니다.

첫째, 앞말이 모음으로 끝나고 뒷말 첫소리가 된소리로 나는 경우

합성어	단어 구성	설명
나룻배	나루+배	순우리말 합성어로서 [나루빼]로 발음되어 사이시옷 첨가
귓병	귀+병(病)	순우리말과 한자어의 합성어로서 [귀뼝]으로 발음되어 첨가
탯줄	태(胎)+줄	한자어와 순우리말의 합성어로서 [태쭐]로 소리 나서 첨가

둘째, 뒷말의 첫소리인 ㄴ과 ㅁ 앞에서 'ㄴ' 소리가 덧나는 경우

합성어	단어 구성	설명
멧나물	메+나물	ㄴ 앞에서 ㄴ이 덧나 [멘나물]로 소리 나서 사이시옷 첨가
빗물	비+물	ㅁ 앞에서 ㄴ이 덧나 [빈물]로 소리 나서 사이시옷 첨가
훗날	후(後)+날	ㄴ 앞에서 ㄴ이 덧나 [훈:날]로 소리 나서 사이시옷 첨가

셋째, 뒷말의 첫소리인 모음 앞에서 'ㄴㄴ' 소리가 덧나는 경우

합성어	단어 구성	설명
뒷일	뒤+일	앞뒤 모음에 ㄴㄴ이 덧나 [뒨:닐]로 소리 나서 첨가
훗일	후(後)+일	앞뒤 모음에 ㄴㄴ이 덧나 [훗:닐]로 소리 나서 첨가

사이시옷이 붙는 조건이 '순우리말이 들어간 합성어'인데 예외가 있습니다. 한자어 중 다음의 여섯 개에는 사이시옷을 인정합니다. 곳간(庫間), 셋방(貰房), 숫자(數字), 찻간(車間), 툇간(退間), 횟수(回數).

찻잔은 한자어인데 웬 사이시옷

　찻잔은 한자어인데 왜 사이시옷이 붙어 있나요? 참 좋은 질문입니다. 예외인 6개의 한자어가 아닌데 왜 찻잔에도 붙었을까요. 분명히 차(茶)도 한자이고 잔(盞)도 한자인데 말입니다. 한글 맞춤법[i]은, '차'가 순우리말이냐 하는 의문이 있겠으나, 예로부터 '茶' 자의 새김(訓훈/뜻)이 '차'였으므로, 한자어 '다(茶)' 자와 구별하기 위해서 찻잔에서의 '차'를 순우리말로 본다고 설명합니다. 茶(차) 자는 훈(새김/뜻)이 '차'이고 음(소리)도 '차'입니다. 같은 글자이지만 훈이 '차'이고 음이 '다'이기도 합니다. 그러니까 차를 한자로는 茶로 쓰는데 '차'로도 읽고 '다'로도 읽습니다. 차차, 차 다. 그래서 찻잔의 차를 순우리말로 보았다는 것입니다. 표준국어대사전의 '찻잔' 뜻풀이입니다.

> 찻-잔(-盞)[차짠/찯짠] 「명사」
> 차를 따라 마시는 잔. 찻종보다 높이가 낮고 아가리가 더 벌어졌다.

　'차'를 우리말로 '잔'을 한자로 표기하고 있습니다. 찻잔은 순우리말인 '차'와 한자어인 '잔'이 결합한 합성어로서, 앞말이 모음으로 끝나고, 뒷말의 첫소리가 된소리로 나기 때문에 사이시옷을 붙인 것입니다. 따라서 찻잔 뿐 아니라 '찻종(-鍾), 찻방(-房), 찻상(-床), 찻장(-欌), 찻주전자(-酒煎子)'에도 사이시옷이 있습니다.

---

i　한글 맞춤법, 제4장 형태에 관한 것, 제4절 합성어 및 접두사가 붙은 말, 제30항

장맛이 나는 비 _____

장마철엔 장맛이 나는 음식이 당기긴 합니다. 된장찌개나 고추장찌개, 막걸리에 곁들이는 장떡, 걸쭉한 장칼국수. 그래서 장마 때에 내리는 비를 장맛비라 하는 걸까요. '장마비'가 갑자기 '장맛비'로 둔갑하는 통에 많은 사람이 당황했습니다. '장맛비'면 '장맛이 나는 비'냐며 볼멘소리까지 합니다. 국립국어원의 한 자료[i]를 보면 문인과 출판사 교정 담당자들에게 물었더니, '냇가'는 86.7%, '진돗개'는 66.5%가 합리적이라고 대답했으나, '장맛비, 만둣국, 등굣길'은 전체의 76.8%가 사이시옷의 사용이 불합리하다고 답한 조사 결과가 실려 있습니다. 언중은 비슷한 환경에 있는 여우비, 안개비, 장대비는 아닌데, 왜 유독 '장마비'만 '장맛비'냐 하고 생각하는 것입니다.

국립국어원의 설명은 이렇습니다. 합성어인 '장마비'는 전통적으로 [장마삐/장맏삐]라고 발음했기에 사이시옷을 받쳐 적는다. 조선말 대사전, 표준국어대사전, 우리말 큰사전, 금성 국어 대사전 등에서도 발음을 [장마삐]로 표기하고 있다. 현재의 표준어 관점에서는 '장맛비'가 맞다. 이러한 설명도 납득하기 힘들다는 반응들입니다. 국립국어원의 말처럼 언젠가는 '장마비'로 되돌아갈지도 모릅니다. 아니면 그 사이에 모두 세뇌되어서 '장맛비'가 오히려 자연스러워질 수도 있습니다. 어쨌거나 이 시점의 맞는 표기는 '장맛비'일 뿐입니다.

---

i 권재일(2006), 국어정책, 『국어연감』, 국립국어원.

우리말을 알다

사이시옷을 붙이면 안 되는 말

뒷말의 첫소리인 'ㄴ'과 'ㅁ' 앞에서 'ㄴ' 소리가 덧나는 경우 앞말에 사이시옷을 받치어 적는다고 했습니다. 그래서 '메나물, 비물, 후날'이 아니라 '멧나물, 빗물, 훗날'로 표기합니다. 같은 이유로 '노랫말, 존댓말, 혼잣말'에도 사이시옷이 붙습니다. 그런데 '머릿말, 반댓말, 소갯말, 예삿말, 인삿말'로 쓰면 틀린 표기입니다. 우린 습관적으로 [머린말], [반:댄말], [소갠말], [예:산말]로 발음해왔는데, '머리말, 반대말, 소개말, 예사말, 인사말'로 써야 맞는다는 것입니다.

예를 들어 '존대말(존댓말)'의 경우 일반적으로 [존댄말]로 발음을 하는데, 그 이유는 앞말인 '존대'의 끝음절 모음 'ㅐ'에 모음을 폐쇄시키는 자음 'ㄷ'이 추가된 소리인 [존댇말]이 되었다가 거기에 다시 자음동화 현상이 일어나 [존댄말]로 소리가 납니다. 이는 사잇소리 규정인 'ㅁ' 앞에서 'ㄴ'이 덧나는 경우이므로 '존댓말'로 적어야 맞는 표기입니다. 그러나 '머리말'은 앞말의 모음을 폐쇄시키는 자음이 덧나지 않는 구조라서 일반적으로 [머리말]로 발음하기 때문에 사이시옷을 받치어 적지 않는다는 것입니다. '반대말, 소개말, 예사말, 인사말'도 마찬가지 이유입니다. 세상사란 것이 무릇 엿장수 마음대로 이루어지는 법이니 우리는 그냥 외우는 수밖에 없습니다. 머리말, 반대말, 소개말, 예사말, 인사말, 머리글, 머리기사.

뒷풀이는 윗층에서 못 해요

 뒷풀이는 윗층에서 할 수 없겠습니다. 국어사전에는 '뒷풀이'나 '윗층'은 없고 '뒤풀이'와 '위층'만이 있습니다. 순우리말이 포함된 합성어인데 사이시옷을 붙여도 되는 게 아닐까요. 맞는 지적이지만 굳이 그럴 필요는 없습니다. 한글 맞춤법에[i] '개-똥, 보리-쌀, 허리-띠, 개-펄, 배-탈, 허리-춤'의 경우 뒤 단어의 첫소리가 된소리나 거센소리이므로 사이시옷을 붙이지 않는다고 되어 있습니다. 뒷말이 이미 된소리나 거센소리인 합성어이니 사이시옷을 받쳐 적을 이유가 없는 것입니다. 아래의 표는 같은 형태의 단어들입니다.

틀림	윗층	윗쪽	윗편	아랫층	아랫쪽	갈빗뼈	뒷뜰	뒷탈	뒷처리	뒷풀이	뒷통수
맞음	위층	위쪽	위편	아래층	아래쪽	갈비뼈	뒤뜰	뒤탈	뒤처리	뒤풀이	뒤통수

 참고로, '위, 윗, 웃'의 표기에 대한 표준어 규정[ii]을 보겠습니다.

구분	내용	예
원칙	'웃-' 및 '윗-'은 명사 '위'에 맞추어 '윗-'으로 통일한다	윗눈썹, 윗니, 윗도리, 윗머리, 윗목, 윗바람, 윗사랑, 윗수염, 윗입술, 윗잇몸, 윗자리
다만1.	된소리나 거센소리 앞에서는 '위-'로 한다	위짝, 위쪽, 위채, 위층, 위치마, 위턱, 위팔
다만2.	'아래, 위'의 대립이 없는 단어는 '웃-'을 표준어로 삼는다	웃국, 웃돈, 웃비, 웃어른

---

i 한글 맞춤법. 제4장 형태에 관한 것. 제4절 합성어 및 접두사가 붙은 말. 제30항
ii 표준어 규정. 제2장 발음 변화에 따른 표준어 규정. 제2절 모음. 제12항

우리말을 알다

2부 그럴듯한 오해

확신이 지나쳐 실수를 할 때가 있습니다. 나는 분명히 그렇게 알고 있었는데 나중에 알고 보니 사실은 그렇지 않았던 것입니다. 그것이 제가 이 책을 쓰게 된 이유이기도 합니다. 표준어인 줄 알았는데 아니거나, 표준어가 아닌 줄 알았는데 표준어인 것이 많습니다. 예전에는 이게 분명 맞춤법에 맞았는데 모르는 사이 규범이 바뀐 경우도 있습니다. 그렇다고 자신의 무지와 무능을 탓할 이유는 없습니다. 세상은 변하는 것이고, 세상 따라 언어도 변해 갑니다. 언어가 변하니 표준어도 바뀔 수밖에 없습니다.

2부에서는 많은 분이 잘못 알고 있는 낱말들을 뽑아 설명을 곁들였습니다. 내가 그렇게 오해할 수밖에 없었던 이유는 무엇이고, 해당하는 표준어는 무엇이며, 그것이 왜 표준어인지에 대하여 논리적 근거를 제시했습니다.

표준어나 표준어 규정은 모든 사람을 만족시킬 수 없습니다. 그렇다 해서 표준어 규정이 완벽하다는 것은 아닙니다. 이 책에서는 불합리하다고 생각하는 규범에 대해서는 합리적인 문제 제기를 마다하지 않았습니다. 그러나 단순히 개인만의 주장을 내세운 것이 아니라 언중의 생각도 충실히 반영한 것임을 밝힙니다.

눈 덮인 마을, 낙엽으로 덮인 길. '덮힌'이 아니라 '덮인'이 맞습니다. '덮다'의 피동사는 '덮히다'가 아닌 '덮이다'입니다. 어근이 'ㅍ' 받침인 용언에는 '높이다, 덮이다, 짚이다, 깊이다'처럼 '-이-'가 붙습니다. 그러면 어근에 '-히-'가 붙는 파생어들을 살펴보겠습니다.

구분	용례								
용언	꽂다	굳다	넓다	닫다	맺다	먹다	받다	업다	읽다
파생어	꽂히다	굳히다	넓히다	닫히다	맺히다	먹히다	받히다	업히다	읽히다
발음	꼬치다	구치다	널피다	다치다	매치다	머키다	바치다	어피다	일키다

파생어 어근 뒤의 음절이 모두 거센소리로 발음된다는 걸 확인할 수 있습니다. 이번에는 '-이-'가 붙는 파생어들을 살펴봅니다.

구분	용례								
용언	깨다	꺾다	꼬다	낚다	녹다	놓다	닦다	뜨다	보다
파생어	깨이다	꺾이다	꼬이다	낚이다	녹이다	놓이다	닦이다	뜨이다	보이다
발음	깨이다	꺼끼다	꼬이다	나끼다	노기다	노이다	다끼다	뜨이다	보이다

'-이-'와 '-히-'의 구별법은 발음을 해보는 것입니다. 거센소리(ㅋ, ㅌ, ㅍ, ㅊ)로 나면 '-히-'를 적고, 아니면 '-이-'입니다. 그러나 어근의 받침이 이미 거센소리일 경우엔 거센소리를 만드는 '-히-'가 필요 없으니까 '-이-'로 씁니다. 그래서 '덮다'의 피동사는 '덮이다'이고, '훑다'의 피동사는 '훑이다', '붙다'의 사동사는 '붙이다'입니다.

캐, 캉아지, 탉, 탕나귀, 평아리

개, 강아지, 닭, 당나귀, 병아리 등 일부 명사 앞에 접두사 '암'과 '수' 가 붙어 파생어가 될 때 일어나는 현상입니다. 중세에는 끝소리가 'ㅎ' 인 'ㅎ' 종성체언이 있었습니다. 나라, 바다, 하늘, 안, 머리, 살, 암, 수 등이었는데 지금은 모두 사라지고 그 흔적만 남아있습니다. 안팎(안ㅎ+ 밖), 머리카락(머리ㅎ+가락), 살코기(살ㅎ+고기), 암캐(암ㅎ+개), 수캐(수ㅎ+개) 등입니다. '암'과 '수'가 결합한 파생어 중 거센소리로 표기하는 것은 아 래의 단 아홉 가지뿐입니다.

구분	강아지	개	것	기와	닭	당나귀	돌쩌귀	돼지	병아리
암	암캉아지	암캐	암컷	암키와	암탉	암탕나귀	암톨쩌귀	암퇘지	암평아리
수	수캉아지	수캐	수컷	수키와	수탉	수탕나귀	수톨쩌귀	수퇘지	수평아리

이렇게 옛 'ㅎ' 종성체언의 흔적대로 거센소리 표기를 표준어로 한 이 유는 그러한 발음이 이미 언중에 화석화되었기 때문입니다. 그 외에는 거센소리로 나더라도 예사소리로 적습니다. 암개미, 수개미 또한 표준 어 규정[i]은, 수컷을 이르는 접두사는 모두 '수-'로 적기로 하여 '수나사, 수꿩, 수사돈, 수은행나무, 수놈, 수소'로 표기합니다. 그러나 '숫양, 숫 염소, 숫쥐' 세 개는 발음할 때 사이시옷과 비슷한 현상이 있다 하여 예외로 했습니다. 형평성 문제가 있습니다.

---

i 표준어 규정, 제1부 표준어 사정 원칙, 제2장 발음 변화에 따른 표준어 규정, 제1절 자음, 제7항

우리말을 알다

가꾸로, 까꾸로, 거꾸로, 꺼꾸로

하나만 제외하면 모두 표준어입니다. 무엇이 비표준어일까요.

구분	뜻풀이	용례
가꾸로 「부사」	차례나 방향, 형편 따위가 반대로 되게	· 새신랑을 가꾸로 매달아 놓았다 · 급해서 옷을 가꾸로 입고 나왔다
까꾸로 「부사」	차례나 방향, 형편 따위가 반대로 되게 '가꾸로'보다 센 느낌을 준다	· 도랑창에 까꾸로 처박혔다 · 세상이 온통 까꾸로 가는 듯하다
거꾸로 「부사」	차례나 방향, 형편 따위가 반대로 되게 '가꾸로'보다 큰 느낌을 준다	· 토마토는 거꾸로 해도 토마토다 · 일의 순서가 거꾸로 되었다
꺼꾸로	→ 거꾸로	—

가장 많이 쓰이는 '꺼꾸로'만 표준어가 아니라는 사실이 놀랍습니다. '거꾸로'는 '가꾸로'의 큰말이고, '까꾸로'는 '가꾸로'의 센말입니다. 즉, 큰말이 '거꾸로'이고 작은말이 '가꾸로'이며, 센말이 '까꾸로'이고 여린말이 '가꾸로'입니다. 음성모음인 것이 큰말이고 양성모음인 것이 작은말입니다. 그리고 자음이 된소리면 센말이고 예사소리(ㄱ, ㄷ, ㅂ, ㅅ, ㅈ)면 여린말입니다. '거꾸로'와 '가꾸로'는 중세 이후의 문헌에서 그 원형(갓ᄀ로, 갓고로. 것꾸로, 것구로)을 찾을 수 있습니다. 그런데 '까꾸로'가 표준어인 이유는 뭘까요. 현실에서의 쓰임이 많아서? '까꾸로'가 표준어라면 쓰임이 더 많은 '꺼꾸로'도 표준어가 되어야 합니다. '까꾸로'를 시샘하는 게 아니고, 배가 아파서가 아니고, 괜히 딴지를 거는 것도 아닙니다. '꺼꾸로'는 표준어가 될 자격이 충분합니다.

이거가, 그거가, 저거가

이거가 뭐고, 그거가 뭐며, 저거가 뭔데. 어색합니다. 유아의 말투 같습니다. 하지만 맞춤법에 맞습니다. '이거, 그거, 저거'는 모두 대명사이고, 끝음절에 받침이 없으니까 주격조사 '가'가 붙는 것이 정상입니다. 그런데 왜 어색하게 느껴지는 것일까요. 문어(文語)에서는 주로 '이것이, 그것이, 저것이'를 쓰고, 구어(口語)에서는 주로 '이게, 그게, 저게'로 표현해서입니다. '이게, 그게, 저게'나 '이거, 그거, 저거'도 표준어입니다.

'이게, 그게, 저게'는 '이것이, 그것이, 저것이'의 준말입니다. '이것, 그것, 저것'에 주격조사 '이'가 붙어 줄어든 형태입니다. '이게, 그게, 저게'는 '이것이, 그것이, 저것이'의 구어 표현이고, 대명사 '이거, 그거, 저거'는 '이것, 그것, 저것'의 구어 표현입니다.

구분	뜻풀이
이거	'이것'을 구어적으로 이르는 말
	'이것'에 서술격 조사 '이다'가 붙은 형태인 '이것이다'는 '이거다'로 줄어서 '이거'의 형태가 유지되고, '이것'에 주격 조사 '이'가 붙은 형태인 '이것이'는 '이게'의 형태로 바뀐다
그거	'그것'을 구어적으로 이르는 말
	'그것'에 서술격 조사 '이다'가 붙은 형태인 '그것이다'는 '그거다'로 줄어서 '그거'의 형태가 유지되고, '그것'에 주격 조사 '이'가 붙은 형태인 '그것이'는 '그게'의 형태로 바뀐다
저거	'저것'을 구어적으로 이르는 말
	'저것'에 서술격 조사 '이다'가 붙은 형태인 '저것이다'는 '저거다'로 줄어서 '저거'의 형태가 유지되고, '저것'에 주격 조사 '이'가 붙은 형태인 '저것이'는 '저게'의 형태로 바뀐다

우리말을 알다

네가, 너가, 니가

국립국어원 누리집(홈페이지)에는 '네가, 너가, 니가'에 관한 민원이 많습니다. 구어에서는 대부분 '니가' 혹은 '너가'라 하니, '니가'나 '너가'도 표준어로 추가해 달라는 요구입니다. '너, 나, 저'에 주격조사 '가'가 결합하면 '네가, 내가, 제가'로 형태가 바뀝니다.

구분	뜻풀이	용례
네¹ 「대명사」	'너'에 주격 조사 '가'나 보격 조사 '가'가 붙을 때의 형태	· 네가 말하던 사람이 이 사람이냐? · 나를 보자고 한 게 네가 아니더냐?
내⁴ 「대명사」	'나'에 주격 조사 '가'나 보격 조사 '가'가 붙을 때의 형태	· 내가 살던 고향은 꽃 피는 산골이다 · 돌은 던진 사람은 내가 아니다
제¹ 「대명사」	'저'에 주격 조사 '가'나 보격 조사 '가'가 붙을 때의 형태	· 제가 잘할 수 있는 것은 이것뿐입니다 · 그때 못생겼던 아이는 제가 아닙니다

'네가'와 '내가'의 발음 구분이 쉽지 않자 '니가'나 '너가'로 표현하는 경우가 많습니다. '니가'는 오래전부터 워낙 널리 쓰이던 구어 표현이어서 듣기에 자연스럽습니다. 그러나 '너가'는 어색하게 생각하는 사람이 많습니다. '너가, 나가, 저가'는 일부 지역 방언입니다. 언중은 대체로 '너, 너는(넌), 너를(널), 너만, 너도, 너에게(너한테), 너와(너랑), 너마저, 너까지, 너부터' 등에서는 '너'로 표현하는 것을 자연스럽게 여깁니다. 그러나 '네가'보다 '니가'로, '너네 집'보다 '니네 집', '네(너의) 거'보다 '니 거'로 표현하는 경향이 있습니다. '무엇, 무어, 뭐, 머'가 모두 표준어이듯이, '니'도 일부 상황에 쓰이는 '너'의 구어적인 말로 표준어에 추가되었으면 하는 바람입니다.

고런, 요런, 조런

　글말체(문어체) 문장에서는 '그런(그러한), 이런(이러한), 저런(저러한)'으로 쓰지만 '요런, 조런, 고런'도 표준어입니다. 형용사인 '요렇다, 조렇다, 고렇다'의 관형사형입니다.

구분	뜻풀이	용례
고렇다 「형용사」	상태, 모양, 성질 따위가 그와 같다. '그렇다'보다 익살스러운 느낌이나 낮잡는 느낌을 준다	· 고렇고 조렇고 간에 · 얘기인즉슨 고렇다는 거지
요렇다 「형용사」	상태, 모양, 성질 따위가 이와 같다. '이렇다'보다 익살스러운 느낌이나 낮잡는 느낌을 준다	· 요러니 누가 좋아하겠어? · 물건이 요러면 사 오지 마
조렇다 「형용사」	상태, 모양, 성질 따위가 저와 같다. '저렇다'보다 익살스러운 느낌이나 낮잡는 느낌을 준다	· 다 큰 놈이 조래서야 · 어른한테 조러면 쓰나

　'고렇다'는 '고러하다', '요렇다'는 '요러하다', '조렇다'는 '조러하다'의 준말인데 모두 표준어입니다. '고렇다'는 '고래, 고런, 고럴, 그러니, 고래서, 고랬다'로 활용하고, '요렇다'는 '요래, 요런, 요럴, 요러니, 요래서, 요랬다', 그리고 '조렇다'는 '조래, 조런, 조럴, 조러니, 조래서, 조랬다' 등으로 활용합니다.

　구어에서 '고딴 것, 요딴 것, 조딴 것' 식으로도 표현하지만 '고딴, 요딴, 조딴'은 방언으로 분류되어 있습니다. '고따위 것, 요따위 것, 조따위 것'이나 '고런 것, 요런 것, 조런 것'으로 쓰면 규범에 맞습니다. '그런 것, 이런 것, 저런 것'을 낮잡은 표현입니다. 한편 관형사인 '요, 고, 조'도 표준어입니다.

　　　　　　　　　　　　　우리말을 알다

욜로(YOLO). '당신의 인생은 한 번뿐이다'라는 'You Only Live Once'
의 앞 글자를 딴 것인데, '욜로족'이란 말까지 있습니다. 골로 가면 돌아
가는 거고, 욜로 가든지 졸로 가는 게 빨라. 이 글에서는 '골로, 욜로,
졸로'가 표준어인지를 살펴보려 합니다.

구분	뜻풀이	용례
고리로	'고리5(고 곳으로, 고쪽으로)'를 강조해 이르는 말	· 고리로 가지 마라
골로	'고리로'의 준말	· 골로 가면 놀이터가 나온다
요리로	'요리1(요 곳으로, 요쪽으로)'를 강조해 이르는 말	· 분명 요리로 오는 걸 봤는데
욜로	'요리로'의 준말	· 욜로 가면 지름길이 나온다
조리로	'조리1(조 곳으로, 조쪽으로)'를 강조해 이르는 말	· 도둑이 조리로 도망갔다
졸로	'조리로'의 준말	· 졸로 가면 시청이 나와요

'고리, 고리로, 골로', '요리, 요리로, 욜로', '조리, 조리로, 졸로'는 모두
표준어입니다. 맞춤법 규정[i]은 체언과 조사가 어울려 줄 때에는 준 대
로 적도록 하고 있습니다. 이는 '이리, 저리, 그리, 요리, 조리, 고리'와
같은 부사와 조사가 어울려 줄 때에도 해당합니다. 일로(이리로), 절로
(저리로), 글로(그리로), 욜로(요리로), 졸로(조리로), 골로(고리로). '요리, 조리,
고리'는 '이리, 저리, 그리'에 비하여 범위가 좁고 가깝다는 느낌을 줍니
다. 또 대명사 '요기, 조기, 고기'는 '여기, 저기, 거기'에 비하여 가리키
는 범위가 좁고 가까운 느낌을 줍니다.

---

i 한글 맞춤법, 제4장 형태에 관한 것, 제5절 준말, 제33항

그죠, 그쵸

날씨가 참 좋다, 그죠? 배가 참 고프다, 그쵸? 입말에서 쓰는 '그죠'
와 '그쵸'는 표준어일까요. 국립국어원이 국어 선생님 스물두 분을 대
상으로 수업을 녹취해 분석[i]했더니, '그렇지?'로 말한 횟수는 전체의
14.8%이고 '그렇죠?'는 18.9%에 불과했으나, '그지?'나 '그죠?'로 표현한
횟수는 전체의 80%가 넘었습니다. 그만큼 '그죠, 그쵸, 그지, 그치'란
표현이 전국적으로 널리 쓰이고 있습니다.

'그죠'는 '그렇죠'가 준 말로 어간의 두 번째 음절 '렇'이 통째로 탈락
한 것이고, '그쵸'는 '그렇죠'의 어간에서 '러'가 탈락한 형태입니다. '그렇
지'의 준말처럼 쓰이는 '그지'와 '그치'는 보조사 '요'가 없이 쓰인 해체의
표현입니다. 그러나 '그렇죠'나 '그렇지'는 더 이상 줄여 쓸 수 없으므로
'그죠, 그쵸, 그지, 그치'는 모두 표준어가 아닙니다. '그러하다'의 준말
'그렇다'의 어간에 종결어미 '-지'가 결합한 것이 '그렇지'이고 거기에 보
조사 '요'가 붙은 것이 '그렇지요'입니다. '그렇지요'가 다시 줄면 '그렇죠'
가 됩니다. 그리고 '그러지요'의 준말은 '그러죠'입니다. 한편, '그렇죠'의
표준 발음은 [그러초]이고 '그러죠'의 표준 발음은 [그러조]입니다. 관련
규정에서는 구개음인 'ㅈ, ㅉ, ㅊ'의 다음에 오는 이중 모음이 실제로는
단모음과 구별이 되지 않기 때문에 단모음으로 발음한다고 밝히고 있
습니다.

---

i 국립국어원(2002), '국어 교사의 표준어 사용 실태 조사', 1998년 7월부터 2001년 12월까지

우리말을 알다

근데 우리 언제 본 적 없어요? 건데 난 생면부지올시다. '그러한데'의 준말이 '그런데'이고, '그런데'의 준말이 '근데'입니다. 표준어입니다. 그런데 '건데'는 또 뭘까요. '건데' 역시 '그런데'의 준말이며 구어에 쓰이는 표준어입니다. '근데'는 '그런데'의 두 번째 음절 '런'에서 '러'가 빠지고 받침 'ㄴ'이 앞 음절로 올라붙으며 축약된 것이고, '건데'는 첫음절 '그'의 모음 'ㅡ'가 탈락하고 '런'의 초성인 'ㄹ'이 탈락하면서 줄어든 것입니다. '건데'의 축약 과정이 자연스럽지는 않으나 언중의 쓰임을 고려하여 표준어로 인정한 것으로 보입니다.

구분	뜻풀이	용례
근데¹ 「부사」	'그런데'의 준말. 구어체에서 쓰임	· 어서 와. 근데 아끼는 어디 갔었니? · 형은 빵을 싫어해. 근데 나는 좋아해
건데 「부사」	'그런데'의 준말. 구어체에서 쓰임	· 소리 정말 예쁘더라. 건데 그게 뭐였어? · 나는 강아지가 좋아. 건데 고양이는 싫어

국립국어원은, '근데'와 '건데'는 '그런데'에서의 축약 과정이 다르게 나타난 것으로 모두 준말로 인정된다고 설명합니다. 준말의 형태가 언중에 두루 쓰이면서 문법적으로 문제가 없으면 맞춤법에 맞는 표기이고 아울러 표준어라는 것입니다. 그러나 격식이 필요한 글에서 준말의 형태를 사용하는 것은 바람직하지 않습니다.

힘이 쎄다

아시듯이 '쎄다'는 표준어가 아닙니다. 하지만 이제 표준어로 인정할 때가 되었습니다. 대부분 '힘이 세다'로 말하지 않고 '힘이 쎄다'로 표현합니다. '세다'는 말뜻과는 달리 왠지 나약한 느낌을 주기 때문입니다. 우리는 기본적으로 '쎄다' 정도로는 발음을 해줘야 본래의 의미가 잘 전달된다고 생각합니다. '세다'라는 용언은 모두 세 개가 있습니다.

구분	뜻풀이	용례
세다[1] 「동사」	1. 머리카락이나 수염 따위의 털이 희어지다 2. 얼굴의 핏기가 없어지다	· 머리가 허옇게 세다 · 젊은 사람인데 얼굴이 세었다
세다[2] 「동사」	사물의 수효를 헤아리거나 꼽다	· 돈을 세다 · 참석자의 수를 세다
세다[3] 「형용사」	1. 힘이 많다 2. 행동하거나 밀고 나가는 기세가 강하다	· 힘이/기운이/주먹이 세다 · 고집이/대가/뚝심이 세다

발음도 셋 다 장음입니다. 따라서 '센 놈이야'라 하면 '머리가 센 놈', '숫자를 센 놈', '힘이 센 놈' 중 한 놈일 텐데 정확한 정체를 알 수 없습니다. '쎄다'는 '세다'의 센말로 사전에 올라야 합니다. 대부분 '힘이 쎄다'로 표현하는데 오직 '세다'만이 독야청청 표준어로 있는 게 더 이상합니다. '조금'의 센말들인 '조끔, 쪼금, 쪼끔'은 모두 표준어입니다. '꼬박'의 센말은 '꼬빡', '가탈스럽다'의 센말은 '까탈스럽다', '동그라미'의 센말은 '똥그라미'입니다. 그들도 다 표준어입니다. '쎄다'가 표준어가 못될 이유는 없습니다.

우리말을 알다

'팔심'을 '팔힘'의 잘못된 표기로 생각할 수 있지만, 표준어는 오히려 '팔심'이고 '팔힘'이란 단어는 사전에 없습니다. 그래서 표기는 '팔심' 또는 '팔 힘'으로 해야 합니다. 팔심이 세다. 팔 힘이 세다. '뚝심'의 '심'도 '힘'을 뜻하는 말입니다. '뚝힘'이라 쓰는 사람은 없습니다. '심줄'은 국어사전에 '힘줄의 변한말'로 설명되어 있습니다. '힘줄'과 '심줄'은 같은 뜻의 복수 표준어입니다.

이렇듯 '힘'의 표기가 '심'으로 바뀐 것들이 많습니다. 지력(地力)을 말하는 말은 '땅힘'에서 '땅심'으로 바뀌었고, '밥힘'은 '밥심', '뱃힘'은 '뱃심', '입힘'은 '입심', '주먹힘'은 '주먹심', '허릿힘'은 '허릿심', '뒷힘'은 '뒷심', 소의 힘줄을 뜻하는 '쇠힘'은 '쇠심'으로 바뀌었습니다. '땅힘, 밥힘, 주먹힘, 허릿힘, 뒷힘, 쇠힘' 등은 아예 사전에 실리지 않았습니다. '입힘'이 '입심'의 원말로 소개되어 있을 뿐입니다.

힘을 '심'으로 발음하거나, 형을 '성'으로, 혓바닥을 '셋바닥'으로 발음하는 것은 방언으로 규정합니다. 그러나 위에 예로 든 말들은 원래의 어원에서 멀어진 형태이지만 그렇게 굳어져 널리 쓰이기 때문에 표준어로 인정[i]한 것입니다.

----

i 표준어 규정, 제1부 표준어 사정 원칙, 제2장 발음 변화에 따른 표준어 규정, 제1절 자음, 제5항

임마, 돌맹이

대부분 '임마'와 '돌맹이'가 표준어라 생각합니다. 발음에서 유추하여 적다 보니 생긴 현상입니다. 표준어는 '인마'와 '돌멩이'입니다.

'이놈아'의 준말이기 때문에 '임마'가 아니라 '인마'로 쓰는 게 맞습니다. 둘째 음절 '놈'의 모음 'ㅗ'가 탈락하면서 초성 'ㄴ'이 앞 음절 '이'의 받침으로 가서 붙고 받침 'ㅁ'이 뒤 음절인 조사 '아'와 결합하면 '인마'로 줄어듭니다. '야 인마'의 준말도 '얌마'가 아니라 '얀마'입니다. 그래서 '얌마 점마 하지 마'도 '얀마 전마 하지 마'로 적어야 맞습니다. '인마'를 '임마'로 착각하는 것은 '인마'를 발음하면 첫음절의 'ㄴ'이 뒤 음절 'ㅁ'의 영향을 받아 'ㅁ'으로 소리가 나기 때문입니다. 소리 나는 대로 적다보니 '임마'로 잘못 표기하는 것입니다. '인마' 속에는 사람을 낮잡아 칭하는 '놈'이라는 말이 들어 있어서 '인마'는 비속어에 해당합니다.

'꼬맹이'와 '알맹이'가 표준어이지만, 돌맹이가 아닌 '돌멩이', 굼뱅이가 아닌 '굼벵이'가 표준어입니다. 돌멩이, 돌덩이, 자갈 등의 총칭이 '돌'입니다. 바위나 모래 또한 돌입니다. 흙이 굳어 돌이 되고, 돌이 부서져 모래가 됩니다. 크기순으로 나열하면 바위, 돌덩이, 돌멩이, 자갈, 모래라 할 수 있습니다. 일반적으로 돌멩이라 하면 자갈도 포함합니다.

우리말을 알다

1)뒤탈이 없게끔 말끔히 정리했다. 2)뒤탈이 없게시리 말끔히 정리했다. 누가 보아도 1)의 표현이 깔끔하다 생각합니다. 규범에도 1)이 맞습니다. 표준어 규정[i]은 '–게시리'가 꽤 많이 쓰이는 편이나 방언의 냄새가 짙어 표준어에서 버렸다고 명시했습니다. 더구나 같은 의미의 어미로 '–도록'이 널리 쓰이고 있어 '–게끔' 하나만을 표준어로 해도 족하다고 판단했다는 설명도 있습니다. 그러나 문제는 '–게끔'과 '–게시리'가 같은 말이 아니라는 것입니다. '–게끔'이 '–게시리'를 완전하게 대체할 수 없음에도 규범이 '–게끔'만을 쓰게끔 하면서 언중의 언어생활을 일정 부분 제약하고 말았습니다.

> 가)너만 보면 이상하게시리 웃음이 나온단 말이야
> 나)왜 그래, 피곤하게시리(귀찮게시리/촌스럽게시리/미안하게시리)

위 예문에서 '–게시리' 자리에 '–게끔'을 넣으면 문장이 이상해집니다. 같은 말이 아니기 때문입니다. '–게시리'는 '–게끔'을 단수 표준어로 정하기 전까지는 누구나 자유롭게 쓰던 표현이었습니다. 글말(文語)보다는 주로 입말(口語)에 많이 쓰이는 어미가 '–게시리'입니다. 이른바 촌스러운 말이 아니라 아름다운 우리말입니다. 현재의 표준어 규정에서는 '–게끔'만이 표준어이지만, '–게시리'도 다시 표준어 목록에 올려놓아야 합니다.

---

i 제1부 표준어 사정 원칙, 제3장 어휘 선택의 변화에 따른 표준어 규정, 제4절 단수 표준어, 제25항

사겼다, 할켜서, 바꼈어

모두 틀린 표기입니다. 규범에 맞게 바꾸면 '사귀었다, 할퀴여서(할퀴이어서), 바뀌었어'입니다. 더 줄여 쓸 수 있는 방법은 없습니다.

구분	기본형	형태소	줄인 말
바뀌었다	바뀌다	바뀌(어간)+-었-(선어말어미)+-다(종결어미)	없음
사귀었다	사귀다	사귀(어간)+-었-(선어말어미)+-다(종결어미)	없음
할퀴었다	할퀴다	할퀴(어간)+-었-(선어말어미)+-다(종결어미)	없음

'바꾸었다'는 '바꿨다'로 줄일 수 있습니다. 'ㅜ'와 'ㅓ'의 축약이 가능하기 때문입니다. 그러나 'ㅟ'와 'ㅓ'를 합쳐 표기할 수 있는 모음은 없기 때문에 오직 'ㅟ었'의 형태로 표기할 수밖에 없습니다.

구분		용례	비고
바뀌었다	잘못	바꼈다, 바꼈고, 바꼈는데, 바꼈지	'바끼다'라는 용언은 없음
	규범	바뀌었다, 바뀌었고, 바뀌었는데, 바뀌었지	더 이상 줄일 수 없음
사귀었다	잘못	사겼다, 사겼고, 사겼는데, 사겼지	'사기다'라는 용언은 없음
	규범	사귀었다, 사귀었고, 사귀었는데, 사귀었지	더 이상 줄일 수 없음
할퀴었다	잘못	할켰다, 할켰고, 할켰는데, 할켰지	'할키다'라는 용언은 없음
	규범	할퀴었다, 할퀴었고, 할퀴었는데, 할퀴었지	더 이상 줄일 수 없음

주어가 무엇을 할퀴었을 때엔 '할퀴다'를, 주어가 누구에게 할큄을 당했을 때에는 피동사 '할퀴이다'를 써야 합니다. 내가 하도 할퀴여서(할퀴이어서) 같이 못 살겠다. 정 그러면 너도 같이 할퀴어 봐.

우리말을 알다

그리고는, 그리고서

가)그는 많이 먹었다. 그리고는 또 먹었다. 나)열심히 운동을 했다. 그리고서 열심히 먹기 시작했다. 예문에 쓰인 '그리고는'은 '그러고는'으로, '그리고서'는 '그러고서'로 고쳐 써야 문법에 맞습니다. 접속부사의 뒤에는 조사가 올 수 없습니다. 그러나는, 그런데는, 그러므로는. 보신 바와 같이 말이 되지 않습니다. 또한 '-고 나서'의 준말인 어미 '-고서' 역시 접속부사에 붙을 수 없습니다. '그러나고서, 그런데고서'라는 말은 있을 수 없습니다. 어미는 용언의 어간에만 붙을 수 있습니다. 또한 '-고 나서'의 앞에는 반드시 동사가 와야 합니다. 즉, 어미인 '-고서'는 동사의 어간에만 붙습니다. 하고서(하고 나서), 가고서(가고 나서), 먹고서(먹고 나서), 잡고서(잡고 나서). 그럼에도 많은 사람이 '그리고는'이나 '그리고서'로 표현하는 이유는 '그러고는, 그러고서, 그러고 나서'로 착각했기 때문입니다.

'그렇게 하다'가 줄어 '그리하다'가, '그리하다'가 줄어 동사 '그러다'가 되었습니다. '이렇게 하다'는 '이리하다'와 '이러다'로, '저렇게 하다'는 '저리하다'와 '저러다'로 줄어듭니다. '그러다'는 그러고(그렇게 하고), 그러는(그렇게 하는), 그러면(그렇게 하면), 그러지(그렇게 하지), 그러다가(그렇게 하다가), 그런(그렇게 한), 그럴(그렇게 할), 그러고는(그렇게 하고는), 그러고서(그렇게 하고서) 등으로 활용할 수 있습니다. 어쨌거나 '그리고'와 같은 접속부사가 감히 용언처럼 활용을 꿈꾼다는 것은 언감생심입니다. 활용은 오직 용언(동사, 형용사)만의 특권입니다.

행복을 쫓는 사람

행복을 추구하는 사람이란 뜻으로 쓴 것이면 잘못되었습니다. 쫓는다는 말은 쫓아버린다거나 누군가를 쫓아간다는 뜻입니다. 행복을 주거나 추구하는 게 아니라, 행복을 쫓아버리는 사람이라니 사뭇 서글픕니다. 우리가 '쫓다'로 오해하는 거의 상당 부분은 '좇다'입니다.

구분	뜻풀이	용례
쫓다 「동사」	1. 무엇을 잡거나 뒤를 급히 따르다 2. 어떤 자리에서 떠나도록 몰다 3. 졸음이나 잡념 따위를 물리치다	· 쫓고·쫓기는 숨 막히는 추격전 · 새를/파리를/귀신을 쫓다 · 머릿속 망령된 생각을 애써 쫓았다
좇다 「동사」	1. 목표, 이상, 행복 따위를 추구하다 2. 남의 말이나 뜻을 따르다 3. 규칙이나 관습 등을 지켜서 따르다 4. 눈여겨보거나 눈길을 보내다 5. 생각을 하나하나 더듬어 가다 6. 남의 이론 따위를 따르다	· 명예를/편리함을 좇다 · 말씀을/의견을/유언을 좇다 · 그동안의 관례를 좇기로 했다 · 시선은 하늘의 구름을 좇고 있었다 · 자기의 생각을 좇고 있는 눈빛이다 · 공자를 좇다, 스승의 학설을 좇다

'쫓다'와 '좇다'에는 각기 다음과 같은 특성이 있습니다.

구분	주된 의미	쓰임	비고
쫓다	추격(追擊), 추방(追放)	주로 행동과 관련된 맥락	공간적 이동
좇다	추구(追求), 추종(追從)	주로 추상적 관념적 맥락	정신적 이동

아래의 예문들에는 '쫓다'와 '좇다' 중 무엇이 적합할까요.

가) 그녀는 유난히 최신 유행을 쫓는/좇는 편이다
나) 당시에는 공자의 사상을 쫓는/좇는 사람이 많았다
다) 그가 무모하게 도둑을 쫓는/좇는 바람에 불안했다

우리말을 알다

갈래야 갈 수 없다

'갈래야'의 '-ㄹ래야'는 주로 구어적인 표현에 쓰이는 어미입니다. 그러나 '-ㄹ래야'라는 어미는 표준어로 인정하지 않습니다. '갈래야 갈 수 없다'를 규범에 맞게 적으면 '가려야 갈 수 없다'입니다. '-려 해야'의 준말이 어미 '-려야'이고, '-려 해도'의 준말이 어미 '-려도'입니다. 따라서 '가려 해야'는 '가려야'로 줄고, '가려 해도'는 '가려도'로 줄어야 맞습니다. 이를테면 '갈래도 갈 수 없고, 올래도 올 수 없다'는 '가려도 갈 수 없고, 오려도 올 수 없다'로 써야 합니다.

언중은 '가려고 해야 갈 수 없다'는 말을 줄여서 '갈래야 갈 수 없다'로 표현해 왔습니다. 그런데 갑자기 그건 잘못이니까 '가려야 갈 수 없다'로 써야 한다니 많이 당혹스러웠습니다. 그만큼 '-ㄹ래야'는 언중에게 이미 화석화된 표현입니다. 우리가 대대로 써오면서 굳어진 표현인데 이제 와 바꾸라 하는 것은 무리한 주문입니다. 오랜 세월을 거쳐 형성된 언어의 역사성과 사회성을 외면하면서까지 국어의 주인인 언중을 속박해서는 안 됩니다.

현실에서의 폭넓은 쓰임을 반영하여 '-ㄹ래야'와 '-ㄹ래도'와 같은 어미를 표준어에 추가하는 것이 옳습니다. 이를테면 '-ㄹ래야'의 경우 '(주로 구어에서 쓰이며) 어떤 일을 하려고 해도 쉽지 않은 상황을 강조하여 말할 때 쓰는 어미'쯤으로 정의해도 좋겠습니다.

갇잖지 않다

갇잖지 않은 말. 갇잖지도 않은 녀석. 이렇게 '갇잖지 않다'라고 표현한 글을 볼 때가 있습니다. 그런데 그렇게 '갇잖지 않다'로 쓴 글들은 한결같이 '갇잖다'란 내용입니다. 그렇다면 '갇잖은 말', '갇잖은 녀석'으로 써야 맞습니다.

단어	뜻풀이 및 용례
갇잖다 「형용사」	1. 하는 짓이나 꼴이 제격에 맞지 않고 눈꼴사납다 ¶ 노는 양이 갇잖다. 양반입네 차린 모양이 하도 갇잖아서 말도 안 나온다 2. (주로 '갇잖은' 꼴로 쓰여)말하거나 생각할 거리도 못 되다 ¶ 그런 갇잖은 일로 입씨름할 필요가 없다. 갇잖은 소리 좀 그만해라

'갇잖다'는 '갇잖게, 갇잖고, 갇잖아, 갇잖으면, 갇잖았다' 등으로 활용합니다. 부사인 '갇잖이'도 사전에 있습니다. '갇잖다'는 원래 '같지 아니하다'에서 나왔지만, '같지 않다'나 '다르다'가 아닌 '눈꼴사납다, 아니꼽다, 쓸데없다'로 의미가 변했습니다. 따라서 '갇잖지 않다'는 무시나 조롱이 아닌 '눈꼴사납지 않다', '아니꼽지 않다', '쓸데없지 않다'가 됩니다. 의도했던 바와는 정반대의 뜻이 됩니다.

'갇잖다'는 '꼴갇잖다'를 줄여 쓴 표현입니다. 글자 하나라도 줄여 쓰려는 우리 민족의 마음이 읽힙니다. 이런 속담이 있습니다. 갇잖은 게 갓 쓰고 장 보러 간다. 갇잖은 사람이 격에 어울리지 않게 차려 입고 다닐 때 놀리는 말이랍니다.

일반적인 경우 '했다'로만 표현해도 과거의 일을 설명하기에 충분합니다. 하지만 '했었다' 역시 문법에 맞습니다. 과거엔 했는데 지금은 할 수 없는 상황일 때 쓰는 표현입니다. 일부에서는 '했었다'처럼 과거시제 어미를 겹쳐 쓰는 것은 바람직하지 않다고 주장합니다. '했었다'는 '하-+-았-+-었-+-다'의 구조로서 과거시제 선어말어미가 잇따라 결합한 꼴입니다. 그러나 과거형 어미가 세 번이나 결합한 '했었었다'는 우리 문법에서 허용되지 않는 표현입니다.

구분	뜻풀이 및 용례
-았었- 「어미」	(끝음절의 모음이 'ㅏ, ㅗ'인 용언의 어간 뒤에 붙어) 현재와 비교하여 다르거나 단절되어 있는 과거의 사건을 나타내는 어미 ¶ 작년만 해도 이 저수지에는 물고기가 많았었다 　이번에 동메달을 딴 저 선수는 지난 대회에서 금메달을 땄었다
-였었- 「어미」	('하다'나 '하다'가 붙는 용언 어간 뒤에 붙어) 현재와 비교하여 다르거나 단절되어 있는 과거의 사건을 나타내는 어미 ¶ 전에 일하던 사람은 노력을 많이 하였었다 　물이 오염되기 전에 이곳은 물고기로 가득하였었다

'했었다'나 '갔었다'와 같은 '-었었-', '-았었-', '-였었-' 형식의 표현이 잘못되었다고 볼 수는 없습니다. '했다', '갔다' 등과는 분명히 어감 차이가 있기 때문입니다. 예컨대, '물고기를 잡았어'는 말하는 시점 이전에 물고기를 잡아서 지금 가지고 있는 것이고, '물고기를 잡았었어'는 과거 시점에는 물고기를 잡았는데 지금은 없다는 뜻이 됩니다.

말씀이 계시겠습니다

　우리말의 전통적 어법에는 맞지 않는 표현입니다. 그러나 학교, 관공서, 기업, 결혼식장 등을 가리지 않고 많은 곳에서 흔히 쓰입니다. 그런 표현은 '네, 방금 사장님의 하품이 계셨습니다'라고 말하는 것과 다르지 않습니다. 말씀하실 분을 높이고 싶은 마음이야 충분히 이해할 수 있지만, 적절한 표현은 아닙니다. '계시다'는 사람에만 쓸 수 있는 말이며, 말씀은 계시는 것이 아니라 하시는 것입니다.

　국립국어원은, '말씀이 있겠습니다'와 간접 높임인 '말씀이 있으시겠습니다'를 적절한 표현으로 제시합니다. 말씀을 '높은 분'의 소유로 보고 간접 높임의 형태인 '말씀이 있으시다'도 인정한 것입니다. 그러나 이론도 있습니다. 이미 '-님'이라고 존대했고, 말도 '말씀'으로 바꾸어 높였는데, 형체도 없는 말을 그의 소유로 보고 '말씀이 있으시다'라고까지 해야 하느냐는 것입니다. 요즘은 커피가 나오시고, 강아지가 계시고, 고양이가 예쁘신, 판타지 동화처럼 희한한 세상입니다. 그러나 듣기에 매우 어색하며 어법에도 맞지 않습니다.

　회의나 기념식 등 공식적인 자리이거나 불특정 다수를 대상으로 하는 방송 등에서는 '말씀이 있겠습니다'로 쓰는 것이 가장 바람직합니다. 아니면 '말씀하시겠다, 말씀을 하시겠다' 식으로 바꾸어 표현하는 것이 좋습니다.

　　　　　　　　　　　　　　　　　　　　　우리말을 알다

바라겠습니다

박수로 맞아주시기 바라겠습니다. 즐거운 시간이 되시기 바라겠습니다. 행운이 넘치시길 바라겠습니다. '바라겠습니다'라는 표현은 지금이 아닌 미래의 어느 시점에 그렇게 하길(되길) 바란다는 말입니다. '-겠-'이란 어미 때문입니다. '-겠-'은 용언의 어간이나 다른 어미 뒤에 붙어 다음과 같은 기능을 하는 선어말어미입니다.

어미	기능	용례
-겠-	1.미래의 일이나 추측을 나타내는 어미	· 지금 떠나면 새벽에 도착하겠구나
	2.주체의 의지를 나타내는 어미	· 나는 시인이 되겠다
	3.가능성이나 능력을 나타내는 어미	· 그런 것은 삼척동자도 알겠다
	4.완곡하게 말하는 것을 나타내는 어미	· 지금 들어가도 좋겠습니까?
	5.그렇게 된다는 뜻을 나타내는 어미	· 별사람을 다 보겠다

'-겠-'은 미래시제 선어말어미입니다. 현재의 생각을 말할 때에는 원칙적으로 어울리지 않습니다. 그럼에도 많은 이가 '바라겠습니다'로 표현하는 이유는 더욱 정중하고 완곡하게 말하기 위함입니다. 규범에서는 '바라겠습니다'를 완곡한 표현으로 보아 문법적으로 가능한 것으로 인정하고 있습니다. 선어말어미 '-겠-'이 '처음 뵙겠습니다'나 '손 좀 잡아도 되겠습니까?'에서 쓰인 것처럼 완곡하게 말하는 것에 사용되었다고 보는 것입니다. 하지만 '바라겠습니다'는 우리말의 관행적 규범으로 볼 때 그다지 바람직하다 할 수는 없습니다. 가장 깔끔하고 적절한 표현은 '바랍니다'입니다.

칠칠맞다

칠칠맞은 놈. 그런 말을 누군가에게 들었다면 모름지기 '아싸'[i] 환호하며 기뻐할 일입니다. 비록 말한 사람은 깎아내리려는 의도였겠지만, '칠칠하다'는 아주 좋은 뜻을 가진 말이기 때문입니다.

구분	뜻풀이	용례
칠칠하다「형용사」	1. 잘 자라서 알차고 길다 2. 주접이 들지 않아 깨끗하고 단정하다 3. 성질이나 일 처리가 반듯하고 야무지다	· 검고 칠칠한 머리. 칠칠한 나물 · 아주 칠칠치 못한 옷차림이다 · 일을 빠르고 칠칠하게 해낸다

'칠칠맞다'는 '칠칠하다'를 속되게 이르는 말입니다. 그러나 '방정맞다(가볍고 점잖지 못하다)'처럼 부정적인 뜻을 가진 말이 아닙니다. 사람이 좀 칠칠맞아야 하는데 그렇지 못할 때 '칠칠맞지 못하다'라고 표현합니다. 부정적인 표현으로 쓰려면 '칠칠하지(칠칠치) 못하다, 칠칠하지(칠칠치) 않다, 칠칠맞지 못하다, 칠칠맞지 않다'처럼 '못하다'나 '않다'와 같은 부정사를 덧붙여 써야 합니다.

언어는 생명이 있습니다. 세월 따라 세상이 변하듯이 언어도 변해갑니다. 세월이 흘러 '칠칠맞다'가 요즘에는 부정적인 의미로 바뀌어 사용되기도 하지만, 정확한 표현은 아닙니다. 칠칠맞은 놈이란 속이 꽉 차고 단정하며 아주 야무진 놈입니다.

---

i 아싸: 뜻밖에 좋은 일이 생겼을 때 내는 감탄사

우리말을 알다

국어사전에서 '안절부절'을 찾으면, '마음이 초조하고 불안하여 어찌할 바를 모르는 모양'이라고 설명하고 있습니다.

명사나 의존명사, 의성어나 의태어, 부사 등에 접미사 '-하다'를 결합하면 '사랑하다, 순수하다, 듯하다, 반짝반짝하다, 빨리하다'처럼 동사나 형용사가 됩니다. 같은 방식으로 부사 '안절부절'에 접미사 '-하다'를 붙이면 '안절부절하다'라는 동사가 만들어집니다. 그러나 '안절부절하다'는 표준어가 아닙니다. 많은 분이 '안절부절하고 있다, 안절부절했다'로 쓰고 있지만 잘못된 표현입니다. '안절부절'의 동사형은 '안절부절못하다'가 표준어입니다.

표준어 규정[i]은 의미가 똑같은 형태가 몇 가지 있을 경우, 그중 어느하나가 압도적으로 널리 쓰이면, 그 단어만을 표준어로 합니다. 따라서 '안절부절못하다'가 '안절부절하다'보다 압도적으로 많이 쓰이기에 표준어로 정했다는 것입니다.

'안절부절못하다[ii]'는 '안절부절 못 하다'처럼 띄어 쓰지 않아도 됩니다. 그 자체가 하나의 단어로 사전에 올라 있기 때문입니다.

---

i 제1부 표준어 사정 원칙, 제3장 어휘 선택의 변화에 따른 표준어 규정, 제4절 단수 표준어, 제25항
ii 안절부절못하다: 마음이 초조하고 불안하여 어찌할 바를 모르다

주책이다

언중은 '일정한 줏대가 없이 이랬다저랬다 하여 몹시 실없다'는 뜻으로 '주책이다'와 '주책없다'를 함께 사용해 왔습니다. 그럼에도 '주책이다'는 표준어가 아니었고 '주책없다'만 표준어였습니다. 그러다 2016년 12월부터 '주책이다'도 표준어로 추가되었습니다. 현실에서 '주책이다'도 널리 쓰일 뿐만 아니라 문법적으로도 잘못되었다고 볼 만한 근거가 없다는 이유에서입니다.

주책은 한자어 주착(主着)이 변한 말입니다. 그런데 언중은 주착이 아닌 주책으로 발음하자 현실의 발음을 따라 주책을 표준어로 하였습니다. 표준어 규정은 모음의 발음이 바뀌어 굳어지면 그 굳어진 형태를 표준어로 삼습니다. '지루하다'도 '지리(支離)하다'가 바뀐 말입니다. 그런데 '주책'의 원래 의미는 '일정하게 자리 잡힌 주장이나 판단력'입니다. 좋은 말입니다. 따라서 부정적인 맥락에서는 '주책없다'가 맞는 표현일 수밖에 없습니다.

표준국어대사전에 '주책이다'는 없지만 '주책없다'는 실려 있습니다. 그런데 '주책이다'가 표준어가 되면서 이제 '주책'은 상반된 개념을 함께 품은 말이 되고 말았습니다. 현재 국어사전에는 주책과 관련한 단어로 '주책, 주책머리, 주책없다, 주책없이, 주책맞다, 주책스럽다, 주책망나니, 주책바가지'가 실려 있습니다.

우리말을 알다

멋하다

'멋하다'를 '무엇하다'의 잘못으로 생각하시겠지만 표준어입니다. '무엇하다'의 준말로 되어 있습니다. '무엇하다'와 같은 말은 모두 세 가지입니다. 뭣하다, 멋하다, 뭐하다. 따라서 '무엇해서, 뭣해서, 멋해서, 뭐해서'는 모두 같은 뜻입니다.

'무엇'의 동의어는 '무어'입니다. '무엇'의 준말이 '뭣'이고, '무어'의 준말이 '뭐'입니다. 그런데 '멋하다'의 정체는 뭘까요. '무엇'이 모음 축약이 일어나면 '뭣'으로 줄어듭니다. 그 '뭣'에 형용사를 만드는 접미사 '-하다'가 붙어 만들어진 파생 형용사가 '뭣하다'입니다. '뭣'이 현실 발음에서는 '멋'이라는 단모음으로 발음되어 '멋하다'의 형태로 굳어진 것입니다. '멋모르다' 역시 '뭣 모르다'의 변형입니다. 즉, '멋모르다'는 '멋'을 모르는 게 아니라, '무엇'을 모른다는 뜻입니다.

'무엇을'의 준말은 '뭘'입니다. 뭘 모르다. 그러나 '무엇'의 준말 '멋'에 조사 '을'이 결합한 '멋을'은 '멀'로 줄지 않으므로 '멀 하려고' 식으로는 쓸 수 없습니다. '무엇을 하려고, 뭣을 하려고, 무얼 하려고, 뭘 하려고, 무어를 하려고, 뭐를 하려고' 등으로는 표현할 수 있습니다. '무엇'의 준말이 '뭣', '무엇을'의 준말이 '무얼', '무얼'의 준말은 '뭘'입니다. 참고로 '머'가 표준어인 것을 아시나요. 지금 머 하고 있어? 문법에 맞습니다. '뭐'를 구어적으로 이르는 말이 '머'입니다. 우리말 표현 참 다양합니다.

일르다

  너 늦게 다닌다고 엄마한테 일른다. 선생님한테 일른다. 누구한테 일른다. 이런 고자질쟁이는 국어 공부를 먼저 하는 게 좋겠습니다. 고자질쟁이는 '고자(告者)'를 이르는 말인데, 우리 조상들도 남의 잘못을 일러바치는 사람이 얼마나 얄미웠으면 '고자쟁이'라 했고, 그것도 모자라 나쁜 짓을 나타내는 접미사 '-질'을 덧붙여 '고자질쟁이'라 했을까요. 어쨌거나 표준어에 '일르다'라는 동사는 없습니다. 맞는 표기는 '이르다'입니다. 그 뜻은 '무엇이라고 말하다'입니다.

  '이를 데 없다'라는 관용구가 있습니다. '이루 다 말할 수 없다'라는 의미입니다. '이를 데 없이 좋다', '이를 데 없이 훌륭하다'처럼 쓰입니다. 이때 쓰인 동사가 '이르다'입니다.

  '이르다'는 '르' 불규칙 동사로 어간 끝음절 '르'가 모음 어미 '-어'와 결합할 때에는 '르'의 모음 'ㅡ'가 탈락하면서 'ㄹ'이 하나 더 추가됩니다. 그래서 어미 '-어'가 연결된 '이르+-어'는 '일러'가 되고, '-어서'가 오면 '일러서', '-었다'가 결합하면 '일렀다'가 됩니다. 어간 뒤에 자음 어미가 올 때엔 '이르고, 이르게, 이르니, 이르는, 이르면, 이르지, 이른다, 이르겠다'로 표기해야 맞습니다. 활용형인 '이른다'는 어간 '이르-'에 종결 어미 '-ㄴ다'가 결합한 형태입니다.

....

i 고자(告者): 남의 잘못이나 비밀을 일러바치는 사람

왜 이렇게 졸립지? 강의 참 졸립게 하네. 자꾸만 졸립네. 너 무척 졸리워 보인다. 모두 '졸립다'로 활용한 형태입니다. 하지만 '졸립다'는 방언일 뿐 표준어가 아닙니다. 잠이 오는 현상은 '졸리다'를 써서 '왜 이렇게 졸리지?', '강의 참 졸리게 하네', '자꾸만 졸리네', '너 무척 졸려 보인다'로 써야 맞습니다. 표준국어대사전은 '졸리다'를 '졸다'의 피동사로 보지 않습니다. '졸리다'는 분명 '졸다'에서 나온 것으로 추정됨에도, 어간 '졸리-'에 종결어미 '-다'가 결합한 별개의 단일어로 분석합니다.

구분	품사	뜻풀이 및 용례
졸다	동사	잠을 자려고 하지 않으나 저절로 잠이 드는 상태로 자꾸 접어들다 ¶ 서울 지하철 2호선은 술에 취해 졸다가 탔던 곳으로 되돌아올 수도 있다
졸리다	동사	자고 싶은 느낌이 들다 ¶ 졸리고 피곤하다. 밤을 새웠으니 졸려서 어디로 자러 간 모양이다
	형용사	자고 싶은 느낌이 있다 ¶ 나 정말 졸려. 잠을 설쳐서 졸려 죽겠다. 학생들 졸린 표정을 보니 안쓰럽다

표준국어대사전은 현실에서의 쓰임을 고려하여 '졸리다'를 형용사로도 분류합니다. '졸다'에서 파생한 명사는 '졸음'이고, '졸다'의 명사형은 '졺'입니다. '졸리다'의 파생명사는 없고, 명사형은 '졸림'입니다. '졸리다'가 활용형은 '졸리게, 졸리네, 졸리니, 졸린, 졸리는, 졸릴, 졸리니, 졸리면, 졸려(졸리어), 졸렸다(졸리었다), 졸리겠다'입니다.

삼가하다

코 성형수술 며칠 전부터 음주와 흡연을 삼가해야 할까요. 상가(喪家)에서 삼가해야 할 말. 전문의의 견해로는 코 성형수술 1주일 전부터 금주와 금연을 해야 한다고 합니다. 장례식장에서 '호상입니다'라 하는 것은 큰 결례입니다. 가족을 잃은 분께 '호상(好喪)' 즉 좋은 죽음이란 있을 수 없습니다. 본론입니다. 표준어에 '삼가하다'란 말은 없습니다. 따라서 '삼가해야'가 아니라 '삼가야'로 써야 합니다.

단어	뜻풀이	용례
삼가다 「동사」	1.몸가짐이나 언행을 조심하다 2.꺼리는 마음으로 지나치지 아니하도록 하다	· 어른 앞에서 행동을 삼가거라 · 되도록 말을 삼가는 게 좋다 · 술을 삼가다. 담배를 삼가다 · 체중 때문에 간식을 삼간다

'삼가다'는 그 자체가 동사이므로 접미사 '-하다'와 결합할 수 없습니다. 동사 '가다'에 동사를 만드는 접미사 '-하다'를 붙여 '가하다'로 쓸 수 없고, '먹다'에 '-하다'를 결합하여 '먹어하다'로 쓸 수 없는 것과 같은 이치입니다. '삼가다'의 어간에 어미 '-아'가 연결되면 어간의 'ㅏ'와 어미의 'ㅏ'가 충돌하니까 어간의 'ㅏ'가 탈락합니다. 따라서 '삼가+아'는 '삼가'의 형태로 나타납니다. 예컨대, '삼가 주시기 바랍니다'에서 '삼가'에는 어간만 있는 것이 아니라 연결어미인 '-아'가 결합한 형태입니다. '삼가다'는 '삼가, 삼가고, 삼가게, 삼가는, 삼가면, 삼가지, 삼가겠다, 삼갔다' 등으로 활용합니다.

음식 맛이 싱거울 때 '습습하다'라고 합니다. 그런데 국어사전에는 '습습하다'가 '심심하다²'의 잘못으로 나옵니다.

구분	뜻풀이	용례
심심하다¹	하는 일이 없어 지루하고 재미가 없다	· 심심하던 차에 말 상대를 만났다
심심하다²	음식 맛이 조금 싱겁다	· 국물을 심심하게 끓이다

'심심하다²'는 '습습하다'가 변한 말입니다. 국립국어원은 '습습하다'는 표준어가 아니니 '심심하다'로 고쳐 쓰라 하지만 옛말이라고 표준어가 아니라는 건 옳지 않습니다. 한글 문헌에 '습습하다'가 처음으로 기록된 것은 1489년의 '구급간이방(救急簡易方)'[i]입니다. 당시 표기는 '습습ᄒ다'였는데, '습습하다'를 거쳐 '심심하다'로 변한 것입니다. 표준국어대사전에는 '심심하다²'의 유의어로 '삼삼하다²'를 제시하고 있습니다. '삼삼하다' 역시 '습습하다'에서 나온 말입니다.

결국 '심심하다'와 '삼삼하다'의 원형인 '습습하다'가 되레 따돌림을 당한 형국입니다. 옛말은 잘못이 없습니다. 소중한 문화유산입니다. 게다가 '습습하다'는 지금도 현실에서 많이 쓰이고 있는 말입니다. 따지고 보면 '심심하다'로 고쳐 쓸 이유는 없습니다.

---

i 구급간이방: 위급할 때 간단하게 쓸 수 있는 약과 처방을 적은 책. 성종 20년(1489)에 허종(許琮) 등이 왕명을 받아 짓고 간행하였다. 8권의 목판본으로, 1·2·3·6권만 전한다.

어줍잖다

어줍잖은 충고. 어줍잖은 글. 대부분 '어줍잖다'로 표현하지만 표준어가 아닙니다. 표준어는 '어쭙잖다'이고, '어줍잖다'는 북한의 문화어입니다. '어쭙잖다'와 비슷한 말로는 '어줍다'가 있습니다.

구분	뜻풀이 및 용례
어줍잖다	→ 어쭙잖다('어줍잖다'는 잘못이니 표준어인 '어쭙잖다'를 참고하라는 표시)
어쭙잖다 「형용사」	1.비웃음을 살 만큼 언행이 분수에 넘치는 데가 있다 ¶ 가난뱅이 주제에 어쭙잖게 자가용을 산대? 너한테 어쭙잖은 잔소리까지 들어야 하다니 2.아주 서투르고 어설프다. 또는 아주 시시하고 보잘것없다 ¶ 어쭙잖은 직장을 구하느니 차라리 창업을 하기로 했다. 어쭙잖은 지식을 과시하는 꼴이라니
어줍다 「형용사」	말이나 행동이 익숙지 않아 서투르고 어설프다 ¶ 아이들은 어줍은 몸짓으로 절을 했다. 오랜만에 운전을 하니 낯설고 어줍기만 하다 2.몸의 일부가 자유롭지 못하여 움직임이 자연스럽지 않다 ¶ 입이 얼어 발음이 영 어줍다. 오랜 병치레에 움직임도 어줍어 입가에 음식을 흘리기 일쑤다 3.어쩔 줄을 몰라 겸연쩍거나 어색하다 ¶ 첫 만남이 몹시 어줍은 듯 연신 헛기침을 해댔다. 무척 쑥스러운 듯 어줍게 손을 내밀었다

'어쭙잖다'의 뜻풀이 2번과 '어줍다'의 뜻풀이 1번이 비슷한 것으로 볼 때 두 단어는 '유의어(類義語)'라 할 수 있습니다. 그러나 '어쭙잖다'에는 '경멸(輕蔑)'과 '조롱(嘲弄)'의 의미가 들어있다면, '어줍다'는 단지 '어설픔'과 '어색함'을 나타내는 표현입니다. '어쭙잖다'를 '어쭙지 않다'로 쓰는 것은 옳지 않습니다. 그 이유는 '어쭙지'로 활용하려면 우리 표준어에 '어쭙다'라는 용언이 있어야 하나 그런 말은 존재하지 않기 때문입니다. '어줍다'의 부정형으로 '어줍지 않다'의 구성이 있을 수 있고, 원칙적으로는 '어줍잖다'로 줄여 쓸 수는 있으나, 그 의미는 '어설프지 않다', '어색하지 않다'가 됩니다.

맥주 한 잔을 들이키다. 물을 들이키고 있다. 바닷바람을 들이키러 가자. 우리가 자주 쓰는 표현입니다. 그러나 이때의 '들이키다'는 모두 '들이켜다'로 써야 맞습니다.

구분	뜻풀이	용례
들이켜다 「동사」	1. 물, 술 등의 액체를 단숨에 마구 마시다 2. 공기, 숨 등을 몹시 세차게 들이마시다	· 물을 벌컥벌컥 들이켰다 · 계곡 공기를 들이켜는 듯하다
들이키다 「동사」	[⋯을 ⋯으로] 안쪽으로 가까이 옮기다	· 지날 수 있게 발을 들이켜라 · 물건을 안으로 들이켜 놓아라

'들이켜다'의 어간에 종결어미 '−어라'가 연결된 '들이켜+어라'는 모음 'ㅓ'가 탈락하면서 '들이켜라'가 되고, '들이키다'의 어간에 종결어미 '−어라'가 결합한 '들이키+어라'는 모음 축약[i]으로 '들이켜라'가 됩니다. 그래서 '들이켜다'와 '들이키다'의 명령형은 모두 '들이켜라'로 동일합니다. 마찬가지로 모음인 어미 '−어서'나 '−었다'가 연결되어도 '들이켜서', '들이켰다'로 형태가 같아집니다.

자음 어미가 오면 기본형에 따라 형태가 달라집니다. '들이켜다'는 '들이켜고, 들이켜게, 들이켜는, 들이켜면, 들이켜지'로, '들이키다'는 '들이키고, 들이키게, 들이키는, 들이키면, 들이키지'로 활용합니다.

---

i 한글 맞춤법. 제4장 형태에 관한 것, 제5절 준말, 제34항

놀래키다

　사람을 놀래키는 재주. 사람을 깜짝 놀래킨다. '놀라다'의 사동사로 많이 쓰이고 있는 '놀래키다'. 신문이나 방송에서도 자주 접하지만 '놀라다'의 사동사는 '놀래다'입니다. 따라서 '사람을 놀래는 재주', '사람을 깜짝 놀랜다'로 써야 맞습니다.

구분	뜻풀이	용례
놀래다 「동사」	'놀라다'의 사동사	· 쟤 뒤에 가서 깜짝 놀래 주자 · 넌 사람을 놀래는 재주가 있다
놀래키다	'놀래다'의 방언(충청)	−

　'놀래키다'는 충청 지역의 방언입니다. 아니, 내가 어찌 충청 방언을 다 알고 있었을까 하며 놀라실 이유는 없습니다. 모든 정보가 대중매체나 SNS를 통해서 전국으로 즉시 확산되기 때문입니다. '놀래다'는 '놀라다'의 어간 '놀라-'에 사동 접미사 '-이-'가 붙어 만들어진 말입니다. 곧, '놀라게 하다'가 '놀래다'입니다. '놀래 주다'의 '놀래'는 '놀래어'가 줄어든 형태입니다. 어간의 끝 모음 'ㅐ'나 'ㅔ'의 뒤에 '-어'나 '-었'이 붙을 때에는 '어'가 줄기도 합니다.

　한편 '어머, 놀라라!'는 문법에 어긋납니다. '어머, 놀랐네!'로 써야 합니다. 그 이유는 동사의 뒤에서는 '-아라'를 명령의 종결형 어미로만 쓸 수 있고, 감탄의 종결형으로는 쓸 수 없기 때문입니다. 문법을 따지다 보면 우린 함부로 놀랄 수도 없습니다.

우리말을 알다

굉장하다

굉장히 예쁘다. 굉장히 아프다. 굉장히 맛있다. 굉장히 빠르다. 형용사 '굉장하다'는 무엇을 강조하여 말할 때 자주 사용됩니다. '굉장하다'는 원래 자연 경관이나 건축물 등의 규모가 웅장할 때 쓰던 말이었는데, 현대에 이르러서는 기존의 '웅장하다'라는 의미와 더불어 '대단하다'라는 의미로도 쓰입니다. 그런데 대단하다는 뜻으로 '굉장하다'를 쓰면 안 된다는 견해도 있습니다. 그래서 '굉장(宏壯)'이란 말을 한자 문화권인 일본과 중국은 어떻게 사용하고 있는지 알아보았습니다.

구분	뜻풀이 및 용례
한국	1.아주 크고 훌륭함 2.보통 이상으로 대단함 ¶ 잔치가 굉장하다. 새로 지은 집이 굉장하다 ¶ 굉장한 능력/용기. 굉장한 굉음. 굉장한 비바람 굉장한 돈. 굉장한 미인
일본	¶ 굉장한 저택. 굉장한 인기. 굉장한 인파. 굉장한 미인. 굉장한 태풍. 굉장한 요리. 굉장한 부자. 굉장한 더위. 굉장한 재미. 굉장한 기분/힘
중국	¶ 굉장한 성과. 굉장한 미인

우리와 다를 바 없습니다. 조선왕조실록을 보면 '굉장(宏壯)'이란 단어는 주로 건축물의 규모가 클 때 '웅장하다'는 뜻으로 사용되었을 뿐 '대단하다'라는 의미로 쓰인 기록은 없습니다. 언어는 언중에 의하여 의미가 더해지기도 하고 변하기도 합니다. 새로 만들어지기도 하고 사라지기도 합니다. '굉장하다'가 지금은 '대단하다'란 뜻으로도 쓰인다 하여 그것을 잘못이라 할 수는 없습니다.

식겁하다

'식겁하다'는 원래 경상도 방언이었고, 표준어가 된 것은 그리 오래지 않습니다. 시껍하다, 시끕하다, 씨끕하다, 십겁하다, 씹껍하다 등 여러 형태로 표기하지만 '식겁하다'로 써야 규범에 맞습니다.

단어	뜻풀이	용례
식겁하다 「동사」	(食怯하다) 뜻밖에 놀라 겁을 먹다	· 아이가 다쳤다는 말에 얼마나 식겁했는지 · 자전거가 갑자기 튀어나와 정말 식겁했다

'식겁하다'의 '식겁(食怯)'은 꽤나 재미있는 표현입니다. 그냥 '겁먹었다'로 하면 될 것을 굳이 한자로 바꾼 것입니다. '먹다'의 식(食)과 '겁내다'의 겁(怯) 자가 결합한 말입니다. 겁을 먹었다는 것입니다. 경상도에서는 '시껍 묵었다'로도 표현하는데 이를 통역하면 '식겁 먹었다'가 되는데 '먹었다'의 의미가 중복되었으므로 잘못입니다.

'식겁하다'는 단순히 겁을 먹은 것을 뜻하지 않습니다. 갑자기 겪게 된 상황에서 크게 놀랐을 때 쓰는 표현입니다. '식겁하다'와 비슷한 말로는 '기겁하다'가 있습니다. 숨이 막힐 듯이 갑작스럽게 겁을 내며 놀라는 것이 '기겁(氣怯)하다'입니다. '식겁하다'는 분명 표준어이고 저속한 말도 아니지만 남들은 속어로 생각할지도 모르니 장소나 상대를 가려 사용하는 것이 좋겠습니다.

표준국어대사전에 없는 단어이지만 그렇다고 갑자기 만들어진 신조어는 아닙니다. 국립국어원이 시범 운영 중인 온라인 국어사전 '우리말샘'이나 '고려대한국어대사전'에는 형용사로 올라 있습니다.

구분	얄짤없다	용례
우리말샘	봐줄 수 없거나 하는 수 없다	· 한 번만 더 그래 봐. 더는 얄짤없어
고려대 사전	1. 봐줄 수 없다 2. 어쩔 수 없다	· 또 그러면 얄짤없으니 알아서 해 –

우리말샘에서는 '짤없다' 또한 표제어로 올리고 그 뜻을 '봐줄 수 없거나 하는 수 없다'로 '얄짤없다'와 동일하게 설명했습니다. '얄짤없다'나 줄여 쓴 표현 '짤없다'가 표준국어대사전에 없다 하여 쓰면 안 되는 말은 아닙니다. 비어나 속어에 해당하지도 않습니다. 그렇다고 품격이 있는 말 또한 아닙니다. 스스럼없는 관계에서는 얼마든지 사용할 수 있습니다. 예능 프로그램이나 라디오 음악 프로그램 등 가벼운 방송 프로그램에서 '얄짤없다'를 쓴다 해서 문제가 될 것은 없습니다. '얄짤'은 어감도 산뜻하고 귀엽습니다. '얄짤없다'의 어원이 분명히 밝혀지진 않았으나, '일절(一切)'의 음을 변형시켜 만든 말이라는 설이 있습니다. 즉, '일절 없다'가 '얄짤없다'로 변했다는 것인데 제법 설득력이 있습니다.

---

i 일절(一切): 아주, 전혀, 절대로의 뜻으로, 흔히 행위를 그치게 하거나 어떤 일을 하지 않을 때 씀

간두다, 고만두다

　왠지 '간두다'나 '고만두다'는 표준어가 아닐 듯한데, '그만두다'의 준말이 '간두다'이고, '고만두다'의 준말이 '관두다'입니다. 모두 표준어입니다. '그만두다'의 첫음절 'ㅡ'와 둘째 음절의 'ㅁ'이 탈락하며 '간두다'로, '고만두다'의 둘째 음절 'ㅁ'이 탈락해 '관두다'로 줄었습니다. 이렇게 우리말은 참 다양한 방식으로 줄어 준말을 만듭니다.

구분	뜻풀이	용례
그만두다 「동사」	1.하던 일을 그치고 안 하다 2.할 일, 하려고 하던 일을 안 하다	· 직장을/학업을 그만두다 · 밖으로 나가려다가 그만두었다
간두다 「동사」	'그만두다'의 준말	· 하던 일을 간두고 잠시 쉬었다 · 전화를 하려다 간두기로 했다
고만두다 「동사」	'그만두다'보다 작은 느낌의 말	· 이런 장난은 고만둘 나이가 됐다 · 하려던 말은 그냥 고만두기로 했다
관두다 「동사」	'고만두다'의 준말	· 그는 직장을 관두고 여행을 떠났다 · 비가 와 등산이고 뭐고 다 관뒀다

　'그만두다'는 '고만두다'의 큰말입니다. '그만두다'는 부사 '그만'에 동사 '두다'가 결합한 합성어이고, '고만두다'는 부사 '고만'에 동사 '두다'가 붙어 만들어진 합성어입니다. 모두 통사적 합성어입니다. '고만'은 '그만'의 방언이 아니라 표준어이고, '그만'의 작은말입니다. 한편 '그만두다', '고만두다'처럼 '그만하다'와 '고만하다'도 한 단어인 합성어입니다. 따라서 '그만 둬', '그만 해'처럼 굳이 띄어 쓰지 말고, '그만둬, 고만둬, 그만해, 고만해'로 붙여 적으면 됩니다.

사사받다, 전수받다

쇼팽으로부터 피아노 연주법을 사사받다. 이효석에게 표현법을 전수받다. 많이 듣던 표현이지만 사사(師事)와 전수(傳受)에는 접미사 '-받다'가 연결될 수 없습니다. '사사했다', '전수했다'가 맞습니다.

구분	뜻풀이 및 용례
사사(師事)[23]	(師 스승 사, 事 일 사) 스승으로 섬김. 또는 스승으로 삼고 가르침을 받음 ¶ 그는 김 선생을 사사했다. 그는 김 선생에게서 창을 사사하였다
전수(傳受)[8]	(傳 전할 전, 受 받을 수) 기술이나 지식 따위를 전하여 받음 ¶ 스승에게서 비술을 전수하다. 부모로부터 전수한 비법으로 음식을 만들었다

모두 가르침을 받는다는 말입니다. '사사받았다' 혹은 '전수받았다'로 쓰면 '가르침 받음을 받았다'의 꼴입니다. 따라서 접미사 '-하다'와 결합한 '사사하다'와 '전수하다'로 써야 합니다. 그런데 이렇게 어려운 한자어를 쓰는 것은 바람직하지 않습니다. '사사하다'는 '(누구를) 스승으로 모셨다', '(누구에게) 가르침을 받았다', '(누구에게) 배웠다'로 쓰는 것이 좋고, '전수하다'는 '이어받았다', '물려받았다', '전해 받았다'로 바꿔 쓰는 것이 좋습니다. 또한 '계승(繼承)'이나 '승계(承繼)'도 '물려받아 이어나감', '뒤를 이어받음'이란 말이기 때문에 '계승받다', '승계받다'로 쓰면 비문입니다. '계승하다'와 '승계하다'로 써야 합니다. 이 또한 '이어가다', '이어받다', '잇다', '물려받다'와 같은 쉬운 우리말로 쓰는 것이 바람직합니다.

이쁘냐

이제 더 이상 '이쁘다'는 '예쁘다'의 잘못된 표현이 아닙니다. 오랫동안 '예쁘다'만이 예쁨을 받던 표준어였습니다. 아나운서들은 친구들과 말할 때에는 '이쁘네, 이쁘냐, 이뻐' 식으로 말하다가도, 마이크 앞에서는 언제나 로봇처럼 '예쁩니다, 예쁘네요, 예쁩니까, 예쁜가요, 예뻐요' 식으로 말해야 했습니다. 교양 있는 아나운서이니까.

2015년 12월부터 '예쁘다'는 물론 표준어로 추가된 '이쁘다' 역시 교과서나 공문서에까지 쓸 수 있게 되었습니다. '이쁘다'가 표준어로 인정된 이유는, 첫째, '이쁘다'가 실제로는 '예쁘다'와 같은 뜻으로 널리 사용되고 있어서이고, 둘째, 발음이 비슷한 단어들이 다 같이 널리 쓰이는 경우에 그 모두를 표준어로 삼는다는 규정[i]이 있기 때문입니다.

'이쁘다'는 '예쁘다'가 변형된 말이고, '예쁘다'는 '어여쁘다'가 준 말입니다. 중세 국어에서는 '어여쁘다'가 '가엽다, 불쌍하다'라는 뜻을 가진 말이었습니다. 세월이 흘러 이제는 '어여쁘다', '예쁘다', '이쁘다'가 '아름답다'라는 의미로 바뀌었습니다. '예쁘다'는 장음이어서 첫음절을 [예:쁘다]로 길게 발음해야 하듯, '이쁘다' 역시 [이:쁘다]로 발음해야 합니다.

---

i 제1부 표준어 사정 원칙, 제2장 발음 변화에 따른 표준어 규정, 제5절 복수표준어, 제19항

우리말을 알다

과거에는 '푸르른'이란 표현이 문법에 어긋난 것이었습니다. '푸르르다'가 '푸르다'의 잘못된 표현이었기 때문입니다. 하지만 문법적 틀을 벗어났더라도 작품에서의 섬세한 감정 표현을 위하여 용인한 시적 허용에 따라 '푸르른'으로 교과서에 표기되기도 했습니다. 그러나 일반적인 글쓰기에서는 '푸르르다'로 쓰면 곧바로 비문으로 취급되었습니다. 그러한 '푸르르다'가 2015년부터 표준어로 인정되었습니다. '푸르다'와 '푸르르다'는 분명 어감이 다른데 그동안 '푸르르다'를 쓰지 못하게 했던 게 외려 이상한 일이었습니다. 국어사전은 '푸르르다'가 '푸르다'를 강조하여 이르는 말이라고 달랑 한 줄로 설명하고 있습니다. 그래도 그게 어딘가 싶습니다.

구분	뜻풀이 및 용례
푸르다	「형용사」 맑은 가을 하늘이나 깊은 바다, 풀의 빛깔과 같이 밝고 선명하다 ¶ 푸른 하늘과 푸른 물결. 푸른 희망. 푸른 꿈
푸르르다	「형용사」 '푸르다'를 강조하여 이르는 말 ¶ 가을이 되면 하늘이 유독 푸르르다. 눈이 시리도록 푸르른 나뭇잎들을 보라

'푸르다'는 '푸르니, 푸르러, 푸르면, 푸른' 등으로 활용하고 명사형은 '푸름'입니다. '푸르르다'는 '푸르르니, 푸르러, 푸르르면, 푸르른, 푸르를'로 활용하고 명사형은 '푸르름'입니다. 참고로, 놀랄 때의 감탄사 '이크'는 2015년까지 표준어가 아니었습니다. '이끼'와 '이키'만이 표준어였습니다. 이제는 마음껏 '이크!'로 놀라셔도 됩니다.

허구헌 날

　표준어 '허구한 날'보다 발음하기 편해서 그렇게 쓰는 듯하지만 잘못된 표현입니다. '허구헌 날'이 표준어가 되려면 '허구허다'란 용언이 있어야 하나 우리말에 '허다'로 끝나는 용언은 없습니다. '허구한 날'과 '하고한 날', '하고많은 날'이 맞습니다. '허구하다'는 '매우 오래'라는 뜻을 가진 '허구(許久)'라는 명사에 접미사 '-하다'가 결합하여 만들어진 형용사입니다. 참고로 '허다(許多)하다'란 말은 매우 많다는 말입니다. '허구하다'와 '허다하다'에 쓰인 허(許) 자는 주로 허락한다는 뜻으로 쓰이지만, '매우'라는 강조의 뜻도 있습니다.

구분	뜻풀이	용례
허구하다¹	날이나 세월이 매우 오래다	· 허구한 세월을 주색으로 낭비해버렸다
하고하다	많고 많다. =하고많다	· 하고한 사람 중에 너를 만난 것도 인연이다
하고많다	많고 많다. ≒하고하다	· 하고많은 것 중에서 하필 썩은 걸 골랐을까

　'하고많다'에 쓰인 '하고'는 많다는 뜻의 옛말 '하다'의 어간에 연결어미 '-고'가 연결된 활용형입니다. 즉, '하고많다'는 '많다'는 뜻을 가진 옛말 '하다'와 '많다'가 함께 결합한 형태입니다. '많다'도 예부터 쓰이던 말이지만 아직 살아 있는 데 반하여 '하다'는 '하고많다'에만 흔적이 남았을 뿐 거의 소멸되었습니다. '하고하다'의 경우 '하고많다'와 '허구하다'의 사이에서 새로 만들어진 말로 생각되는데, 역사적으로 그리 정통성이 있어 보이지는 않습니다.

가을 내, 겨울 내

'가을 내'와 '겨울 내'는 '가으내'와 '겨우내'를 잘못 쓴 것이라 생각할 수 있으나 규범에 맞습니다. '가을 내'와 파생어 '가으내'는 같은 뜻이고, '겨울 내'와 '겨우내' 역시 같은 말입니다. '가을'에 부사를 만드는 접미사 '-내'가 결합한 것이 '가으내'이고, 명사 '겨울'에 접미사 '-내'가 붙어 만들어진 부사가 '겨우내'입니다. 'ㄴ'으로 시작하는 접미사 '-내'의 영향으로 어근의 받침 'ㄹ'이 탈락하면서 '가으내'와 '겨우내'의 형태로 굳어진 말들입니다.

구분	뜻풀이 및 용례
-내11 「접사」	1. '그 기간의 처음부터 끝까지'의 뜻을 더하고 부사를 만드는 접미사 ¶ 봄내, 여름내, 가으내, 겨우내, 아침내, 저녁내 2. '그때까지'의 뜻을 더하고 부사를 만드는 접미사 ¶ 마침내, 끝내
내5 「부사」	=내내¹: 처음부터 끝까지 계속해서. ≒내5 ¶ 일 년 내, 하루 내/ 일 년 내내, 하루 내내

부사 '내내'와 '내'는 어감의 차이가 있을 뿐 같은 말입니다. '가을 내내'와 '겨울 내내'는 '가으내'나 '겨우내'보다 '내내'라는 의미를 더 강조하기 위한 표현입니다. 구어에서는 '내내' 부분을 더 힘주어 말함으로써 강조하는 느낌을 살릴 수 있으나, 글에서는 그러한 의도가 잘 드러나지 않을 수 있습니다. 그렇다면 '가으내'와 '겨우내'를 쓰는 것이 문장을 더욱 깔끔하게 만들어 좋습니다. 또한 '가으내'와 '겨우내'가 '가을 내'와 '겨울 내'보다 어감이 더 부드럽고 우아합니다.

이 자리를 빌어

  '이 자리를 빌어 감사드립니다'라는 표현을 자주 접할 수 있습니다. 하지만 이때 '빌다'의 활용형인 '빌어'를 쓰면 아주 엉뚱한 말이 됩니다. 그것은 '이 자리를 기도해주셔서 감사드립니다' 혹은 '이 자리를 구걸해 주어서 감사드립니다'라는 뜻입니다.

구분	뜻풀이	용례
빌다¹ 「동사」	1.바라는 바를 이루어 달라 간청하다 2.잘못을 용서해 달라고 호소하다 3.생각한 대로 이루어지길 바라다	· 소녀는 하늘에 소원을 빌었다 · 무릎 꿇고 선생님께 용서를 빌어라 · 빨리 완쾌하시기를 빌어요
빌다² 「동사」	공짜로 달라고 호소하여 얻다	· 이웃에게 양식을 빌었다 · 빌어먹는 놈이 콩밥을 마다할까
빌다³	→ 빌리다('빌리다'의 잘못)	–

  '빌어먹을'이란 말도 '빌다²'에서 파생한 말입니다. '이 기회를 이용하여'의 뜻이라면 '빌리다'의 '빌려'로 써야 문법에 맞습니다.

구분	뜻	용례
빌리다 「동사」	1.돌려주거나 갚기로 하고 쓰다 2.남의 도움을 받거나 믿고 기대다 3.남의 형식, 이론, 말 등을 따르다 4.어떤 일을 위해 기회를 이용하다	· 은행에서 돈을 빌리다 · 일손을 빌려서야 일을 마칠 수 있었다 · 고위 관리의 말을 빌려 보도했다 · 이 자리를 빌려 감사 말씀을 드립니다

  무엇을 빌리는 것은 '빌려(빌리어)'입니다. 반면 '빌어'는 무엇을 간절히 소망할 때, 혹은 구걸해서 거저 얻을 때에 쓰는 표현입니다.

노나 먹어라

무슨 뜻일까요. '너나 먹어라'일까요. '노나 먹어라'는 '나눠 먹어라'와 같은 말입니다. '노나'는 동사 '노느다'의 어간에 어미 '-아'가 결합한 형태입니다. 표준어입니다. '노느다'와 '나누다'의 뿌리는 '논호다'입니다. '노느다'는 '논호다'에서 '논호다'와 '논흐다'를 거쳐 '노느다'로 나타난 것이고, '나누다'는 '논호다'에서 '난호다'와 '난흐다' 등을 거쳐 '나누다'로 바뀐 것으로 유추합니다. 같은 핏줄입니다.

구분	뜻풀이	용례
노느다 「동사」	여러 몫으로 갈라 나누다	· 과자를 동생과 노나 먹었다 · 그걸 노느면 누구 코에 바르니
나누다 「동사」	1. 하나를 둘 이상으로 가르다 2. 여럿 섞인 것을 구분하여 분류하다 6. 말, 이야기, 인사 따위를 주고받다 7. 즐거움, 고통, 고생 따위를 함께하다 8. 같은 핏줄을 타고나다	· 다음 글을 세 문단으로 나누시오 · 청군 백군으로 나누어 편을 갈랐다 · 인사를 나눈 뒤 이야기를 나눴다 · 슬픔과 기쁨을 함께 나누며 산다 · 그는 나와 피를 나눈 형제이다

국어학자 박갑수 교수는 '콩 한 쪽도 나눠 먹는다'는 속담은 '콩 한 쪽도 노나 먹는다'로 해야 정확하다고 말합니다. 이유는 '노느다'는 분배, '나누다'는 분할의 의미가 강하기 때문이라는 것입니다. '노느다'는 어떤 물질을 분배하는 한 가지 의미만 있으나, '나누다'는 여러 의미를 갖고 있는데 추상적인 것을 함께하는 것까지 포함합니다. 동사 '노느다'는 '노나, 노느고, 노느면, 노느지, 노는, 노늘, 노났다'로 활용합니다.

범인

범인(犯人)은 '범죄를 저지른 사람'입니다. 그런데 법원 판결이 유죄로 확정되기 전에는 '범인'이라 하면 안 됩니다. 범죄 현장에서 붙잡혔더라도 범인으로 단정할 수 없습니다. 억울하게 범인으로 몰렸을지도 모르기 때문입니다. 헌법 27조 4항에는 유죄 판결이 확정될 때까지는 무죄로 추정된다고 규정하고 있습니다. 이른바 무죄추정의 원칙입니다. 대법원 확정 판결 이전까지 무죄로 추정해야 합니다. 그 이전에는 용의자, 피의자, 피고인, 수형자로 칭해야 합니다.

구분	뜻풀이
용의자(容疑者)	『법률』 범죄의 혐의가 뚜렷하지 않아 정식으로 입건되지는 않았으나, 내부적으로 조사의 대상이 된 사람
피의자(被疑者)	『법률』 범죄의 혐의가 있어서 정식으로 입건되었으나, 아직 공소 제기가 되지 아니한 사람
피고인(被告人)	『법률』 형사 소송에서, 검사에 의하여 형사 책임을 져야 할 자로 공소 제기를 받은 사람
수형자(受刑者)	『법률』 죄인으로서 형벌을 받았거나 받고 있는 사람. ≒기결수

범인이라는 상당한 의심이 들지만 뚜렷한 증거가 확보되지 않아 정식 입건되지 않은 상태일 때에는 '용의자'입니다. 용의자가 정식 입건되어 경찰이나 검찰의 조사를 받기 시작하면 그때부터 '피의자'입니다. 피의자가 공소 제기를 받아 재판이 시작되면 그때부터 '피고인'입니다. 피고인이 재판에서 형벌이 확정되어 교도소에서 복역하는 순간부터는 '수형자(≒기결수)'가 됩니다. 대법원에서 최종적으로 유죄로 확정 판결이 나야 '범인'이라 할 수 있습니다.

우리말을 알다

맞춤법에서는 '설레이다'를 버리고 '설레다'를 표준어로 선택했습니다. 북한에서는 '설레이다'가 문화어(표준어)입니다. 국립국어원은 '설레임'으로 표기하는 것이 틀린 게 아니라 표준어가 아닐 뿐이라고 말합니다. '설레다'의 어간 '설레–'에 명사형 어미 '–ㅁ'이 결합한 것이 '설렘'이고, '설레임'은 '설레이다'의 어간에 명사형 어미 '–ㅁ'이 결합한 형태입니다. '설레임'의 표준어는 '설렘'입니다.

구분	뜻풀이	용례
설레다 「동사」	1. 마음이 가라앉지 않고 들떠서 두근거리다 2. 가만히 있지 아니하고 자꾸만 움직이다	· 설레어서 잠이 오지 않는다 · 아이들이 너무 설레는 바람에
설레이다 「동사」	→ 설레다(표준어는 '설레다'임) '설레다'의 북한어	· 설레이는 가슴을 가라앉히지 · 바람에 잎들이 설레이고…

'설레다'는 설레고, 설레게, 설레는, 설렌, 설렐, 설레니, 설레(설레어), 설레서(설레어서), 설렜다(설레었다), 설렜겠다(설레었겠다), 설렜었다(설레었었다) 등으로 활용합니다. '설레다'가 표준어인 근거는, 발음이 비슷한 형태 여럿이 함께 쓰일 때 그중 널리 쓰이는 한 가지 형태만을 표준어로 한다는 단수 표준어 규정입니다. 그러나 '설렘'과 '설레임'이 주는 어감의 차이를 살리고 국어 표현을 풍성하게 하기 위해서는 '설레이다'에 피동과 사동의 의미를 부여해 표준어로 정해야 한다는 견해가 있습니다. '설레게 되다'와 '설레게 하다'의 뜻을 가진 '설레이다'를 표준어로 추가할 필요가 있다는 주장에 동의합니다.

장본인

'장본인'은 부정적인 의미로만 쓰인다. 아니다. 긍정적인 맥락에도 쓸 수 있다. 예전엔 부정적으로만 쓰였는데 요즘은 긍정적으로도 쓰이는 말이다. '장본인'에 대한 논란들입니다.

단어	사전	뜻풀이
장본인 (張本人)	표준국어대사전	어떤 일을 꾀하여 일으킨 바로 그 사람 ≒장본(張本) ¶ 이렇게 되기까지 그 사달을 일으킨 장본인은 김강보였다
	한국한자어사전	(張 베풀 장. 本 근본 본. 人 사람 인) 1.나쁜 일을 일으킨 주동자 2.일의 근본(根本) 되는 사람

한자어사전의 정의가 명쾌합니다. 언중은 '장본인'을 대개 좋지 않은 일을 일으킨 당사자라는 의미로 사용합니다. 그런데 간혹 긍정적인 맥락에서도 쓰입니다. 그러면 같은 한자 문화권은 어떨까요.

구분	단어	뜻풀이
중국	張本人	罪魁禍首(죄괴화수): 두목, 괴수. 元凶(원흉): 원흉, 수괴 肇事人(조사인): 사고를 낸 사람. 主謀(주모): 나쁜 일의 주모자
일본	張本人	ちょうほんにん 예문: 사건의 장본인, 소동을 일으킨 장본인, 소문을 퍼뜨린 장본인

일본과 중국도 '장본인'을 부정적으로 씁니다. 중국은 '원흉'이나 '괴수'와 같은 표현까지 썼습니다. '장본인'을 '온 국민의 사랑을 받는 장본인'처럼 긍정적인 맥락에 쓰는 것은 바람직하지 않습니다.

우리말을 알다

한반도 전역에서 쓰이는 표현 날라리. 대부분 속어로 알지만 국립국어원의 기준으로는 그렇지 않습니다. 비슷한 말은 노라리입니다.

구분	뜻풀이	용례
날라리¹	1. 미덥지 못한 사람을 낮잡아 이르는 말 2. 아무렇게나 날림으로 하는 일	· 그들은 나를 날라리라고 부른다 · 일을 왜 그렇게 날림으로 하니
날라리²	=찌날라리. '태평소'를 달리 이르는 말	· 피리와 날라리가 가락을 맞춘다
노라리	건달처럼 건들건들 놀며 세월만 허비하는 짓. 또는 그런 사람을 속되게 이르는 말	· 그는 요즘 노라리로 살고 있다 · 누가 봐도 영락없는 노라리였다

표준국어대사전은 노라리만 속어로 분류했습니다. 고려대한국어사전에서는 노라리는 물론 날라리도 속어로 봅니다. 연세현대한국어사전은 날라리만 속어로 분류합니다. 날라리는 원래 태평소의 다른 이름이었는데 언제부터인지는 알 수 없으나 노라리와 유사한 말로 쓰입니다. 노라리는 '놀다'의 '놀아'에서 파생한 말로 추정됩니다. 노라리와 같은 뜻으로 쓰이는 말이 '건달'입니다. 건달은 속어가 아니지만, 갱들의 무리인 gang패가 변한 말 '깡패'는 속어입니다. 거지나 품행이 나쁜 사람을 속되게 부르는 '양아치'도 속어입니다. 속어는 점잖은 표현이 아닙니다. 거짓말이나 이야기를 속되게 이르는 말인 '구라' 역시 속어입니다. 따라서 방송에서는 '구라'라는 표현은 쓸 수 없습니다. 그러나 만약 사람 이름이 그렇다 하면 어쩌겠습니까. 어처구니는 없지만.

삼둥이

삼둥이는 표준어가 아닙니다. 바른 표현은 세쌍둥이이고, 한자어로는 삼태아(三胎兒) 혹은 삼생아(三生兒)라 합니다. 아이가 넷일 경우에는 사둥이가 아니라 네쌍둥이라 해야 합니다. 네쌍둥이는 사생아나 사태아라 하지 않습니다. 아이의 숫자를 나타내지 않고 말할 때에는 많다는 의미인 다태아(多胎兒)로 표현합니다. 다둥이란 말은 세쌍둥이나 네쌍둥이 등을 이르는 표현이 아니라, 여러 명의 자녀를 뜻하는 말입니다. 즉, '다둥이 가족'은 자녀가 많은 가족을 뜻합니다.

쌍둥이의 '쌍(雙)'을 우리말로 하면 '짝'입니다. 그렇다고 짝둥이라 하지는 않습니다. 어감이 아주 묘합니다. 그런데 표준어인 '세쌍둥이'와 '네쌍둥이'의 의미가 조금 이상합니다. 세 쌍이라 하면 '3×2'이니 6이 되고, 네 쌍은 8이 되어야 합니다. 그래서 표준어인 '세쌍둥이'나 '네쌍둥이' 대신 '삼둥이, 사둥이'로 하거나 '세둥이, 네둥이'로 하는 것이 좋겠다는 견해도 있습니다. 여섯이나 여덟으로 오해할 수 있는 '세쌍둥이, 네쌍둥이'보다 합리적이라는 주장입니다. 그러나 언중은 대개 세쌍둥이는 셋이고 네쌍둥이는 넷이라 생각합니다. 오랜 세월 그렇게 관용적 표현으로 써 왔던 까닭입니다.

쌍둥이의 '-둥이'는 귀염둥이, 재롱둥이, 막둥이, 바람둥이 등에 쓰이는 접미사입니다. 문득, '다태아'보다 '여러둥이'로 표현하는 것은 어떨까 생각해 봅니다.

가)따뜻하게 단도리하고 나가라. 나)아이들을 단도리하지 못한 잘못입니다. '단도리'가 가)에서는 단단히 채비하라는 뜻으로, 나)에서는 단단히 단속한다는 뜻으로 쓰였습니다. 우리말로 알고 계신 분이 많지만 '단도리(だんどり)'는 일본말입니다. 그런데 어떻게 그동안 우리말인 것처럼 쓰였을까요. 발음이 비슷한 우리말이 있기 때문입니다. 바로 '잡도리'입니다.

단어	뜻풀이	용례
잡도리	1. 단단히 준비하거나 대책을 세움. 그 대책 2. 잘못되지 않도록 엄하게 단속하는 일 3. 아주 요란스럽게 닦달하거나 족치는 일	· 경기 전에 철저히 잡도리하였다 · 어릴 때에 잡도리를 해야 한다 · 지나치리만큼 잡도리를 해댔다

일본말 '단도리'는 원래 절차나 방법을 뜻하는 말입니다. 우리말 '잡도리'와는 뜻하는 바도 완전히 다릅니다. '잡도리'는 순우리말입니다. '잡도리'에 동사를 만드는 접미사 '-하다'가 붙어 이루어진 말이 '잡도리하다'입니다. 잡도리의 '잡'은 '균형을 잡다', '군기를 잡다', '기강을 잡다', '마음을 잡다'에 쓰인 동사 '잡다'에서 온 것으로 보입니다. 아이를 엄하게 혼내는 것을 '아이를 잡는다'고 표현하기도 합니다. '잡도리'의 '잡'이 '잡다'의 그것이라 해도, '도리'의 정체는 '접사'라고는 하나 확실치 않습니다. 윗도리, 아랫도리, 무릎도리에 쓰인 '-도리'는 '부분'을 뜻하는 옛 접미사입니다. 하지만 '잡도리'와는 그다지 관련이 없어 보입니다.

그녀

관형사 '그'와 여자를 뜻하는 한자어 '녀(女)'가 결합하여 만들어진 3인칭 대명사가 '그녀'입니다. 주로 문장에서 쓰입니다. '그녀'만 따로 떼어 놓고 생각하면 그렇게 예쁜 말이 또 없습니다. 어감이 아주 산뜻하고 상큼합니다. 그런데 '그녀'의 뒤에 조사 '는'이 붙으면 '그년은'과 발음이 같아져 마치 욕처럼 들립니다. 구어에서는 거의 쓰이지 않으니 다행입니다.

'그녀'라는 말은 일제의 잔재이기 때문에 쓰지 말아야 한다는 주장이 적지 않습니다. 역사적으로 우리말에는 '그'나 '그녀'처럼 남녀를 구분하여 이르는 3인칭 대명사가 없었습니다. 그냥 이름을 말하거나, 그 남자, 그 여자, 저 남자, 저 여자 식으로 표현했습니다. 19세기 후반 일본에서는 영어의 he와 she에 해당하는 '가레(かれ/彼피)'와 '가노조(かのじょ/彼女피녀)'라는 말이 만들어졌습니다. 당시 일본에서 유학했던 소설가 김동인이 피녀(彼女)에서 영감을 얻어 '그녀'라는 말을 만들어냈다고 알려져 있습니다. 20세기 초 이후 지금까지 백 년이 넘도록 '그녀'에 대한 찬반론이 이어지고 있습니다. 다른 나라의 말은 외래어로 쓸 수 있어도, 일본이나 중국의 말은 쓸 수 없다는 것이 우리 정서입니다. 그러나 일본의 '가노조(彼女)'가 우리의 '그녀'와 같은 말이라고는 생각하고 싶지 않습니다. '그 여자'를 줄인 표현이 '그녀'라고 규정하고 싶습니다. 어쨌든 요즘에는 '그녀'라는 말을 계속 살려야 한다는 주장에 더 많은 힘이 실리고 있는 듯합니다.

우리말을 알다

'그럼에도 불구하고'나 '그런데도 불구하고'는 많이 쓰이는 말이지만 잘못된 표현이라는 지적이 있습니다. 첫째, '그럼에도'나 '그런데도'만 써도 되는데 뒤에 붙는 '불구하고'는 군더더기라는 지적입니다. 둘째, '그럼에도 불구하고'는 일본어 'それにもかかわらず'나 'にもかかわらず'를 번역한 것이니 쓰지 말아야 한다는 지적입니다.

국립국어원은, '그럼에도 불구하고'는 영어 'in spite of'를 번역한 영어식 표현이라고 분석하면서, '그럼에도 불구하고' 대신 '그럼에도'나 '그런데도', '그렇지만' 등으로 표현할 것을 권고합니다. 자칫 '불구하다'를 써서는 안 되는 말로 오해할 수 있습니다. 그러나 '얽매여 거리끼지 아니하다'란 뜻의 '불구(不拘)하다'는 일본식 한자어가 아니라 예부터 줄곧 써온 우리말입니다. 조선왕조실록에만 7백4십여 회나 실려 있습니다. 조선 초기의 실록에서 몇 개 추려 보았습니다.

구분	사례
태조실록	태조 2년(1393년) 5월 30일. 도당, 육조 등에 수령 적임자 천거토록 교지를 내리다
	不拘名數, 以次敍用(불구명수, 이차서용) 명수에 구애하지 말고 차례대로 서용(敍用)하게 하고('구애하지 말고'로 번역함)
정종실록	정종 2년(1400년) 10월 3일. 동지사 이첨과 유교·불교와 노자 및 신선도에 대해 문답하다
	不拘生死遲速, 速還本處(불구생사지속, 속환본처) 생사의 더디고 빠른 것을 구애하지 말고 빨리 본 곳으로 돌아가라
세종실록	세종 1년(1419년) 12월 6일. 병조에서 별시위 군인의 거관과 유임 방법에 대해 건의하다
	不拘都目, 京外中一度敍用後(불구도목, 경외중일도서용후) 도목에 관계없이 서울이나 외방에 한 번 서용한 뒤…('관계없이'로 번역함)

고맙습니다

   방송 진행자들은 프로그램을 마치며 '여러분 고맙습니다'라고 인사를 합니다. 많은 사람이 '고맙다'보다 '감사하다'라는 표현을 쓰는 것이 더 예의 있는 태도가 아닐까 생각합니다. 그래서 방송사에 전화를 걸어 따지거나 이유를 캐묻는 분이 계십니다. 방송계에서는 '감사하다'보다는 '고맙다'가 더 바람직하다고 배웁니다. 그 이유는 첫째, '감사하다'는 일본식 표현이므로 일제의 잔재라는 것이고, 둘째, 한자어보다 순우리말 '고맙다'가 더 바람직한 표현이라는 것입니다. 방송에 입문하는 사람이라면 그러한 방송가의 갖가지 불문율을 선배들로부터 물려받습니다.

   감사하다는 표현이 과연 일제 잔재일까요. 조선왕조실록에는 '감사(感謝)'란 말이 백 번이나 등장합니다. 세종실록에만 30번 나옵니다. '감사'는 우리 한자어입니다. '고맙다'는 표현은 상대가 누구이든 상관없이 예의에 어긋나지 않습니다. 순우리말일 뿐입니다. 그러나 사람들은 격식면에서 차이가 있다고 여깁니다. '고맙다'는 아랫사람이나 가까운 사이에 쓰는 것이고, '감사하다'는 윗사람이나 예의를 갖춰야 할 때 쓰는 것이라고 생각합니다. 마찬가지로 '미안하다'보다 '죄송하다'가 예의를 갖춘 표현이라고 생각합니다. 하지만 우리말과 한자어라는 차이만 있을 뿐입니다. 그럼에도 한자어 표현이 순우리말 표현보다 더 교양 있다고 인식하는 이유는 예부터 내려온 뿌리 깊은 한자 사대주의 때문이라고 분석하는 사람이 많습니다.

우리말을 알다

야채 대신 채소

야채는 일본식 한자어여서 채소로 표현해야 한다는 것이 방송가의 상식이었습니다. 그러나 결혼이나 야채는 일본식 한자어이니 '혼인'이나 '채소'로 대신해야 한다는 것은 오해입니다. '결혼'은 삼국유사에도 실려 있고, 조선왕조실록에도 145번이나 나옵니다. 조선왕조실록에 '야채'는 11번, 채소는 35번, 산채는 9번 기록되어 있습니다. 일본도 쓰는 한자어라 해서 모두 일본식 한자어는 아닙니다.

구분	뜻풀이
채소(菜蔬)	(菜 나물 채, 蔬 나물 소) 밭에서 기르는 농작물. 주로 그 잎이나 줄기, 열매 따위는 식용한다 보리나 밀 따위의 곡류는 제외한다 늑남새
야채(野菜)	(野 들 야, 菜 나물 채) 1. 들에서 자라나는 나물 2. 채소를 일상적으로 이르는 말
남새[1]	=채소(菜蔬)
푸성귀	사람이 가꾼 채소나 저절로 난 나물 따위를 통틀어 이르는 말
나물[1]	1. 사람이 먹을 수 있는 풀이나 나뭇잎 따위를 통틀어 이르는 말 2. 사람이 먹을 수 있는 풀이나 나뭇잎 따위를 양념하여 무친 음식

채취한 곳이 들이든, 산이든, 밭이든, 그 어디이든 간에 모두를 아우르는 표현이 '푸성귀'와 '나물'입니다. '야채'란 채소를 일상적으로 이르는 말입니다. 그러나 '야채'는 본디 사람이 키운 게 아니라 저절로 나서 자란 들나물을 일컫는 말이었으므로, 야생의 들나물(야채)이나 산나물(산채)이 아닐 경우에는 '채소'라는 말이 더 정확하다고 할 수 있습니다.

입장

  내가 고참 입장에서 구보는 못 하겠다. 이 예문에는 우리말로 잘못 알고 있는 일본식 한자어가 셋이나 있습니다. 광복 이후 국어 정화 운동을 펼쳐 일본어 투 말들이 상당수 사라졌다고는 하지만, 아직도 곳곳에 우리말인 듯 도사리고 있는 일본어가 많습니다. 위 예문을 순화하면 '내가 선임자의 위치에서 달리기는 못 하겠다'입니다.

  '입장(立場)'은 대표적인 일본식 한자어여서 문맥에 맞추어 '상황'이나 '처지', 혹은 '위치' 등으로 바꾸어 쓰는 게 좋습니다. 더 바람직한 것은 순우리말입니다. 예컨대, '내 입장에서는'은 '나로서는'으로 표현하면 어감이 훨씬 예쁘고 부드럽습니다. '입장'이란 단어가 우리 문헌에 최초로 등장한 것은 1922년(개벽 제21호)이었습니다. 그 이전 어느 문헌에도 없으니 '입장'은 일본식 한자어가 분명합니다.

  수순(手順)은 순서, 차례, 절차 등으로 쓰는 것이 좋고, 종지부(終止符)는 마침표, 기라성(綺羅星)은 빛나는 별이나 큰 별, 노견(路肩)은 갓길, 망년회(忘年會)는 송년회(送年會), 익일(翌日)은 이튿날, 십팔번(十八番)은 애창곡(愛唱曲)으로 표현하는 것이 바람직합니다. 모두 일본식 한자어들입니다. 그런데 일본식 한자어가 워낙 많아 그것들을 전부 **빼고** 나면 우리가 당장 언어생활을 제대로 할 수 없을 지경이라는 게 안타깝습니다. 그래도 하나씩 줄여 나가다 보면 언젠가는 치욕적인 일제의 잔재들을 깨끗이 털어 낼 수 있지 않을까 기대합니다.

우리말을 알다

대부분의 사람들

　이 글의 제목은 잘못된 부분이 두 군데 있습니다. 첫째, '대부분'이 이미 복수의 뜻을 가지고 있는데 '사람'의 뒤에 굳이 복수를 나타내는 접미사 '들'을 덧붙일 이유가 없습니다. 그러나 국립국어원은 복수의 의미가 있는 말의 뒤에 복수를 나타내는 접미사 '들'이 덧붙지 않는 게 더 바람직하나 그렇다고 그것을 꼭 잘못이라고 할 수도 없다고 해석합니다. '여러분'이 이미 복수인데 거기에 또 '들'을 붙여 '여러분들'로 해도 틀렸다고 할 수 없다는 것입니다. 단수와 복수의 개념을 중시하지 않는 우리 국어의 특성상 '너희들, 저희들, 우리들, 그네들, 모두들, 여러분들'과 같은 표현이 실제의 언어생활에서 널리 사용되고 있기 때문이라는 것입니다. 그러나 복수 형태소에 복수 형태소가 중첩된 것을 좋은 표현이라 할 수는 없습니다. 둘째, '대부분의 사람'이란 표현은 소유격 조사 '의'로 인하여 '대부분이 소유한 사람', '대부분에 소속된 사람'으로 해석될 수 있습니다. 이러한 표현이 워낙 널리 쓰여 비문으로는 취급되지 않지만, 다음처럼 고쳐 말하는 것이 더 바람직합니다.

용례	바람직한 표현	
	표현 1	표현 2
(모인) 대부분의 사람들이	(모인) 대부분 사람이	(모인) 사람 대부분이
(모인) 상당수의 사람들이	(모인) 상당수 사람이	(모인) 사람 상당수가
(모인) 수십 명의 직원들이	(모인) 수십 명 직원이	(모인) 직원 수십 명이

동해바다

'동해바다'는 동해의 해(海)와 바다가 같은 뜻이니까 동어 반복이며 문법에 어긋납니다. 삼월을 '삼월달'로, 월요일을 '월요일날'로, 역전이나역 앞을 '역전앞'으로 말하는 것과 같은 잉여적 표현입니다. 그러나 '동해바다, 서해바다, 남해바다'는 이제 표준어가 되어야 합니다. 대부분 '동해바다 보러 간다'고 하지, '동해 보러 간다'고 말하지는 않습니다. 자연스럽지도 않고, 말맛이 제대로 살지 않기 때문입니다. 사실, 의미가 중복된 표현이어도 표준어가 된 경우는 많습니다. 담장(담牆), 족발(足발), 외갓집(外家집), 처갓집(妻家집), 초가집(草家집), 해변가(海邊가), 예삿일(例事일), 의붓아비(義父아비) 등입니다. 또한 '결실을 맺다, 수확을 거두다, 피해를 입다, 회의를 품다, 낙엽이 지다, 시범을 보이다'와 같은 잉여적 표현도 규범이 허용합니다. 표준국어대사전에 실린 용례들을 찾아보았습니다.

표제어	용례
너르디너르다	· 너르디너른 동해 바다
넘실대다	· 동해 바다 저쪽 끝에서 아침 해가 넘실대며 솟아오르고 있다
천지개벽	· 동해 바다 밖에서 왜적이 쳐들어와서 천지개벽… ―박종화, 임진왜란
홍조(紅潮)	· 동해 바다에서 보는 홍조는 장관이다

국어사전에서는 비록 '동해 바다'로 띄어서 쓰긴 했으나 어쨌든 그것은 일반적인 표현입니다. 따라서 '동해바다'는 동쪽 바다의 바다가 아니라 동해의 바다로 보는 것이 타당합니다.

우리말을 알다

얼음이 얼다

한글 맞춤법 제57항에는 얼음의 예문으로 '얼음이 얼다'를 제시했습니다. 누구나 자연스럽게 '얼음이 얼다'로 말합니다. 그러나 엄밀히 따져 보면 주어와 서술어의 관계가 부적절합니다. '얼다'는 액체 등이 찬 기운 때문에 고체 상태로 굳어지는 것입니다. 따라서 '얼다'의 주어가 '얼음'인 것은 자연스럽지 않습니다. 이미 물이 얼어서 얼음이 되었는데 얼음이 또 다시 얼었다는 말이 되기 때문입니다.

표준국어대사전에는 '얼음이 얼다'란 표현이 다수 실려 있습니다. 국립국어원은, 현실의 쓰임을 인정하자는 의견과 의미 중복일 수 있다는 의견으로 나뉘었지만, 용례에서는 현실 용례를 보이자는 쪽으로 굳어져서 사전의 용례로 제시하고 있다고 설명합니다. 그러나 용례뿐이 아니라, 표제어인 '빙압'이나 '이상견빙지'의 뜻풀이에도 '얼음이 얼다'란 표현이 쓰였습니다. 표준국어대사전에는 '박수를 치다', '부상을 입다', '피해를 입다'도 용례로 실려 있습니다. 박수는 '두 손뼉을 마주침'인데 '치다'가 쓰였고, 부상은 '몸에 상처를 입음'인데 '입다'가, 피해는 '손해를 입음'인데 '입다'가 서술어로 쓰였습니다. 국립국어원은, 이는 우리 언중의 관용적 표현이며, 표준국어대사전에 용례로 실려 있으므로 문법적으로 가능한 표현이라고 말합니다. 그럼에도 '얼음이 얼다'의 경우는 단어 간 의미의 호응이 부적절한 것이어서, '물이 얼다'나 '얼음이 되다'로 표현하는 것이 알맞다고 설명합니다.

피로 회복

 피로회복제, 피로 회복에 좋은 음식. 이렇듯 '피로 회복'은 우리의 일상적인 표현입니다. 그러나 '회복'이란 단어는 좋았던 상태로 되돌린다는 뜻으로 쓰이지, 좋지 않았던 상태로 되돌리는 상황에는 쓰이지 않습니다. 국권 회복, 고토 회복, 국교 회복, 명예 회복, 경기 회복, 원기 회복, 건강 회복, 신뢰 회복, 의식 회복, 원상회복 등이 그렇습니다. 어디에도 회복이 '피로 회복'처럼 부정적 개념의 단어와 결합하는 경우는 없습니다.

 '피로 회복'이란 피로했던 원래의 상태로 되돌린다는 말이어서 잘못입니다. 그런데 현실에서는 '피로 회복'이 '피로에서 원기를 회복'한다는 의미로 바뀌어 쓰입니다. 그러다 보니 '피로 회복'이란 말만 들어도 기운이 납니다. 어떤 이는 '피로 회복'이 문법적으로 충분히 가능한 조합이라 주장합니다. 피로를 회복하는 것이 아니라, 피로한 상태에서 원기를 회복하는 것으로 이해해야 한다는 것입니다.

 국립국어원은 '피로 회복'이란 구 구성이 '피로를 회복'하는 것으로 해석되기 때문에 자연스럽지 않다고 말합니다. 그 대신 '피로 해소'나 '피로 감소'로 표현하는 것이 적절하며, '원기 회복'이나 '기력 회복', '활력 회복' 등으로 고쳐 쓸 것을 권하고 있습니다.

어따 대고

어따 대고 반말이야. 어따 두고 여기서 찾아. 예문처럼 '어따'로 표기하는 것은 잘못입니다. 이때의 표준어는 '얻다'이기 때문에 '얻다 대고'로 적어야 맞습니다. '얻다²'는 '어디에다'가 준 말입니다.

구분	뜻풀이	용례
얻다²	'어디에다'가 줄어든 말	· 얻다 감췄는지 영 찾을 수가 없다 · 얻다 내놓아도 손색없는 인물이다

'어디에다'가 곧바로 '얻다'로 준 것이 아니라, '어디다'가 '얻다'로 줄었다고 보면 이해가 쉽습니다. '어디다'는 '어디에다가'의 준말입니다. 보조사 '다가'는 '다'로 줄어들기도 합니다. '다가'와 그 준말 '다'는 조사가 없이도 받침이 없는 부사어에 바로 붙일 수 있습니다. 처소격 조사 '에'가 없이 '어디다 둘까. 저기다 둘까. 거기다 둘까. 여기다 두자'로 써도 문법적으로 문제가 없습니다. 즉, '어디에다'뿐 아니라 '어디다'도 규범에 맞습니다. '어디'의 '디'에서 모음 'ㅣ'가 줄면서 자음 'ㄷ'이 앞 음절 '어'의 받침으로 붙어 '얻'이 되고, 그 뒤에 보조사 '다가'나 '다'가 붙으면 '얻다가'나 '얻다'가 됩니다.

한편, '어따'는 감탄사로서 '어따, 그놈 참 잘 생겼다'처럼 쓰입니다. 그러나 고려대한국어대사전에는 '어따³'가 '어디에다'의 준말로도 올라 있습니다.

내가 아냐

'내가 아냐'는 두 가지 뜻으로 이해할 수 있습니다. 하나는 내가 알겠느냐는 것이고, 다른 하나는 내가 아니라는 것입니다.

그런데 '아니야'를 '아냐'로 줄여 쓰면 문법에 어긋날까요. 국어사전에서 '아냐'를 검색하면 아랫사람이나 대등한 관계에 있는 사람이 묻는 말에 부정하여 대답할 때 쓰는 감탄사로 '아니야'의 준말이라고만 되어 있습니다. 그런데 '아냐'는 감탄사뿐 아니라 '아냐(감탄사), 그건 내가 아냐(서술어)'처럼 서술어로도 사용됩니다. 표준국어대사전의 '아냐'가 들어간 용례들 중 일부입니다.

표제어	용례
그러다	당신 딴생각이 있어 그런 거 아냐?
노릇¹	어떡하지 못하고 결국 아주 노릇도 못하게 된 게 아냐? −김말봉. 찔레꽃
될성부르다	별로 될성부른 일도 아냐. 이 친구가 글쎄… −박완서. 오만과 몽상
로맨스	로마 주둔군 사관의 로맨스는 영화에만 있는 건 아냐. −이문열. 변경
생활	수사관 생활 하루 이틀 해 먹은 사람 아냐. −황석영. 어둠의 자식들

'아냐(아니야)'는 화자보다 동급 이하의 사람에게 쓰는 구어체 표현입니다. 해체의 종결어미인 '−야'가 쓰였습니다. '내가 알겠니'란 의미인 '내가 아냐'의 '−냐'는 해라체의 종결어미입니다. '나는 네가 아냐'에서처럼 '아냐'를 서술어로 쓰는 것은 문법에 맞습니다.

간지르다

　우리 누나 손등을 간지러 주어라. 오래 전 아이들이 줄을 지어 소풍을 갈 적에 병아리처럼 작은 입들을 모아 부르던 노래입니다. 요즘에는 동요 '퐁당퐁당'의 가사가 '간질여'로 바뀌었습니다.

　서울에서 태어나 살아온 사람들도 여태 '간지르다'가 표준어인 줄로 알고 살았습니다. 그러나 표준어는 '간질이다'입니다. 표준어라는데 참 생소합니다. 우리 표준어 규정[i]에는 의미가 똑같은 형태가 몇 가지 있을 경우, 그중 어느 하나가 압도적으로 널리 쓰이면, 그 단어만을 표준어로 삼는다고 되어 있습니다. 따라서 '간지럽히다', '간지르다', '간질르다', '간질키다'에 비해 압도적으로 널리 쓰이는 '간질이다'를 표준어로 정했다는 것입니다. 그런데 간혹 대체 이게 어떻게 표준어가 되었을까 해서 당혹스러울 때가 있습니다. 압도적으로 널리 사용된다는 판단은 누가 어떠한 근거로 한 것일까, 과학적인 조사라도 했던 것일까 하는 의문이 드는 게 사실입니다.

　현실에서는 '간지르다'를 활용하여 '간지르고, 간지르니, 간지르는, 간지르지, 간지러, 간지른다'로 말하는 사람이 많지만 문법에는 어긋납니다. 표준어인 '간질이다'를 써서 '간질이고, 간질이니, 간질이는, 간질이지, 간질여, 간질인다, 간질였다'로 적어야 맞습니다.

---

i 표준어 규정, 제1부 표준어 사정 원칙, 제3장 어휘 선택의 변화에 따른 표준어 규정, 제25항

틀어지다 _____

틀어진 청바지, 틀어진 살, 틀어진 가방. 일부 지역의 방언이라지만 '틀어지다'라는 표현을 자주 접합니다. 하지만 맞는 말은 '뜯어지다'와 '터지다'입니다. 만약 '틀어지다'라는 피동 형태가 존재하려면 '틀다'라는 동사가 있어야 하는데 표준어에 그런 말은 없습니다. '뜯어지다'가 맞는 말입니다.

'뜯어지다'는 동사 '뜯다'의 피동형이고, '뜯다'의 피동사는 '뜯기다'입니다. 피동 접미사 '-기'가 붙어 만들어진 '뜯기다'는 짧은 피동형이고, '-어지다'가 결합하여 만들어진 '뜯어지다'는 긴 피동형입니다. '뜯기다'는 누군가 인위적으로 힘으로 가하여 뜯어 놓은 것이고, '뜯어지다'는 나도 모르는 사이에 그렇게 된 것입니다. 그러니까 뜯긴 청바지는 누군가 일부러 뜯은 것이고, 뜯어진 청바지는 저절로 혹은 실수로 뜯어진 것입니다. '찢기다'와 '찢어지다'도 같은 식으로 이해하면 됩니다.

'뜯어지다'는 주로 바느질한 부분의 실이 풀렸을 때의 표현이고, '찢어지다'는 꿰맨 부분이 아니라도 틈이 벌어지거나 갈라졌을 때에 쓰는 표현입니다. 이 두 가지 의미를 아우르는 표현이 동사 '터지다'입니다. '틀어지다'로 표현하는 거의 모든 곳에 '터지다'를 써도 자연스럽습니다. 앞으로는 '틀어지다' 대신 '뜯어지다, 터지다, 찢어지다' 중 맥락에 어울리는 것을 골라 쓰시기 바랍니다.

우리말을 알다

얼르다, 구슬르다

많은 사람이 '얼르고 뺨 친다'라 말하지만, '얼르다'란 말은 존재하지 않습니다. '어르고 뺨 친다'로 써야 합니다. 그럴듯한 말로 꾀어 은근히 남을 해롭게 하는 것을 비유한 속담입니다. '잘 구슬러 봐'라는 표현도 자주 쓰는데 '구슬르다'란 말 또한 사전에 없습니다. '구슬리다'를 써서 '잘 구슬려(구슬리어) 봐'로 표현해야 합니다.

구분	뜻풀이	용례
어르다¹ 「동사」	1. 어린아이를 달래거나 기쁘게 해 주다 2. 사람이나 짐승을 놀리며 장난하다 3. 어떤 일을 하도록 사람을 구슬리다	· 울고 있는 아이를 얼러 보았다 · 고양이가 발로 쥐를 어르고 있다 · 가기 싫단 아이를 어르고 달랬다
구슬리다 「동사」	1. 그럴듯한 말로 꾀어 마음을 움직이다 2. 끝난 일을 이리저리 자꾸 생각하다	· 어르고 구슬려 봐도 막무가내였다 · 섭섭해 말고 잘 구슬려 생각해 봐

'어르다'는 '르' 불규칙 용언입니다. 어간의 끝음절 '르'의 뒤에 어미 '-아/-어'가 오면 어간의 'ㅡ'가 탈락하면서 'ㄹ'이 하나 더 추가되는 용언을 말합니다. 따라서 '어르+어'나 '어르+었+다'는 '얼러'와 '얼렀다'가 됩니다. 그러나 자음 어미가 올 때에는 어간의 변화가 없이 '어르니, 어르고, 어르면, 어르지, 어르게'로 활용합니다. '구슬리다'의 어간에 모음 어미 '-어'나 '-었-'이 붙으면 축약이 일어나 구슬려(구슬리어), 구슬렸다(구슬리었다)로 줄어듭니다. 자음 어미가 올 땐 '구슬리니, 구슬리고, 구슬리면, 구슬리지' 등으로 활용합니다.

치루다

포털 사이트에서 '치루고'를 넣고 뉴스 검색을 하면 1만 건에 달하는 기사가 뜹니다. 기자들 중 많은 분이 '치루다'를 표준어로 알고 있는 것입니다. '치루고, 치루니, 치뤄, 치루면, 치루는, 치루지, 치뤘다'로 활용하려면 '치루다'란 용언이 있어야 하지만 국어사전에 '치루다'란 말은 없습니다. 단지 '치르다'가 있을 뿐입니다.

구분	뜻풀이	용례
치르다 「동사」	1.주어야 할 돈을 내주다 2.무슨 일을 겪어 내다 3.아침, 점심 따위를 먹다	· 비용을/잔금을/값을 치르고 나왔다 · 시험을/잔치를/큰일을/전쟁을 치렀다 · 아침을/점심을 치르니 졸음이 온다
치루다	→ 치르다 '물건값을 치뤘다'는 '치렀다'로 써야 옳다 기본형이 '치르다'이므로 '치르+었→치뤘-'이 되지 않는다

'치르다'는 '치르고, 치르니, 치러, 치르면, 치르는, 치르지, 치렀다' 등으로 활용합니다. '치르다'의 어간 '치르–' 뒤에 모음 어미 '–어'가 오면 어간 끝음절의 모음 'ㅡ'가 탈락합니다. 따라서 '치르+어'는 '치러'로 바뀝니다. 사건이나 행위가 이미 일어났음을 나타내는 선어말어미 '–었–'이 붙을 때도 마찬가지입니다. '치르+었+다'는 어간 끝 모음 'ㅡ'가 탈락하면서 '치렀다'의 형태로 나타납니다.

우리말을 알다

우뢰와 같은 박수

우뢰란 천둥을 일컫는 말입니다. 오래 전에는 '우뢰'가 표준어였으나, 1988년에 지금의 표준어 규정이 나오면서 '우레'로 바뀌었습니다. 본래의 이름을 되찾은 것입니다. 우레는 한자어 우뢰(雨雷)가 바뀐 말이 아니라 순우리말입니다. 우레는 '울에'가 변한 말입니다. 그럼에도 우리는 순우리말인 우레를 한자어 우뢰(雨雷)로 착각했던 것입니다. 한글 창제 이후에 나온 모든 문헌들에는 '울에'로 표기되어 있습니다. 당대 최고의 학자들이 우뢰(雨雷)라는 한자를 몰라 '울에'라고 적었을 리 없습니다. 또한 한자어권인 중국과 일본 어디에도 雨雷(우뢰)란 말은 없습니다.

우레의 15세기 어형은 '울에'였는데, '울다(鳴)'의 어간에 명사 파생 접미사인 '-에'가 결합한 형태로 분석합니다. 16세기까지는 '울에'로 표기되어 오다가 17세기부터 '우레'의 형태로 바뀌었습니다. 우레와 같은 말인 '천둥'도 순우리말입니다. 우레가 태생부터 순우리말(고유어, 토박이말)이라면, 천둥은 한자어 천동(天動)이 변하여 된 말입니다. 하늘이 천지를 움직이는 것이 바로 천둥입니다. 우레와 천둥은 모두 널리 쓰이는 말이기 때문에 둘 다 표준어입니다. 우레와 천둥의 소리를 뜻하는 말은 '우렛소리'와 '천둥소리'입니다. '번개' 또한 순우리말입니다. 큰 빛이 잠깐 나타나는 것을 뜻하는 '번득하다'라는 말에서 나왔습니다.

날자가 몇 일

언젠가 정체불명의 소형 무인기가 발견됐을 때, 그 무인기가 북한이 날려 보낸 것임을 알 수 있는 확실한 증거가 포착됐습니다. '기용 날자', '사용 중지 날자' 등 날짜를 '날자'로 표기한 부분입니다. 북한에서는 '날자'를 표준으로 하지만, 우리 표준어는 '날짜'입니다. 한자어 '일자(日字)'와 동의어입니다. '일자'의 표기로 인해 우리는 '날짜'를 '날자'로 착각하게 됩니다.

19세기 이후부터 '날자'의 형태로 사용되어 왔으나, 표준어 규정이 만들어진 이후로는 '날짜'의 형태만을 표준어로 취하고 있습니다. '글자'는 글(文)과 자(字)의 합성어로서 어원이 분명해 원형을 밝혀 '글자'로 적지만, 날짜의 '짜'는 '가짜'나 '진짜'처럼 어원을 따질 수 없고, 뜻도 없는 것이라서 소리 나는 대로 적을 수밖에 없다는 것입니다. 쉽게 납득이 되지는 않습니다. '날(日)'과 '자(字)'의 결합이 분명하기 때문입니다. 발음만 [날짜]로 나는 것일 뿐입니다. 그럼에도 언어는 사회적 약속이기 때문에 우리는 '날짜'로 적어야 합니다.

어떠한 경우에도 '몇 일'로는 표기할 수 있는 없고, 오직 '며칠'만 가능합니다. '몇 날 몇 일' 또한 '몇 날 며칠'로 써야 합니다. '몇'에 '일(日)'이 연결되면 [며딜]이나 [면닐]로 발음되어야 하는데 실제로는 [며칠]로 소리가 나고 있어서 그 어원이 분명하지 않다는 이유 때문입니다. 그래서 소리가 나는 대로 적은 '며칠'이 표준어입니다.

날으는 슈퍼맨이 날라가는 기분

이 글의 제목은 '나는 슈퍼맨이 날아가는 기분'으로 써야 합니다. 그런데 현실에서는 '날으다'와 '날라가다'로 표현하는 사람이 적지 않습니다. 새가 날라갔다. 비행기가 날라갔다. 희망이 날라갔다. 이 예문들은 모두 '날아갔다'로 써야 맞습니다. 공중으로 날면서 간다는 뜻의 '날아가다'는 동사 '날다'와 '가다'가 결합한 합성동사입니다.

'날다'나 '놀다, 살다, 울다, 줄다' 등 'ㄹ' 받침으로 끝나는 용언의 어간 뒤에 'ㄴ, ㅂ, ㅅ, 오(암기: 나보시오)'로 시작하는 어미가 오면 어간의 'ㄹ'이 탈락하는 형태로 나타납니다. 그래서 어미 '-는'과 결합한 '날+는'은 '날으는'이 아니라 '나는'이 됩니다. 매개모음 '으'가 필요 없어진 것입니다. 마찬가지로, 녹슬은 기찻길이 아니라 '녹슨 기찻길'이고, 낯설은 아쉬움이 아니라 '낯선 아쉬움', 거칠은 벌판이 아니라 '거친 벌판'이 맞습니다. '날아가다'의 중간에 뜬금없이 'ㄹ'이 끼어들어서 '날라갔다'로 활용할 만한 아무런 까닭이 없습니다.

'날라가다'라는 말을 정 쓰고 싶다면 '날라 가다'로 띄어 써야 합니다. 그러나 그 뜻은 공중으로 날면서 가는 게 아니고, 무엇을 다른 곳으로 날라(옮겨/운반해) 가는 것입니다. 이때의 '날라'는 동사 '나르다'의 활용형입니다. 예컨대 '날라 가는 비행기'란 사람이든 화물이든 그 무엇을 싣고서 굴러가든 날아가든 기어가든 이동하고 있는 비행기를 뜻합니다.

알맞는, 걸맞는

  날씨에 알맞는 옷차림. 너에게 걸맞는 행동. 이렇게 잘못된 표기인 '알맞는'이나 '걸맞는'이 맞는 표기인 '알맞은'과 '걸맞은'보다 오히려 더 많이 쓰입니다. 하지만 '알맞다'와 '걸맞다'는 형용사여서 현재 관형사형 어미로는 반드시 '-은'이 와야 합니다. 동사에 붙는 현재시제의 관형사형 어미는 '-는'이지만, 형용사에 붙는 현재시제 관형사형 어미는 '-은'이기 때문입니다. 예를 들어 설명하겠습니다.

구분	단어	과거시제	현재시제	미래시제
동사	잡다	잡은(잡+은), 잡던(잡+던)	잡는(잡+는)	잡을(잡+을)
	먹다	먹은(먹+은), 먹던(먹+던)	먹는(먹+는)	먹을(먹+을)
형용사	좁다	좁던(좁+던)	좁은(좁+은)	좁을(좁+을)
	맑다	맑던(맑+던)	맑은(맑+은)	맑을(맑+을)

  동사와 형용사 모두 과거와 미래시제의 관형사형 어미는 '-던'과 '-을'로 같습니다. 그러나 형용사의 현재시제 관형사형 어미는 동사와 다릅니다. 그럼에도 '알맞는', '걸맞는'처럼 동사의 관형사형 어미를 쓰는 이유는 동사 '맞다'의 현재형이 '맞는'이어서 착각했기 때문입니다. 형용사 '알맞다'와 '걸맞다'는 모두 동사인 '맞다'에서 나왔습니다. 아무리 그렇다 해도 '맞는 답'은 맞지만 '알맞는 답'은 틀리고, '맞는 옷'은 맞지만 '걸맞는 옷'은 틀립니다. 형용사에는 현재 상태를 나타내는 관형사형 어미로 오직 '-은(-ㄴ)'만이 결합할 수 있습니다. 알맞은, 걸맞은.

                                        우리말을 알다

체언과 조사 사이 또는 용언의 어간과 어미 사이에 자음끼리 서로 충돌하는 것을 막고 발음을 편하게 하기 위하여 매개모음인 '으'가 끼어든다고 학교에서 배웠습니다. 예컨대 어간의 끝에 자음이 없는 경우 '주니, 주면, 가니, 가면, 오니, 오면 보니, 보면'처럼 매개모음 없이도 얼마든지 활용이 가능하나, 자음 받침이 있는 경우에는 '먹으니, 먹으면, 잡으니, 잡으면, 밝으니, 밝으면'처럼 매개모음인 '으'가 필요해집니다. 그래서 생긴 착각인 듯합니다.

하지만 우리말에 '–으네'라는 종결어미는 없습니다. 그래서 '–으네'를 쓴 모든 문장은 잘못된 것입니다. 따라서 어떠한 경우에도 '–으네'는 쓸 수 없으며, 반드시 '–네'로만 적어야 합니다. 가네요. 오네요. 많네요. 좋네요. 싫네요. 적네요. 곱네요. 낫네요.

구분	뜻풀이 및 용례
–네7 「어미」	1.하게 할 자리에 쓰여, 단순한 서술의 뜻을 나타내는 종결어미 ¶ 자네 차례네. 집이 참 넓네. 지금 가네. 눈이 많이 왔네. 그러다 병나겠네 2.해할 자리나 혼잣말에 쓰여, 지금 깨달은 일을 서술하는 데 쓰이는 종결어미 ¶ 노래도 잘 부르네. 집이 참 깨끗하네. 개나리꽃이 정말 노랗네

어느 날 주책없이 '–으네'가 튀어나오려 할 때에는 이 말을 떠올리시면 됩니다. 우리말에는 '–으네'라는 종결어미는 없네. 오직 '–네'뿐이네.

먹으니? 잡으니?

너 지금 밥 먹으니? 너 지금 내 멱살 잡으니? 어색하죠. 이상합니다. 바보 같습니다. 동사의 어간에는 의문형 종결어미 '-으니'가 붙을 수 없기 때문입니다. 동사에는 의문형 종결어미로 '-니'만 쓸 수 있습니다. 연결어미인 '-으니'는 동사와 형용사 모두에 쓰입니다.

구분	단어	종결어미 '-니'	종결어미 '-으니'	연결어미 '-으니'
동사	먹다	먹니?	먹으니?	내가 먹으니 그도 먹는다
	잡다	잡니?	잡으니?	네가 잡으니 나도 잡는다
형용사	좋다	좋니?	좋으니?	내가 좋으니 그만이다
	싫다	싫니?	싫으니?	내가 싫으니 그만하자

'너 지금 밥 먹니?', '너 지금 내 멱살 잡니?'로 표현해야 맞습니다. '-니'와 '-으니'는 해라체의 의문형 종결어미로 주로 구어에서 사용됩니다. 동년배 이하에 무엇을 물을 때 쓰는 어말어미[i]입니다. 의문형 종결어미 '-냐'와 '-으냐'도 마찬가지여서, 형용사에는 둘 다 가능하나, 동사에는 '-냐'만 쓸 수 있습니다. 동사는 '먹으냐?'나 '잡으냐?'는 안 되고 '먹냐?', '잡냐?'로만 써야 합니다. 형용사는 '좋냐?', '좋으냐?', '싫냐?', '싫으냐?'가 모두 가능합니다. 해라체 의문형 종결어미 '-니', '-으니'는 '-냐', '-으냐'보다 조금 더 상냥하고 친근한 느낌을 줍니다. 좋으냐? 좋으니? 어감이 다릅니다.

---

i 어말어미(語末語尾): 활용 어미에서 맨 뒤에 오는 어미. 종결어미, 연결어미, 전성어미가 있음.

우리말을 알다

나즈막히, 느즈막히

　나즈막히 말했다. 느즈막히 출발했다. '나즈막히'와 '느즈막히'는 각각 두 글자씩 틀렸습니다. 규범에 맞는 표기는 '나지막이'와 '느지막이'입니다.

　'나즈막하다'나 '낮으막하다'는 '나지막하다'의 잘못입니다. 마찬가지로 '느즈막하다'나 '늦으막하다'가 아니라 '느지막하다'입니다. 국어사전에 '-즈막하다'나 '-으막하다'로 된 단어는 없습니다. '나지막하다'는 '나직하다'에서 나왔고, '나직하다'는 '낮다'에서 온 말입니다. '느지막하다'는 '느직하다'에서, '느직하다'는 '늦다'에서 나왔습니다.

　부사 파생 접미사 '-이'와 '-히' 중 어느 것을 붙여야 하는지 헷갈리지 않는 사람은 아무도 없습니다. 특별한 구분법 또한 없습니다. 맞춤법 규정[i]은 모호하기 짝이 없습니다. 부사의 끝음절이 분명히 '이'로만 나는 것은 '-이'로 적고, '히'로만 나거나 '이'나 '히'로 나는 것은 '-히'로 적는다. 난감합니다. 국립국어원이 이것 하나만 명쾌하게 정리해도 존재 가치를 충분히 증명할 수 있을 것입니다.

　현재로선 매번 국어사전을 찾는 것만이 유일한 해결책입니다. 솔직히, 간단히, 깊숙이, 나직이, 나지막이, 느직이, 느지막이.

---

i 한글 맞춤법, 제6장 그 밖의 것, 제51항

얼만큼, 그마만큼 ────────────

　나를 얼만큼 사랑해? 내가 그마만큼 예뻐? 이런 말을 듣고서도 사지가 오그라들지 않는다면 인간이 아닐 수도 있습니다. 그런데 사랑스러운 그녀가 맞춤법은 신경 쓰지 않았던 모양입니다. 괜찮습니다. 사랑에 빠졌는데 까짓 문법 따위가 무슨 문제가 되겠습니까.

　대개 '얼마만큼'의 준말을 '얼만큼'으로 알고 있습니다. 그러나 '얼마큼'이 맞습니다. '얼마만큼'이 표준어이니 당연히 '그마만큼'도 표준어일 것이라 생각하는데 그런 말은 없습니다. '얼만큼'이나 '그마만큼'이 언중 사이에서 상당히 많이 사용되고 있지만, '얼만큼'이 아닌 '얼마큼', '그마만큼'이 아닌 '그만큼'이 표준어입니다.

　'얼마만큼'은 '얼마'라는 명사에 조사 '만큼'이 결합한 합성어입니다. '그마만큼, 이마만큼, 저마만큼'이란 말은 존재하지 않습니다. '그마, 이마, 저마'란 명사나 대명사가 없기 때문입니다. 대명사 '이, 그, 저'에 조사 '만큼'이 결합한 '이만큼, 그만큼, 저만큼'으로 표현해야 합니다. 그러나 '어느만큼'이란 단어는 없으므로, 관형사 '어느'와 의존명사 '만큼'을 띄어서 '어느 만큼'으로 적어야 합니다. '만큼'은 체언 뒤에서는 조사이니까 붙여 쓰고, 관형사 뒤에서는 의존명사이니 띄어 씁니다. '이만큼'의 '이'는 체언이고 '만큼'은 조사, '어느 만큼'에서의 '어느'는 관형사이고 '만큼'은 의존명사입니다.

　　　　　　　　　　　　　　　　　　　　　　우리말을 알다

음식점에 가면 대부분 '모듬회'나 '모듬전'으로 적혀 있고, 아주 가끔 '모둠회, 모둠전'으로 표기된 것을 볼 수 있습니다. '모음회'나 '모음전'으로 쓰여 있는 것은 거의 보이지 않습니다. 그렇다면 모듬, 모둠, 모음 중에서 표준어는 무엇일까요. '모으다'의 명사형은 '모음'입니다. 그렇다면 '모듬'은 '모드다'의 명사형이고, '모둠'은 '모두다'의 명사형입니다. 그런데 현대 우리말에는 '모드다'나 '모두다'란 단어가 없습니다. 그렇다면 표준어는 '모음'입니다. 그런데 왜 '모듬'이나 '모둠'으로 표기하는 것일까요. 그건 아직도 옛말의 흔적이 남아있기 때문입니다. '모드다'와 '모두다'는 모두 '모으다'의 옛말입니다. 다음은 표준국어대사전에 올라있는 그들의 흔적입니다.

기본형	명사형	표제어
모드다	모듬	모듬걸이, 모듬날, 모듬연장
모두다	모둠	모둠꽃밭, 모둠냄비, 모둠발, 모둠밥, 모둠앞무릎치기

발음하기에는 '모으다'가 분명 편합니다. 여러 이유로 '모으다'만 표준어가 되었겠으나, '모듬'이나 '모둠'도 표준어로 인정해야 한다는 의견이 아직 존재합니다. 표준어 규범을 따르면, 음식 이름 등에 '모듬'이라 하는 것은 잘못이고, '모둠'으로 하면 표준어입니다. 원래는 '모음'이라 해야 하지만 그래도 '모둠'은 봐주겠다는 뜻입니다. 하지만 예전에는 '모듬' 도 표준어였습니다.

누룽지, 누른밥, 눌은밥

　솥 바닥에 눌어붙은 밥에다 물을 부어 불린 음식을 무엇이라 하시나요. 의외로 누룽지라 하는 사람이 많습니다. 표준어는 '눌은밥'입니다. '누룽지'도 표준어이지만 다른 말이고, '누른밥'은 '눌은밥'의 잘못입니다. 밥을 눌러 만든 밥은 '누른 밥'이라 할 수 있습니다.

　누룽지에 물을 붓고 불려 긁은 밥이 '눌은밥'입니다. '누룽지'란 눌은밥을 만들지 않고 그대로 긁은 상태의 것을 말합니다. 이때의 '눌은'은 동사 '눋다'의 활용형입니다. 많은 사람이 '눌다'가 활용한 것으로 알지만 표준어에 '눌다'라는 용언은 없습니다. '눋다'는 'ㄷ' 불규칙 용언이어서 어간 뒤에 모음 어미가 오면 'ㄷ'이 'ㄹ'로 바뀝니다. 그래서 '눋+은'이 '눌은'으로 변하고, '눋+어'는 '눌어'로, '눋+으면'은 '눌으면'이 됩니다. 참고로 'ㄹ'을 제외한 받침 있는 용언의 어간에는 '-면'이 아닌 매개모음이 있는 어미 '-으면'이 와야 합니다. 자음 어미가 올 땐 아무 변화 없이 '눋고, 눋게, 눋는, 눋지' 등으로 활용합니다. 따라서 '밥이 눌지 않게 해라, 밥이 눌면 안 된다'로 표현하면 문법에서 벗어납니다. '눋지 않게, 눋으면 안 된다'입니다.

　'누룽지'는 '눋다'의 어간 '눋-'에 명사 파생 접미사 '-웅'이 결합하며 만들어진 '누룽'에 다시 접미사 '-지'가 붙은 형태로 분석합니다. '눋다'의 사동사는 '눌리다'이고, '눋다'에서 파생한 말로는 '눌어붙다'가 있습니다.

어른께 '드세요'라 말하는 것은 부적절한 표현이라는 지적이 있습니다. '진지 드세요'는 진지를 그냥 들고 있으라는 것이지 잡수시라는 말은 아니라는 것입니다. 웃어른께 음식을 들고 있으라고 지시하거나 명령하는 것은 있을 수 없는 일입니다. '드세요'는 '위로 올리다'의 뜻을 가진 '들다'의 어간에 높임을 나타내는 선어말어미 '-시-'와 어미 '-어', 보조사 '요'가 차례로 결합한 형태입니다. 어떤 이는 '들+-세요'로 분석하기도 합니다. 이때의 '-세요'는 어미입니다.

규범에서는 '먹다'의 높임말로 '드시다'와 '잡수시다'를 제시하고 있습니다. '드시다'는 동사 '들다'에 존대를 나타내는 선어말어미 '-시-'가 결합한 통사적 구성이고, '잡수시다'는 동사 '잡수다'의 높임말입니다. 그래서 '드시다'는 사전에 없지만, '잡수시다'는 실려 있습니다. 한편 '하게'나 '하오'를 쓸 수 있는 대상에게 '자시게'나 '자시오'로 말하는 '자시다'란 말도 있습니다. '먹다'를 높임의 정도가 낮은 순으로 보면 '먹다', '자시다', '드시다', '잡수시다'입니다. 일반적으로 '드시다'와 '잡수시다'를 동급으로 생각하나, '잡수시다'가 보다 더 공손한 표현입니다. '잡수시다'의 준말은 '잡숫다'입니다.

'아빠, 밥 먹어'보다 '아버지, 밥상 보아 놓았습니다'나 '아버지, 밥상/술상 차려 놓았습니다', '아버지, 밥(국)이 식겠습니다'로 표현하는 것이 좋겠다고 하면, 지금이 무슨 조선시대냐고 화를 내실는지요.

라면이 불다

　라면이 불겠다. 냇물이 불기 전에 건너라. 체중이 불지 않게 관리해라. 모두 맞춤법이 틀렸습니다. '불다'는 '바람이 불다, 관악기를 불다, 잘못을 불다(고자질하다)'의 뜻 외에는 쓸 수 없습니다. 라면이 고자질하겠다, 강물이 고자질하기 전에, 체중이 고자질 하지 않게. 그런 뜻이 아니라면 '불다'가 아닌 '붇다'로 써야 합니다. '라면이 붇겠다, 강물이 붇기 전에, 체중이 붇지 않게'로 써야 맞습니다.

구분	뜻풀이	용례
붇다 「동사」	1. 물에 젖어서 부피가 커지다 2. 분량이나 수효가 많아지다	· 오래돼 불은 국수는 맛이 없다 · 개울물이/체중이/재산이 붇다
불다 「동사」	1. 바람이 일어나 어느 방향으로 움직이다 2. 유행, 풍조, 변화 등가 일어나 휩쓸다 3. 입김을 내거나 바람을 일으키다 4. (속되게) 숨겼던 죄나 비밀을 털어놓다	· 동풍이 부는 날, 바람이 불다 · 영어 회화 바람이 불다 · 유리창에 입김을 불다 · 죄를 경찰에게 낱낱이 불었다

　'붇다'를 '불다'로 오해하는 이유는 '붇다'가 'ㄷ' 불규칙 용언이기 때문입니다. 'ㄷ' 불규칙 활용을 하는 용언은 모음인 어미와 결합할 때 어간의 받침 'ㄷ'이 'ㄹ'로 바뀝니다. 따라서 '붇다'의 어간 뒤에 모음 어미가 연결될 때에는 '불어(붇+어), 불어서(붇+어서), 불으면(붇+으면), 불으니(붇+으니), 불었다(붇+었+다)'로, 자음 어미가 오면 '붇고, 붇게, 붇기, 붇지, 붇는, 붇겠다'로 활용을 합니다. '붇다'를 '불다'로 더욱 착각하게 하는 이유는 '붇다'의 사동사가 '불리다'여서입니다. 면발을 불려(불리어), 체중을 불려(불리어), 재산을 불려서(불리어서).

윗사람에게 꾸지람을 들었을 때 야단을 맞았다는 표현을 합니다. 그런데, 윗사람의 꾸지람을 야단이라 하는 것은 적절하지 않습니다. '야단'에 '매우 떠들썩하게 일을 벌이거나 부산하게 법석거림 또는 그런 짓'이라는 뜻이 있어서 그렇습니다. 야단에 '소리를 높여 마구 꾸짖는 일'이란 뜻도 있어 문법적으로 가능하다고 볼 수는 있으나, 윗사람과 관련한 언어 예절[i]에는 어긋납니다.

'야단을 맞다'라는 말은 이미 관용적으로 널리 사용되고 있는 표현입니다. 그럼에도 야단이란 단어가 '왜 이렇게들 야단이냐', '야단법석을 떨다'처럼 부정적인 의미로 많이 쓰이기 때문에 윗분과 관련해 사용하는 것은 적절하지 않다고 보는 것입니다. 국립국어원의 '표준 언어 예절'은 이렇게 설명합니다.

"존댓말을 잘 가려 쓰는 것도 중요하다. 아버지한테 야단을 맞았다보다는 '아버지한테 걱정을 들었다', '아버지한테 꾸중을 들었다', '아버지한테 꾸지람을 들었다'로 말하는 것이 전통 예절에 가깝다."

한편, '아버지한테 혼났다'라는 표현은 어법에 맞습니다. 참고로 아버지는 언제나 혼만 내는 사람은 아닙니다.

---

i 표준 화법 해설(국립국어원, 1992), 표준 언어 예절(국립국어원, 2011.)

담배를 피다

열의 아홉은 '담배를 피다'로 말합니다. '담배 폈어, 담배 피려고, 담배를 피니까' 등으로. 담배는 꽃처럼 스스로 피는 것이 아니고 누군가 피워 주어야 하는 것입니다. 즉, 담배란 피우는 것입니다. 담배를 피우러, 담배를 피우려고, 담배를 피우니까, 담배를 피우는, 담배를 피운, 담배를 피울, 담배를 피웠어. 이때의 '피우다'는 '피다'의 사동사가 아니라, '어떤 물질에 불을 붙여 연기를 빨아들이었다가 내보내다'라는 별개의 뜻을 가진 별개의 동사입니다. 주동사[i]이자, 목적어가 올 수 있는 타동사[ii]입니다.

바람 역시 피는 것이 아니라 피우는 것입니다. 바람도 꽃처럼 스스로 피지는 않습니다. 국어사전에는 합성어인 '바람피우다'나 '바람나다'라는 동사가 있습니다. 따라서 '바람피우니, 바람피우는, 바람피운, 바람피울, 바람피워서, 바람피웠어'로 붙여 씁니다. '바람'의 뒤에 조사가 붙을 땐 '바람을 피우다', '바람이 나다'로 띄어 씁니다. '피우다' 역시 '피다'의 사동사가 아니라 '그 명사가 뜻하는 행동이나 태도를 나타내다'의 뜻을 가진 별개의 동사로서, '바람을 피우다, 재롱을 피우다, 소란을 피우다, 딴청을 피우다, 거드름을 피우다, 고집을 피우다, 어리광을 피우다, 게으름을 피우다' 등에 쓰입니다. 이때의 '피우다'도 주동사이자 타동사입니다.

....

i 주동사(主動詞): 문장의 주체가 스스로 행하는 동작을 나타내는 동사
ii 타동사(他動詞): 동작의 대상인 목적어를 필요로 하는 동사

우리말을 알다

밤을 새다

자동사 '새다'에는 목적어가 올 수 없습니다. 밤은 절로 새는 것일 뿐, 사람이 밤을 새게 만들 수는 없습니다. 밤은 새우는 것입니다.

구분	뜻풀이	용례
새다	날이 밝아 오다	· 날이 새는지 창문이 밝아 온다
새우다	한숨도 자지 아니하고 밤을 지내다	· 밤을 새워 공부하다
밤새다	밤이 지나 날이 밝아 오다	· 잠을 못 자고 밤새도록 뒤척였다
밤새우다	잠을 자지 않고 밤을 보내다	· 자꾸 밤새우지 마라, 몸 축날라

표준국어대사전을 따르면 '날이 새다'와 '밤이 새다'는 같은 뜻이며 모두 문법에 맞습니다. '새우다'는 오직 '밤'을 목적어로 두어야 합니다. 그래서 '밤을 새우다'로 써야 맞고, '날을 새우다'로 쓰면 비문입니다. '밤'과 '새다'가 결합하여 '밤새다'가, '밤'과 '새우다'가 결합하여 '밤새우다'라는 합성어가 생겼지만, '날'과 결합한 합성어는 인정하지 않으므로 '날 새다', '날이 새다'로 띄어 써야 합니다.

'밤새우다'의 명사형은 '밤새움'인데 거기에 접미사 '-하다'가 붙어 '밤새움하다'라는 파생어가 생겼습니다. 그런데 실제로는 '밤샘'이나 '밤샘하다'로 쓰이자, '밤샘'과 '밤샘하다'를 '밤새움'과 '밤새움하다'의 준말로 인정하여 표준어로 추가하였습니다. 한편, '밤을 지새다'의 맞는 표현은 '밤을 지새우다'입니다. '지새다(밤이 새다)'는 '지새우다'의 준말이 아니며, 자동사이기 때문입니다.

쥐어 주다

그가 내 손에 차비를 쥐어 주고 달아났다. 저런 착한 사람 같으니. 그 따뜻한 마음이 느껴집니다. 고마운 건 고마운 거고, 맞춤법은 틀렸습니다. '쥐어 주다'는 '쥐여 주다'의 잘못입니다. '쥐어'는 '쥐다'가 활용한 형태이고, '쥐여(쥐이어)'는 '쥐이다'의 활용형입니다.

'쥐이다'는 '쥐다'의 사동사입니다. 사동사(使動詞)는 문장의 주체가 직접 하는 것이 아니라, 그 행위를 남이 하게 하는 것을 나타내는 동사입니다. 예문에서는 문장의 주체인 '그'가 자기 손에 차비를 쥐고 있는 것이 아니라, 나의 손에 차비를 쥐도록 한 것을 나타내야 맞습니다. 문장의 맥락이 '쥐여 주다'일 때에 '쥐어 주다'로 쓸 수 있는 경우는 없고, 언제나 '쥐여 주다'로 써야 합니다. 본용언과 보조용언의 관계일 때에는 원칙적으로 띄어 써야 하지만, '쥐여주다'로 붙여 적는 것도 허용됩니다.

그런데 '쥐다'와 '주다'의 사이에 다른 단어가 있을 때에는 '쥐어'로 쓸 수 있습니다. 예를 들면, '나는 돈을 쥐어 그에게 주었다'에서는 '쥐여'로 쓰면 잘못입니다. '그가 손으로 쥐어 내게 준 것은 예쁜 돌멩이였다'에서도 '쥐어'로 쓰는 것이 맞습니다. 이때의 '주다'는 보조용언이 아니라 본용언입니다.

잊혀진 사람

지금 문법에서는 '잊혀진 사람'은 '잊힌 사람'이나 '잊어진 사람'으로 써야 맞습니다. 동사 '잊다'의 피동형은 피동 접미사 '-히-'가 쓰인 '잊히다'가 있고, '잊다'의 어간에 연결어미 '-어'와 보조동사 '지다'가 쓰인 '잊어지다'가 있습니다. 보조동사 '지다'는 동사의 뒤에서 '-어지다'의 꼴로 쓰이며 피동의 의미를 더합니다.

'잊혀지다'는 '-히-'와 '-어지다'가 겹쳐 쓰인 이중 피동으로 바람직하지 않다는 것이 일반적 견해입니다. 그러나 '잊히다'는 오래전에 잊힌 듯하고, 대신하여 '잊혀지다'가 더 널리 쓰여 왔습니다. 이미 '잊다'의 피동사로 굳어진 듯합니다. 그런데 어느 날 갑자기 그것은 이중 피동이니 잘못이라는 지적이 나왔습니다.

바뀌어지다, 보여지다, 불리워지다, 생각되어지다, 쓰여지다, 읽혀지다. 이러한 이중 피동의 표현은 규범을 벗어난 것이고 바람직하지도 않습니다. 문장을 난삽하게 할 뿐입니다. 국립국어원은 '잊혀지다, 잊혀진, 잊혀질'처럼 피동에 피동을 더하여 쓰는 것보다, 규범에 맞도록 '잊히다'와 '잊어지다'로 쓰는 것이 바람직하다고 말합니다. 그럼에도 '잊혀지다'는 표준어가 되어야 한다는 주장이 만만치 않습니다. 오래전부터 '잊히다'에 비하여 '잊혀지다'가 많이 쓰였고, '잊혀지다'에는 '잊히다'로는 절대 낼 수 없는 독특한 느낌이 따로 있다고 생각하는 까닭입니다.

우연찮게

'우연찮다'는 건 '우연하지 않다'는 것일까요, 아니면 '우연하다'는 것일까요. '우연찮다'는 '우연치 않다'가 준 말이고 '우연치 않다'는 '우연하지 않다'가 준 말이기 때문에 '우연하다'의 반대말이어야 합니다. 그러나 '우연찮다'도 표준어가 되었습니다.

구분	뜻풀이	용례
우연하다	어떤 일이 뜻하지 아니하게 저절로 이루어져 공교롭다	· 우연한 기회를 갖다 · 우연하게 만나다
우연찮다	꼭 우연한 것은 아니나 뜻하지도 아니하다	· 이번 사건에 우연찮게 연루되었다 · 우연찮게 길에서 친구를 만났다

언중은 상대적인 의미인 '우연찮다'와 '우연하다'를 같은 의미로 사용해왔습니다. 그러다 보니 국립국어원은 '우연찮다'도 표준어로 인정하면서 국어사전에는 묘한 뜻풀이를 달아놓았습니다. 꼭 우연한 것은 아니나 뜻하지도 아니하다. 이에 대한 문의가 잇따르자 이번엔 이런 설명을 내놓았습니다. "어쩌다가 뜻밖에 하거나 마주한 일인데 그것이 신기하게도 운명처럼 느껴질 때 주로 씁니다."

국립국어원은 '우연히'나 '우연하게'를 써야 할 곳에 '우연치 않게'나 '우연찮게'가 쓰이는 현상이 부정 표현과 긍정 표현 사이에 의미의 이동이 일어난 것이라고 분석합니다. 이상한 표준어 때문에 엉뚱하게 고생하는 국어원의 직원들이 진심으로 안타깝습니다.

우리말을 알다

우리가 흔히 쓰는 '괜시리'는 표준어 '괜스레'의 잘못입니다. 가요 명곡인 '잠 못 드는 밤 비는 내리고'의 가사도 '괜스레 마음만 울적해'가 맞습니다. 표준어가 되레 어색할 만큼 '괜시리'는 마치 표준어인 양 폭넓은 사랑을 받아왔습니다. 형용사화 접미사 '-스럽다'가 붙어 만들어진 파생어들은 어간에 부사화 접미사 '-이'가 결합하면 모두 '-스레'의 형태로 나타납니다. 갑작스레, 걱정스레, 남세스레, 복스레, 부자연스레, 부자유스레, 불만스레, 불퉁스레, 사랑스레, 새삼스레, 조심스레, 천연스레, 퉁명스레, 호들갑스레, 흉측스레.

형용사 '괜스럽다'의 어간 '괜스럽-'에 부사 파생 접미사 '-이'가 붙으면 어간 끝의 받침 'ㅂ'이 탈락하면서 '괜스러이'가 되고, '괜스러이'는 '괜스레'로 축약됩니다. '-스럽다'가 들어간 용언은 모두 같은 방식으로 부사인 '-스레'를 만듭니다. '괜스럽다'는 '괜하다'에서 나왔고, '괜하다'는 '공연(空然)하다'가 변한 말입니다. 따라서 '괜스럽다'와 '공연스럽다', '괜스레'와 '공연스레'는 같은 말입니다.

구분	뜻풀이	용례
괜하다	(주로 '괜한' 꼴로 쓰여) =공연하다4	· 괜한 소리, 괜한 트집
공연하다4	아무 까닭이나 실속이 없다 ≒괜하다	· 공연한 트집, 공연한 걱정
괜스럽다	=공연스럽다	· 괜스럽게 가슴이 설렌다
공연스럽다	까닭이나 실속이 없는 데가 있다 ≒괜스럽다	· 공연스러운 걱정
괜스레	=공연스레	· 괜스레 가슴이 설렌다
공연스레	까닭이나 실속이 없는 데가 있게 ≒괜스레	· 공연스레 걱정하지 마라

여지껏

우리는 여태 '여지껏'이 표준어인 줄 알고 살아왔습니다. 남녀노소 할 것 없이 고루 쓰는 말이기 때문입니다. '여지껏' 혹은 '여직껏'이 널리 쓰이는 이유는 '여태껏'이나 '아직껏'과 혼동했기 때문입니다.

구분	뜻풀이	용례
여태[1]	지금까지. 또는 아직까지. ≒입때	· 여태 뭘 하기에 안 나타날까
여태껏	'여태[1]'를 강조한 말. ≒이제껏 · 입때껏	· 여태껏 한 번도 본 적이 없다
이제껏	=여태껏	· 이제껏 한 번도 본 적이 없다
입때껏	=여태껏	· 입때껏 한 번도 본 적이 없다
지금껏	말하는 바로 이때에 이르기까지 내내	· 지금껏 한 번도 본 적이 없다
아직껏	'아직[1]'을 강조하여 이르는 말	· 아직껏 한 번도 본 적이 없다

접미사 '-껏'은 때를 나타내는 부사 뒤에 붙어 '그때까지 내내'의 뜻을 더합니다. 또한 접미사 '-껏'은 '마음껏, 정성껏, 힘껏'처럼 명사 뒤에서는 '그것이 닿는 데까지'의 뜻을 더하기도 합니다. 즉, 접미사 '-껏'이 붙으려면 앞의 말이 명사이거나 부사여야 합니다. 하지만 우리말에는 때를 뜻하는 '여지'나 '여직'이란 부사나 명사가 없습니다. 그래서 '여지껏'과 '여직껏'은 잘못된 말입니다.

'입때'는 요즘 그리 많이 쓰이지 않아 생소하겠으나 표준어입니다. 접미사 '-껏'이 결합한 '여태껏, 이제껏, 입때껏'과, 보조사 '까지'가 붙은 '여태까지, 이제까지, 입때까지'는 같은 뜻의 말입니다.

우리말을 알다

'어느새'는 '어느 사이'의 준말, '그새'는 '그 사이'의 준말입니다. '사이'가 줄면 '새'가 됩니다. 그렇다면 '금새'는 '금 사이'의 준말이어야 하는데, '금새'가 금을 그어 놓은 사이를 뜻하는 말은 아닌 것 같습니다. '금새'의 정체가 무엇일까요. '아주 빠른 사이에'를 뜻하는 말은 '금새'가 아니라 '금세'입니다. '바로 지금'을 뜻하는 '금시(今時)'와 부사격 조사 '에'가 결합한 '금시에'의 준말입니다. 즉, '今時+에'가 줄어 '금세'가 되었습니다.

구분	뜻풀이	용례
금시¹ 「명사」	(今時: 今 이제 금, 時 때 시) 바로 지금	· 금시에 동심의 세계로 되돌아간다 · 얼굴의 미소는 금시 사라지고…
금세¹ 「부사」	지금 바로. '금시에'가 줄어든 말로 구어체에서 많이 사용된다	· 소문이 금세 퍼졌다 · 약을 먹은 효과가 금세 나타났다

'금시'라는 말이 '금시초문'이신가요. '금시초문'의 금시가 바로 그 금시입니다. 알고 보면 많이 써오던 말입니다. '금시(今時)'와 비슷한 말이 '금방(今方)'과 '방금(方今)', 그리고 '지금(只今)'입니다. '지금'이란 단어의 어감이 아주 산뜻해서 왠지 순우리말 같은데 아쉽게 한자어입니다. '지금'의 동의어는 '시방'입니다. '시방'은 왠지 프랑스어 아니면 사투리 같은데 우리말이고 표준어입니다. 순우리말 같은데 역시 한자어인 것이 '시방(時方)'입니다.

개거품

 개는 인류와 가장 친근한 동물입니다. 충직함의 상징으로 인류의 사랑을 독차지했습니다. 그런데 왜? 접두사 '개−'는 그렇게 부정적인 곳에 많이 쓰이는지. 개나발, 개소리, 개수작, 개망신, 개꿈, 개죽음, 개차반, 개망나니, 개자식, 개잡놈, 개불상놈, 개뿔. 그중 개수작이란 말은 언제 봐도 우습습니다. 아무튼 접두사 '개−'는 이렇게 여러 파생어를 만들지만 대개 부정적인 것에 사용됩니다. 아마도 그래서 오해를 했던 모양입니다. '개거품'은 '게거품'의 잘못입니다.

단어	뜻풀이 및 용례
게거품	1.사람이나 동물이 몹시 괴롭거나 흥분했을 때 나오는 거품 같은 침 ¶ 거의 매일을 공연히 게거품을 물고 흥분하는 사람들과 논쟁을 벌여야 했다 2.게가 토하는 거품

 물론 개도 동물이니 거품이야 물 수 있겠지만, 거품은 일단 게의 전유물인 걸로 하는 게 좋겠습니다. 개가 거품을 물고 으르렁댄다면 '개가 개거품을 물고 으르렁 댄다'고 쓰면 띄어쓰기 잘못입니다. '개거품'이란 단어가 없기 때문입니다. 이때에는 '개가 게거품을 물고 으르렁댄다' 혹은 '개가 거품을 물고 으르렁댄다'로 표현해야 맞습니다. 개가 문 거품은 개의 거품이 맞지만 그래도 게거품이라 해야 합니다. 그러니 사람에겐 당연히 게거품입니다. 사람이 개거품을 문다는 것은 논리적으로 절대로 있을 수 없는 일입니다.

우리말을 알다

구렛나루

표준어는 '구레나룻'입니다. 어원을 따져 보면 '구렛나루'가 '구레나룻'을 대신할 수는 없습니다. '삶의 굴레'나 '굴레를 벗다'라는 표현에 쓰이는 '굴레'라는 말이 있습니다. 소나 말의 코뚜레부터 머리와 목까지 얽어매는 줄을 '굴레'라 합니다. '구레나룻'에 쓰인 '구레'는 '굴레'의 옛말인데 지금은 '구레나룻'에만 흔적이 남아 있습니다. 전라도와 경상도 지역에서는 구레나룻을 '굴레수염'이라 한다 하니, '구레'와 '굴레'가 같은 말이라는 것을 유추할 수 있습니다. '나룻'은 수염의 옛말입니다. '나룻', '나룻', '나룻'을 거쳐 20세기부터는 '수염'으로만 불리고 있습니다. '구레나룻'은 말과 소의 굴레처럼 귀 밑으로 길게 난 수염을 뜻합니다. 이참에 신체와 관련하여 잘못 불리는 말들을 모아 보았습니다.

잘못	표준어	뜻풀이
구렛나루	구레나룻	귀밑에서 턱까지 잇따라 난 수염
콧망울	콧방울	코끝 양쪽으로 둥글게 방울처럼 내민 부분
귓볼	귓불/귓밥	귓바퀴의 아래쪽에 붙어 있는 살
눈꼽	눈곱	눈에서 나오는 진득진득한 액. 또는 그것이 말라붙은 것

'복숭아뼈'는 복사뼈의 잘못이었으나, 2011년 9월부터 '복사뼈'와 함께 복수 표준어가 되었습니다. '복사'는 '복숭아'의 준말이니 어원으로 따지자면 '복숭아뼈'가 더 정통성이 있는 말입니다.

귀후비개

    귀지를 파내는 기구를 대개 '귀후비개'라 하지만 표준어는 '귀이개'입니다. 그런데 귀이개는 '귀마개'로도 착각할 수 있는데 반하여 '귀후비개'는 형태소가 '귀+후비-+-개'여서 귀를 후비는 도구임을 쉽게 짐작할 수 있습니다. 그러면 왜 '귀이개'가 표준어일까요.

    귀이개의 방언은 귀후비개를 비롯해 귀쑤시개, 귀파개, 귀비개, 귀지개, 귀우비개 등 다양합니다. 이 중 귀후비개가 가장 널리 쓰입니다. 간혹 귀이개를 '귀개'라고도 하는데, 귀이개의 준말이긴 해도 표준어는 아닙니다. 표준어 규정에는 '귀이개'가 줄어 '귀개'가 되면 장음인 [귀:개]로 발음해야 하는데 단음 [귀개]로 읽힐 염려가 있어 '귀이개'만을 표준어로 한다고 밝히고 있습니다.

    '귀이개'는 역사와 전통이 있는 말입니다. '귀이개'의 구성은 '귀+이+개'입니다. 중세에는 '우의다'라는 동사가 있었는데, 그것이 오늘날의 '우비다'로 바뀌었습니다. '우비다'는 '후비다'의 여린말입니다. 언어학자들은 '귀이개'가 '귀우의개'에서 '귀우개'를 거쳐 '귀이개'로 변한 것으로 추정하고 있습니다. 즉, '귀이개'의 '이'는 동사 '우의다'의 어간 '우의-'의 변형입니다. 따라서 '귀이개'는 '귀를 우비는 도구'입니다. 아무리 그렇다 해도 저는 '귀후비개'에 자꾸만 마음이 갑니다. '귀이개'보다 더 개운한 느낌도 있고.

하룻강아지

대부분 하룻강아지를 태어난 지 하루밖에 지나지 않은 강아지로 이해했습니다. 하지만 실제는 '한 살 된 강아지'를 뜻합니다. 태어난 지 일 년도 안 된 강아지입니다. 하룻강아지는 '하릅강아지'에서 변한 말로 추정합니다. '하릅'은 소나 말, 개 등 짐승의 한 살을 뜻하는 옛말입니다. 우리 민족은 짐승의 나이를 말할 때엔 사람과 다른 표현을 썼습니다.

한 살	두 살	세 살	네 살	다섯 살	여섯 살	일곱 살	여덟 살	아홉 살	열 살
하릅 한습	두릅 이듭	사릅 세습	나릅	다습	여습	이롭	여듭	구릅 아습	담불 열릅

'하룻'은 초기 어형인 '흐릅'에서 '흐릅'을 거쳐 '하릅'으로 바뀌었다가 20세기에 들어와 '하룻'으로 변한 것으로 추정합니다.

'하룻강아지 범 무서운 줄 모른다'는 속담은 '하릅강아지'의 발음이 잘못 전달되어 '하룻강아지'로 변했거나, 아니면 '한 살 된 강아지'를 '하루 지난 강아지'로 과장하여 말한 것이 그대로 굳어진 것일 수 있습니다. 어쨌거나 우리는 그 속담을 접하며 태어난 지 하루밖에 안 된 강아지라 눈에 뵈는 게 없다 보니 겁 없이 덤비는 것으로 이해했습니다. 그래서 그 턱없는 무모함을 한편 비웃으면서도 불굴의 용감무쌍함에 진정 감탄하며 박수를 보내기도 했습니다.

어느 개인 날

    푸치니(Puccini)의 오페라 '나비 부인(Madame Butterfly)'의 유명한 아리아 'Un Bel di, vedremo'가 우리나라에는 '어느 개인 날' 또는 '어떤 개인 날'로 번역되어 알려졌습니다. Bobby Vinton의 노래 'My Melody of Love'는 가요로 번안되어 '비가 개인 오후'라는 제목으로 인기를 끌기도 했습니다. 나비부인의 아리아는 요즘 문법에 맞게 '어느 갠 날', '어떤 갠 날'로 표기되고 있습니다. 표준어에는 '개인'으로 쓸 수 있는 동사가 없기 때문입니다. '개인'으로 활용하여 쓰려면 '개이다'라는 동사가 있어야 하지만 '개다'에는 '개이다'와 같은 피동사가 없습니다.

구분	뜻풀이	용례
개다¹ 「동사」	1.흐리거나 궂은 날씨가 맑아지다 2.언짢거나 우울한 마음이 개운하고 홀가분해지다	· 날이/비가/눈이 개다 · 기분이/마음이 개다
개이다⁴	→ 개다¹(표준어가 아니니 표준어 개다¹를 참고하라는 표시)	—

    또한 표준어에는 '메다'와 '헤매다'의 피동사도 없기 때문에 '목이 메인다'나 '길을 헤매인다'로 표현하는 것은 잘못이고 '목이 멘다'와 '길을 헤맨다'로 써야 합니다. '개이다'가 '개다'의 피동사로 사전에 오를 일은 없겠지만, 그래도 '갠'에서는 느낄 수 없고 '개인'에만 있는 그 특별한 느낌을 살릴 수 없다는 것은 아쉽습니다.

새털같이 많은 날

새털같이 많다는 표현은 '쇠털같이 많다'의 '쇠털'을 '새털'로 잘못 받아들여 널리 퍼진 것입니다. 새털도 세려고 들면 꽤나 많은 시간이 걸리겠지만, 쇠털에 비할 수는 없을 것입니다. 쇠털은 소의 털입니다. 쇠(금속) 털로 생각하신 분이 계실까요. 예부터 쇠털은 아주 많은 수효를 상징했고, 새털은 아주 가벼운 것에 비유되었습니다. 그래서 쇠털같이 많은 날, 새털같이 가벼운 옷 등으로 표현했습니다. 지능이 높은 우리 민족이 많은 것을 고작 '새털' 따위에 비유했을 리 없습니다. 우리는 누구보다 해학과 과장법을 즐기는 민족입니다.

빈대도 낯짝이 있다. 벼룩의 등에 육간대청(마루 여섯 평)을 짓겠다. 내 코가 석 자(석 자는 90.9㎝)다. 업은 아기 삼 년 찾는다. 배보다 배꼽이 더 크다.

어쨌거나 새털이 아니라 쇠털이고, '쇠털 같은 날', '쇠털같이 많은 날'로 쓰는 것이 맞습니다. '쇠'는 '소와'는 다릅니다. '쇠'는 '소'에 소유격 조사 '의'가 붙은 '소의'의 준말입니다. 쇠털이란 소의 털이고, 쇠고기는 소의 고기, 쇠가죽은 소의 가죽이기 때문에, '소털, 소고기, 소가죽' 등으로 바꾸어 써도 상관없습니다. 그러나 '소도둑, 소몰이, 소달구지'를 '쇠도둑, 쇠몰이, 쇠달구지'로 바꾸어 쓸 수는 없습니다. '소의 도둑, 소의 몰이, 소의 달구지'는 말이 되지 않습니다. 도둑이 소의 것이 아니고, 달구지도 소의 것이 아니며, 소몰이는 소가 하는 게 아니기 때문입니다.

끝발도 한 끝 차이

인터넷 포털 사이트에서 '한끝 차이'나 '끝발'을 넣고 검색해보면 수많은 뉴스 기사가 뜹니다. 몸짱과 몸꽝은 한 끝 차이. 아무개와는 고작 '한끝차이' 망언. 동안과 노안은 한끝 차이. 첫 끝발은 좋았는데. 끝발 센 기관들 '구악' 여전. 이렇게 띄어쓰기나 맞춤법이 제각각입니다. 이때의 맞는 표기는 '끗발'과 '한 끗 차이'입니다. '끗, 끗발'은 원래 노름판에서 쓰이던 용어인데 지금은 의미가 확장되어 쓰이고 있습니다. '끗'은 노름을 할 때 점수를 나타내는 단위입니다.

구분	의미	용례
끗	1.피륙의 길이를 나타내는 단위 2.노름 따위에서 점수를 나타내는 단위	· 비단 열 끗을 사다 · 노름에서 아홉 끗을 차지한
끗발	1.노름 등에서 좋은 끗수가 잇따라 나오는 기세 2.아주 당당한 권세나 기세	· 끗발이 좋아야 돈을 따지 · 회사에서 끗발이 대단하였다

끗발은 속어가 아닙니다. 끗발이 속어라면 말발, 약발, 화장발도 속어라야 합니다. 방송에서 얼마든지 사용할 수 있는 말이지만, 사람들은 대부분 속어로 생각합니다. 국어사전에 '한끗'이란 말은 없지만 '한끝'이란 단어는 있습니다. '한 끗 차이'라고 할 때의 '한 끗'과 한 단어인 '한끝'은 완전히 다른 말입니다. '침대 한끝에 앉다', '처마 한끝에 풍경이 매달려 있다'에서의 '한끝'은 '한쪽의 맨 끝'이란 뜻의 말입니다.

두 배가 늘었다

　재산이 2억에서 4억이 되었다면, 사람들은 '재산이 두 배가 늘었다, 재산이 배나 늘었다, 재산이 배로 늘었다, 재산이 두 배로 늘었다, 재산이 두 배가 되었다' 등으로 표현합니다. 그중 '두 배가 늘었다'라는 표현은 잘못입니다. 2억에서 두 배가 많아지면 6억입니다.

　1.5배를 생각하면 쉽습니다. 2억에 1.5를 곱하면 3억이 됩니다. 두 배는 2를 곱한 4억입니다. 2억의 한 배는 1을 곱하니 그저 2억입니다. 그러나 한 배가 늘었다면 4억이 됩니다. '늘었다'는 표현 때문입니다. 두 배가 늘었다면, 2억에다 2억의 두 배를 더하는 것이니까, 2억 더하기 4억은 6억입니다. 그렇지만 2억에서 두 배가 되었다면 4억입니다. '되었다'는 표현 때문입니다. 이렇듯 조사와 서술어에 따라 금액 차이가 생깁니다. '두 배가 늘었다'와 '두 배나 늘었다'는 같은 말입니다. 조사 '나'는 강조의 뜻을 더하는 보조사입니다. '두 배가 되었다'와 '두 배로 늘었다'도 같은 의미입니다. 조사 '로'는 '얼음이 물로 되었다'에서 쓰인 것처럼 '변화의 결과'를 나타내는 격 조사입니다. 이러한 표현들은 모두 200%가 되었다는 것입니다. '배(倍)'는 일반적으로 두 배를 의미합니다. 두 배를 뜻하는 순우리말은 갑절과 곱절입니다.

　그러나 현실에서는 '두 배가 늘었다'나 '두 배나 늘었다' 역시 200%가 되었다는 의미로 쓰입니다.

하십시오

　미시오, 당기시오, 뛰지 마시오, 돌아서 가시오. 이런 글귀를 보면 기분이 언짢다는 사람이 많습니다. 누구한테 감히 지시하고 명령하느냐, 강압적인 말투다. 그렇게 생각하기 때문입니다. 격식체인 하오체의 말투가 거의 사라진 요즘 '하시오'라 하면 왠지 불손해보이고 명령처럼 느껴져 거부감이 든다는 것입니다. 동급이거나 아랫사람에게 쓸 수 있는 말이 하오체입니다. 그에 반해 비격식체인 해요체의 '하세요'가 오히려 대우를 받는 것 같고 부드럽다고 생각합니다.

　아마도 그러한 이유로 '하십시요, 계십시요, 오십시요, 가십시요'라 잘못 쓰는 듯합니다. 그러나 해요체에서 쓰이는 보조사 '요'는 '하십시오체'에 쓰일 수 없습니다. 따라서 '하십시요'는 문법에 어긋나고 '하십시오'로 써야 맞습니다. 존대를 나타내는 어미 '-시-'의 뒤에 붙을 수 있는 종결어미는 '-오'입니다. 따라서 '하십시오, 계십시오, 오십시오, 가십시오'라 써야 문법에 맞습니다.

　하오체나 하십시오체의 어미 '-오'와 해요체의 보조사 '요'를 구별하는 방법은 간단합니다. 끝음절 '오'나 '요'를 없앴을 때 '가십시'처럼 말이 안 되면 '오'이고, '가세'처럼 없어도 말이 되면 '요'입니다. '요'는 종결어미가 아니라 종결어미의 뒤에 붙어서 존대를 나타내는 보조사이기 때문입니다. 종결어미가 없으면 문장이 완성되지 않지만, 보조사 '요'는 없더라도 그게 반말일 뿐 문장은 성립됩니다.

우리말을 알다

건강하세요, 행복하세요

'건강하세요'나 '행복하세요'는 비문(非文)입니다. '건강하다'와 '행복하다'가 형용사이기 때문입니다. 형용사는 동사와는 달리 청유형이나 명령형으로 쓸 수 없습니다. 예를 들어, 동사 '가다'는 청유형 '가자'나 명령형 '가라'가 모두 가능합니다. 그러나 형용사 '예쁘다'는 청유형인 '예쁘자'나 명령형인 '예쁘거라'로 표현할 수 없습니다. 그러자고 해서 또 그러라고 해서 그 말을 듣는 사람이 의지대로 할 수 있는 것이 아니기 때문입니다.

표준 언어 예절(2011, 국립국어원)은 '건강하세요'나 '행복하세요' 식의 표현이 바람직하지 않은 이유가, 형용사는 명령문을 만들 수 없을뿐더러, 어른에게 하는 인사말로 명령형의 문장은 피해야 하기 때문이라고 설명합니다. 따라서 '건강/행복하게 보내세요. 건강/행복하게 지내세요. 건강/행복하시기(를) 바라요. 건강/행복하시기(를) 바랄게요. 건강/행복하시기 바랍니다' 등으로 표현해야 합니다.

하지만, '건강하세요'나 '행복하세요'는 명령형 문장으로 볼 수 없으며, '바람'이나 '기원'을 담은 관용적인 표현이어서 잘못이 아니라는 주장도 많습니다. 즉, 일부 형용사에 명령형 어미 '–세요'가 붙으면 명령형 문장이 되는 것이 아니라, 바람이나 기원의 의미가 된다는 견해입니다.

축하드립니다, 감사드립니다 ─────────────

감사나 축하는 내가 느끼고 하는 것이지 누구에게 주거나 드리는 것이 아니다. 지나친 존칭이며 불필요한 공대이다. 그렇게 알고 계신 분이 많습니다. 그래서 그동안은 '감사합니다, 축하합니다, 부탁합니다, 약속합니다'가 맞는 표현이었습니다. 그런데 국립국어원이 2011년에 발표한 '표준 언어 예절'에는 '축하드립니다'나 '감사드립니다'와 같은 표현도 상대를 높이고 공손의 뜻을 더하는 의미로 쓸 수 있다고 되어 있습니다.

'드리다'는 '주다'의 높임말입니다. 그렇다면 '드리다'의 자리에 '주다'를 넣었을 때 말이 되어야 하는데 과연 그럴까요. 축하드립니다(축하 줍니다), 감사드립니다(감사 줍니다), 부탁드립니다(부탁 줍니다). 어색합니다. 부적절한 관계이기 때문입니다. 말, 인사, 부탁, 약속, 축하와 같은 명사 뒤에는 접미사 '-하다'가 결합해야 자연스럽습니다. 그러면 국립국어원이 왜 '감사드리다, 축하드리다'와 같은 표현을 표준어로 했을까요. 그것은 언중이 그렇게 사용하기 때문입니다. 서로 어울리지 않는 단어들의 결합이지만 관용적으로 이미 그렇게 정착되었기에 규범 안으로 끌어들인 것입니다.

보조동사 '주다'가 결합하여 만들어진 합성어 '가져다주다, 내주다, 넘겨주다, 놓아주다' 등은 '가져다드리다, 내드리다, 넘겨드리다, 놓아드리다'로 써도 자연스럽고 당연히 문법에 맞습니다.

우리말을 알다

아리까리, 얼레리꼴레리

오래전부터 전국에서 널리 쓰이는 표현이지만 둘 다 표준어가 아닙니다. '아리까리'는 일본말 같고, '얼레리꼴레리'는 프랑스어나 스페인어의 느낌이 나지만 모두 순우리말입니다. 그런데 국어사전에 '아리까리'라는 부사어는 없고, 표준어는 '알쏭달쏭'입니다. '얼레리꼴레리'의 표준어는 생소하기 이를 데 없는 '알나리깔나리'입니다.

형용사 '알쏭달쏭하다'는 '아리송하다'에서 나온 말입니다. '아리송하다'가 준 말이 '알쏭하다'인데, 운율을 맞추기 위해 뒤에 '달쏭'을 붙여서 '알쏭달쏭'으로 표현한 것입니다. '알쏭달쏭하다'와 비슷한 말로는 '긴가민가하다', '아리아리하다', '알 듯 말 듯 하다'가 있습니다. 북한에서는 '아리까리하다'가 문화어(표준어)입니다.

얼레리꼴레리 얼레리꼴레리, 누구누구는 누구누구랑, 뽀뽀했대요 뽀뽀했대요. 어린 시절 이 노래 한번 안 불러 본 사람 없습니다. '얼레리꼴레리'는 '알나리깔나리'의 변형이라 보고 있습니다. 사전에는 '알나리'가 '어리고 키가 작은 사람이 벼슬한 경우를 놀림조로 이르는 말'로 실려 있습니다. 그 '알나리'에 운율을 맞추기 위한 '깔나리'가 결합된 말이 '알나리깔나리'라 합니다. 하지만 '아리까리'나 '얼레리꼴레리'가 표준어가 아닌 것도 이상합니다.

알레르기, 에네르기 _____

　알레르기나 에네르기는 일본식 영어라 잘못된 것이고, '알러지'와 '에너지'가 맞는 것이라 오해할 수 있습니다. 그러나 알레르기와 에네르기는 모두 독일에서 온 말입니다.

　거부 반응이나 과민 반응을 뜻하는 외래어는 독일어 '알레르기(Allergie)'가 표준어이고, 영어인 '앨러지(allergy)'나 '알러지'는 외국어입니다. 어떤 힘이나 기운을 뜻하는 외래어는 영어 '에너지(energy)'가 표준어이고, 독일식 발음인 '에네르기(energie)'는 외국어입니다. 북한이나 일본에서는 에네르기가 표준어입니다. 이는 영어와 독일어 중에 어느 것을 표준어로 하느냐 하는 선택의 문제입니다.

　표준국어대사전에 실린 외래어는 수만 개에 이르는데 그중 영어가 압도적 다수이고, 그 다음이 독일어, 프랑스어 순입니다. 알레르기가 표준어가 된 이유는, 그 말이 원래 독일어였으며 이미 오래전부터 알레르기로 널리 통용되었기 때문입니다. 그러나 언젠가는 알러지(앨러지)가 알레르기 대신 표준 외래어가 될지도 모릅니다. 어쨌거나 알레르기는 일본식 영어가 아니라 독일어이며 표준 외래어입니다.

　표준 외래어가 된 대표적인 독일어는 히스테리(Hysterie), 노이로제(Neurose), 비타민(vitamin), 마하(Mach), 디젤(Diesel), 할로겐(Halogen), 아르바이트(Arbeit), 헤르츠(Hertz/Hz), 깁스(Gips) 등입니다.

잠바, 샤쓰, 추리닝

국어사전에 실린 잠바, 샤쓰, 추리닝이 과연 표준어일까요.

구분	뜻풀이	용례
잠바	(←jumper) =점퍼	· 잠바를 입다. 잠바를 걸치다
샤쓰	(←shirt) =셔츠	–
추리닝	(←training) 운동이나 야외 활동을 할 때 편하게 입는 옷. '연습복', '운동복'으로 순화	–

국어사전에서는 '잠바'가 '점퍼'의 동의어로, '샤쓰'는 '셔츠'의 동의어로 표준어의 대우를 받고 있습니다. '추리닝'은 '연습복'이나 '운동복'으로 순화해서 쓸 것을 권하고 있습니다. 일본인들이 영어를 제멋대로 발음해서 만들어진 말 잠바, 샤쓰, 추리닝. 국립국어원의 고뇌를 모르는 바 아니나, 이제 이런 표현들은 국어사전에서 없애는 것이 맞습니다. 퍼머, 펌, 파마 중 표준어는 파마입니다. permanent에서 온 말이지만 본래의 발음과 현저히 다른 언중의 발음을 표준어로 정했기 때문입니다.

외래어 표기법은 항상 논란이 됩니다. 그중 하나만 예로 들면, Rainbow는 레인보우가 아닌 '레인보'로, Snow는 스노우가 아닌 '스노', Window는 윈도우가 아닌 '윈도', Yellow는 옐로우가 아닌 '옐로'로 적도록 한 것인데, 어째 현실과는 큰 괴리가 있는 듯합니다.

카페라 쓰고 까페라 읽고

　사람들은 왜 대부분 카페를 까페라 하느냐는 물음에 국립국어원의 대답은 이렇습니다. "카페를 [까페]로 읽는 것이라기보다 café를 [까페]로 읽는다고 해야 할 것으로 보입니다. 표준국어대사전에서는 외래어에 대해서는 '표준 발음'을 제시하고 있지 않습니다."

　거의 모두가 '까페'라 하지만, 그럼에도 '카페'라 해야 하는 이유는 외래어 표기법 때문입니다. 제4항을 보면, 파열음 표기에는 된소리를 쓰지 않는 것을 원칙으로 한다는 규정이 있습니다. 그래서 까페를 카페로, 빠리를 파리, 꼬냑을 코냑, 꽁트는 콩트, 아뜰리에는 아틀리에로 써야 합니다. 같은 이유로 도꾜, 오사까, 후꾸오까, 모스끄바는 도쿄, 오사카, 후쿠오카, 모스크바가 되었습니다.

　국립국어원은, 외래어 표기법이 외국어의 발음을 정확하게 나타내기 위한 것이라기보다는 국어 생활에서 사용되는 외래어들을 통일된 방식으로 적기 위한 것이라고 설명합니다. '외래어 표기법 해설'에서는 번거로움을 피하고 일관성, 간결성, 체계성을 살리기 위해서, 그리고 된소리로 인한 불합리와 부담을 가중시킬 필요가 없어서라고 주장합니다. 과연 그 말에 동의할 사람이 얼마나 있을까요. 규정이 오히려 불합리합니다. 참 황당한 규정입니다.

영어권 국가에서는 프랑스어 'coup d'État'를 줄여 대개 'coup'라 합니다. 영어 발음은 '쿠'입니다. 표준국어대사전은 무력으로 정권을 빼앗는 일이라 풀이하고 있습니다. 어려운 말이다 보니 발음도 제각각입니다. 구테타, 구데타, 꾸데타, 쿠테타, 쿠데타.

포털 사이트 뉴스 검색을 해보니, 1위는 쿠데타로 9만6천여 건이었고, 2위 쿠테타가 4천8백여 건이나 되었습니다. 구테타나 구데타로 쓴 것도 각각 2백4십여 건, 백6십여 건이 있었습니다. 맞는 표기는 '쿠데타'이고, 우리말로는 정변(政變)입니다. 프랑스어 발음은 '꾸데따'에 가깝지만 외래어 표기법 제4항에서 외래어를 우리말로 표기할 때 된소리를 쓰지 않기로 한 원칙에 따라 '쿠데타'로 적습니다.

된소리 발음이 많은 프랑스어나 스페인어, 이탈리아어, 중국어, 일본어 등이 외래어로 등록될 때에는 그렇게 국적을 알 수 없는 말로 바뀝니다. 된소리가 무슨 대역죄를 지은 것도 아닐 터인데, 거센소리로는 외래어를 표기할 수 있는데 된소리로는 왜 안 된다고 하는 것인지 이해할 수 없습니다. 매우 합리적이지 않습니다. 외국인이 김치를 '기므치(キムチ)'로 발음한다면 우리가 기분 좋을 리 없습니다. 외국어를 우리말로 완벽하게 표기할 수는 없겠으나, 그래도 원칙적으로는 그 나라의 발음을 따르는 것이 옳습니다.

왔다리 갔다리

  '왔다리 갔다리'는 우리말 '왔다'와 '갔다'에 일본어의 접속조사 '타리(たり)'가 붙어 형성된 말입니다. 한국어도 아니고 일본어도 아닌 것이 '왔다리 갔다리'입니다. '왔다 갔다'나 '왔다가 갔다가', 혹은 '오락가락'으로 얼마든지 바꾸어 쓸 수 있는 말입니다.

  삐까번쩍하다(비까번쩍하다)도 일본어 '삐까삐까(ぴかぴか)'에서 나왔습니다. 의태어 '반짝반짝'이나 '번쩍번쩍'이란 뜻입니다. '삐까(ぴか)'에 우리말 '번쩍'이 결합한 것이 'ぴか번쩍'입니다. 사투리나 속어쯤으로 알고 있는 '뽀록나다' 역시 근본이 일본어입니다. 넝마나 누더기를 뜻하는 한자어 남루(襤褸)의 일본어 발음이 '보로(ぼろ)'이고, 거기에서 나온 말이 '뽀록나다'입니다. 우리말 '드러나다'와 '들통나다'로 바꿔 써야 합니다. 잉꼬 부부, 앵무새의 통칭인 한자어 앵가(鸚哥)의 일본어 발음이 잉꼬(いんこ)입니다. '잉꼬부부(いんこ夫婦)'는 일본어와 한자어의 결합입니다. 우리가 이런 말들을 사용해야 할 이유가 없습니다.

  알고 보니, 화가 났다 하면 죽기 살기로 부부싸움을 벌이는 게 앵무새라 합니다. 원앙금침의 모델인 원앙은 어떨까요. 그중 수컷은 수많은 암컷을 유혹해서 대놓고 여러 집 살림을 꾸리는 놈이랍니다. 그럼에도 우리 민족은 그들에게서도 늘 좋은 것만 보고 좋은 생각만 하려 했던 듯합니다.

아나운서나 성우와 같은 방송인이 아니면 우리말 발음에 신경을 쓰는 사람은 거의 없는 듯합니다. 그러나 말은 의사소통을 위한 가장 기본적인 수단입니다. 정확하게 발음을 해야 의사 전달이 명료해집니다. 간혹 우리말 발음도 제대로 못하면서, 누군가의 영어 발음이 엉망이라고 흉을 보는 사람을 봅니다. 그러한 우리는 과연 어느 나라 사람인 걸까요. 발음이 명확한 사람에게서는 자신감이 느껴지고 그래서 그에 대한 신뢰감도 높아집니다. 사람 자체가 단정하다는 느낌도 받습니다. 그리고 우리말에 대하여 관심과 애정을 가진 사람으로도 비춰집니다. 비단 방송직의 사람이 아니더라도 발음을 분명하게 하는 것은 필요합니다.

3부의 내용이 그동안 어려웠던 발음들을 이해하고 기억하는 데 도움이 되었으면 합니다. 중요한 것은 표준 발음을 반복해서 읽어야 한다는 것입니다. 눈으로만 읽으면 안 되고 소리를 내서 읽어야 합니다. 발음은 습관입니다. 여기에 실린 내용들이 방송 일을 희망하시는 분이거나 국어 관련 업무를 하시는 분께는 소중한 정보가 되실 것으로 기대합니다. 아울러 다른 분들께는 한국어 발음에 대한 기본적 이해를 돕는 좋은 계기가 되기를 바랍니다.

ㅎ에게 이름을 묻다

ㄴ: 네 이름이 뭐니?

ㅎ: 히으시야.

ㄴ: 한글로는 어떻게 쓰는데?

ㅎ: '히읗' 이렇게 쓰고, '히읕' 이렇게 읽어.

ㄴ: 그럼 '히으디야'라고 발음해야 되는 거 아닌가?

ㅎ: 그건 그런데 사람들이 모두 '히읏'으로 불러서 그렇게 된 거야.

내가 그의 이름을 불러주었을 때, '히읏'이라고 하는 바람에 '히읕'이 '히읏'이 되었다는 것입니다. 표준 발음법[i]을 보면 한글 자모의 이름은 그 받침소리를 연음하되, 'ㄷ, ㅈ, ㅊ, ㅋ, ㅌ, ㅍ, ㅎ'의 경우에는 특별히 다음과 같이 발음한다고 밝히고 있습니다.

> 디귿이[디그시] 디귿을[디그슬] 디귿에[디그세], 지읒이[지으시] 지읒을[지으슬] 지읒에[지으세], 치읓이[치으시] 치읓을[치으슬] 치읓에[치으세], 키읔이[키으기] 키읔을[키으글] 키읔에[키으게], 티읕이[티으시] 티읕을[티으슬] 티읕에[티으세], 피읖이[피으비] 피읖을[피으블] 피읖에[피으베], 히읗이[히으시] 히읗을[히으슬] 히읗에[히으세]

국립국어원은, 원칙적으로는 모음 앞에서 디귿이[디그디], 디귿을[디그들] 등으로 발음해야 하지만, 언중이 [디그시], [디그슬] 등으로 발음하니까 현실의 발음을 반영하여 그렇게 규정한 것이라 밝히고 있습니다. 다들 그렇게 부르니 그게 잘못인 줄은 알지만 어쩔 수 없이 '잘못이 아닌 것'으로 한다는 이야기입니다.

....

i 표준 발음법. 제4장 받침의 발음. 제16항

끝소리의 대표 선수

한글의 자음은 초성에 모두 19개(ㄱ, ㄲ, ㄴ, ㄷ, ㄸ, ㄹ, ㅁ, ㅂ, ㅃ, ㅅ, ㅆ, ㅇ, ㅈ, ㅉ, ㅊ, ㅋ, ㅌ, ㅍ, ㅎ)가 있고, 받침에는 27개(ㄱ, ㄲ, ㄳ, ㄴ, ㄵ, ㄶ, ㄷ, ㄹ, ㄺ, ㄻ, ㄼ, ㄽ, ㄾ, ㄿ, ㅀ, ㅁ, ㅂ, ㅄ, ㅅ, ㅆ, ㅇ, ㅈ, ㅊ, ㅋ, ㅌ, ㅍ, ㅎ)가 있습니다. 첫소리에 오는 자음은 모두 제소리를 내는데, 끝소리에 오는 것들은 각자 자신의 대표음 뒤로 숨어버립니다. 그래서 27개나 되는 끝소리의 자음들은 각기 대표음인 'ㄱ, ㄴ, ㄷ, ㄹ, ㅁ, ㅂ, ㅇ'의 7개로만 발음됩니다. 그러면 끝소리 자음들의 대표 선수는 누구인지 살펴보겠습니다.

끝소리의 자음	대표음	예
ㄱ, ㄲ, ㅋ(ㄳ, ㄺ)	ㄱ	책[책], 닦다[닥따], 부엌[부억], 키읔[키윽], 넋[넉], 흙[흑]
ㄴ(ㄵ, ㄶ)	ㄴ	눈[눈], 앉다[안따], 않으니[아느니]
ㄷ, ㅅ, ㅆ, ㅈ, ㅊ, ㅌ, ㅎ	ㄷ	옷[옫], 있다[읻따], 빛대[빋따], 쫓다[쫃따], 솥[솓], 놓는[논는]
ㄹ(ㄼ, ㄽ, ㄾ, ㅀ)	ㄹ	물[물], 여덟[여덜], 외곬[외골], 핥는[할른], 옳아[오라]
ㅁ(ㄻ)	ㅁ	삼[삼], 삶[삼:]
ㅂ, ㅍ(ㅄ, ㄿ)	ㅂ	집[집], 늪[늡], 앞[압], 없다[업:따], 읊다[읍따]
ㅇ	ㅇ	방[방]

받침을 모음인 어미나 조사에 연음시키면 자신의 음가를 냅니다. 닦아[다까], 넋이[넉씨], 흙이[흘기], 앉아[안자], 쫓아[쪼차], 삶이[살:미]. 하지만 'ㅎ'은 모음에 연음되면 형체도 없이 사라집니다. 놓아[노아], 많은[마:는], 않으니[아느니], 싫어[시러], 옳아[오라]. 또한 뒤에 'ㄴ'이 와도 'ㅎ'은 소리 나지 않습니다. 많네[만:네], 않네[안네]. 'ㅎ'은 참 독특한 친구입니다.

우리말을 알다

사실은 '무슨 낯으로 나설까'였습니다. 발음에 신경을 쓰지 않으면 이렇게 끔찍한 내용으로 바뀔 수 있습니다. 낫을 들고 나서다니. 우리말이지만 그렇게 우리말 발음의 기본 원칙도 지키지 않는 사람이 많습니다. 낫, 낮, 낯을 단독으로 발음하면 모두 [낟]입니다. 뒤 음절이 자음일 때에도 모두 [낟]으로 소리 납니다. 그러나 모음에 연음해서 발음하면 본래의 정체가 드러납니다.

구분	발음	자음에 연음할 때의 발음	모음에 연음할 때의 발음
낫(sickle)	[낟]	낫도[낟또], 낫만[난만], 낫질[낟찔]	낫에[나세], 낫을[나슬], 낫이[나시]
낮(daytime)	[낟]	낮도[낟또], 낮만[난만], 낮술[낟쑬]	낮에[나제], 낮을[나즐], 낮이[나지]
낯(face)	[낟]	낯도[낟또], 낯만[난만], 낯짝[낟짝]	낯에[나체], 낯을[나츨], 낯이[나치]

모음은 더없이 너그러워 모든 자음을 넉넉히 품습니다. 샘물처럼 투명해 품고 있는 것을 선명히 보여주기도 합니다. 자음엔 한자로 아들(자식) 자(子)를 쓰고, 모음엔 어머니 모(母) 자를 씁니다. 모든 자음은 모음 앞에서 정체가 드러납니다. 이제 자기만의 고유한 이름을 갖고 있는 세상 만물의 이름을 제대로 불러주어야 합니다. 낫을[나슬] 낫이라[나시라], 낮을[나즐] 낮이라[나지라], 낯을[나츨] 낯이라[나치라]. 형을 형이라 아버지를 아버지라 부르지 못할 만한 특별한 사연이 있지 않고서는.

'맑다, 넓다, 밟다' 발음

"맑고 밝다. 밟을까, 밟지 말까"의 표준 발음은 [말꼬 박따. 발블까, 밥:찌 말:까]입니다. 두 개의 자음이 결합한 겹받침(ㄳ, ㄵ, ㄶ, ㄺ, ㄻ, ㄼ, ㄽ, ㄾ, ㄿ, ㅀ, ㅄ)은 도대체 어떻게 발음해야 하는 것인지 헷갈립니다. 일반적으로 겹받침 뒤에 모음이 오면 연음이 되어 앞의 자음은 앞 음절에 남고 뒤의 자음은 뒤 음절의 첫소리로 발음되지만, 뒤에 어떤 자음이 오느냐에 따라 발음이 달라집니다.

구분	받침	용례	
앞만 발음	ㄳ	몫이[목씨], 몫만[몽만], 넋도[넉또], 삯도[삭또]	
	ㄵ	앉아[안자], 앉는[안는], 얹고[언꼬], 얹는[언는]	
	ㄶ	끊어[끄너], 끊고[끈코], 많아[마:나], 괜찮다[괜찬타]	
	ㄽ	곬이[골씨], 곬만[골만], 옰만[올만], 외곬도[외골도]	
	ㄾ	핥다[할따], 핥는[할른], 핥지[할찌], 훑다[훌따], 훑는[훌른]	
	ㅀ	싫다[실타], 싫어[시러], 싫고[실코], 뚫어[뚜러], 잃어[이러]	
	ㅄ	값이[갑씨], 값진[갑찐], 없다[업:따], 가엾다[가:엽따]	
뒤만 발음	ㄻ	삶[삼:], 삶은[살:믄], 삶도[삼:도], 닮지[담:찌], 젊고[점:꼬]	
	ㄿ	읊다[읍따], 읊어[을퍼], 읊지[읍찌]	
불규칙	ㄺ	모두 뒤의 ㄱ만 발음	맑다[막따], 밝다[박따], 읽다[익따]
		ㄱ앞에서만 ㄹ 발음	맑고[말꼬], 밝게[발께], 읽기[일끼]
	ㄼ	모두 앞의 ㄹ로 발음	넓다[널따], 얇다[얄:따], 짧다[짤따]
		'밟+자음'만 ㅂ으로 발음	밟다[밥:따], 밟고[밥:꼬], 밟지[밥:찌]
		예외인 단어	넓죽하다[넙쭈카다], 넓둥글다[넙뚱글다]

'ㄺ'과 'ㄼ'의 발음 때문에 여전히 어렵습니다. 다음 쪽에서 더 살펴보겠습니다.

우리말을 알다

'ㄺ'과 'ㄼ'의 발음을 좀 더 자세히 살펴보기로 합니다. 소리 내어 읽어 보시면 좋겠습니다.

겹받침 ㄺ의 발음		
모음과 결합	ㄹ과 ㄱ 모두 발음	흙에[흘게], 흙을[흘글], 흙이[흘기]
		맑아[말가], 맑으니[말그니], 맑은[말근]
		밝아[발가], 밝으니[발그니], 밝은[발근]
		붉어[불거], 붉으니[불그니], 붉은[불근]
자음과 결합	뒤 자음 ㄱ만 발음	흙[흑], 흙과[흑꽈], 흙도[흑또], 흙만[흥만]
		맑다[막따], 맑소[막쏘], 맑지[막찌]
		밝다[박따], 밝소[박쏘], 밝지[박찌]
		붉다[북따], 붉소[북쏘], 붉지[북찌]
ㄱ과 결합 시	앞 자음 ㄹ로 발음 (용언에만 해당)	맑거나[말꺼나], 맑게[말께], 맑고[말꼬]
		밝거나[발꺼나], 밝게[발께], 밝고[발꼬]
		붉거나[불꺼나], 붉게[불께], 붉고[불꼬]

겹받침 ㄼ의 발음		
모음과 결합	ㄹ과 ㅂ 모두 발음	넓어[널버], 넓으니[널브니], 넓은[널븐]
		밟아[발바], 밟으니[발브니], 밟은[발븐]
		얇아[얄바], 얇으니[얄브니], 얇은[얄븐]
		짧아[짤바], 짧으니[짤브니], 짧은[짤븐]
자음과 결합	앞 자음 ㄹ만 발음	넓다[널따], 넓고[널꼬], 넓소[널쏘], 넓지[널찌]
		얇다[얄ː따], 얇고[얄ː꼬], 얇소[얄ː쏘]
		짧다[짤따], 짧고[짤꼬], 짧소[짤쏘], 짧지[짤찌]
예 외	밟다: 밟+자음	뒤 자음 ㅂ을 발음	밟다[밥ː따], 밟고[밥ː꼬], 밟소[밥ː쏘]
	넓다: 3개만	뒤 자음 ㅂ을 발음	넓적한[넙쩌칸], 넓죽한[넙쭈칸], 넓둥근[넙뚱근]

원칙	1. 겹받침은 대개 앞의 자음을 발음한다
	2. ㄺ, ㄻ, ㄿ(암기: 리그, 로마, 로프)만 뒤의 자음을 발음한다
예외	1. ㄺ은 뒤의 ㄱ과 만나면 앞의 자음 'ㄹ'로 발음한다
	2. '밟다'는 뒤의 자음 'ㅂ'을 발음한다(넓적하다, 넓죽하다, 넓둥글다 포함)

표준 발음법 총칙[i]에서는 겹받침 ㄺ의 발음에 대하여 다음처럼 설명하고 있습니다. 기억하기 쉽도록 정리해 보았습니다. 정확한 발음이 습관이 되려면 소리를 내서 읽는 것이 무엇보다 중요합니다. 예로 든 말들의 발음을 소리 내어 읽어 보시기 바랍니다.

첫째, 겹받침 'ㄺ'이 체언(명사, 대명사, 수사)에 쓰일 경우

구분	원칙	예
모음 앞에서	ㄺ의 앞뒤 자음 모두 발음	닭이[달기], 닭을[달글], 닭에[달게]
자음 앞에서	ㄹ을 탈락시키면서 ㄱ만 발음	닭도[닥또], 닭과[닥꽈], 닭만[당만]

둘째, 겹받침 'ㄺ'이 용언(동사, 형용사)에 쓰일 경우

구분	원칙	예
모음으로 시작하는 어미와 결합하면	두 자음 모두 발음	늙은[늘근], 늙으면[늘그면], 늙어[늘거] 맑은[말근], 맑으면[말그면], 맑아[말가] 밝은[발근], 밝으면[발그면], 밝아[발가]
'ㄱ'으로 시작하는 어미와 결합하면	앞 자음 'ㄹ'만 발음	늙고[늘꼬], 늙거나[늘꺼나], 늙게[늘께] 맑고[말꼬], 맑거나[말꺼나], 맑게[말께] 밝고[발꼬], 밝거나[발꺼나], 밝게[발께]
'ㄷ, ㅅ, ㅈ'인 어미와 결합하면	뒤 자음 'ㄱ'만 발음	늙더니[늑떠니], 늙소[늑쏘], 늙지[늑찌] 맑더니[막떠니], 맑소[막쏘], 맑지[막찌] 밝더니[박떠니], 밝소[박쏘], 밝지[박찌]

i 표준 발음법, 제1장 총칙, 제1절 및 해설(겹받침 ㄺ의 발음)

어릴 적 동음이의어에 대하여 배웠습니다. 엄밀히 말하자면 동음이 아니니 '동형이의어(同形異義語)'라 해야 맞습니다. 초등학생 때 배웠듯 사람의 눈과 하늘에서 내리는 눈, 사람의 발과 늘어뜨리는 발, 입으로 하는 말과 사람이 타는 말 등이 장음과 단음에 따라 뜻하는 것이 달라 집니다. 우리말에는 장단음이 존재합니다. 하지만 현대에 이르러 장음 도 대개 단음으로 발음되고 있는 것이 현실입니다.

사람이 타는 동물 말은 단음이고, 입으로 하는 말은 장음입니다. '말' 을 짧게 발음하여 '넌 말이 많아'로 했다면 말(言)이 많다는 게 아니라 말(馬)이 많다는 것입니다. 즉, '말'을 짧게 발음하여 '말이 많다'고 하면 말을 많이 키운다는 뜻이 됩니다. 말(言)이 많으면 원망의 대상이 되지 만 말(馬)이 많다면 부러움의 대상입니다. 국어사전을 보면 장음은 해 당 음절의 오른쪽에 장음기호(ː)가 붙습니다.

사람의 몸 외부에 있는 것은 거의 단음입니다. 머리, 골, 뇌, 얼굴, 이 마, 눈, 코, 귀, 뺨, 볼, 입, 이, 턱, 목, 어깨, 팔, 가슴, 옆구리, 배, 등, 허리, 다리, 무릎, 발. 예외가 있습니다. 엉덩이, 볼기, 종아리, 장딴지 등의 첫음절은 장음입니다. 또한 우리 내장기관 중 한자어인 간, 장, 폐, 담낭, 췌장, 신장 등의 첫음절도 장음입니다. 장음은 단음보다 길게 소리를 내야 합니다.

숫자에도 길고 짧은 게 있다

 숫자를 지칭하는 말은 한글과 한자어 두 가지가 있습니다. 편의에 따라서 그 두 가지의 수사(數詞)가 번갈아 쓰입니다. 숫자에도 장음과 단음이 존재합니다. 아래 표에서 붉은색 글자가 장음입니다.

	구분		1	2	3	4	5	6	7	8	9	10
한자	수사	표기	一일	二이	三삼	四사	五오	六육	七칠	八팔	九구	十십
		발음	[일]	[이ː]	[삼]	[사ː]	[오ː]	[육]	[칠]	[팔]	[구]	[십]
한글	수사	표기	하나	둘	셋	넷	다섯	여섯	일곱	여덟	아홉	열
		발음	[하나]	[둘ː]	[셋ː]	[넷ː]	[다섣]	[여섣]	[일곱]	[여덜]	[아홉]	[열ː]
	관형사	표기	한	두	세	네	다섯	여섯	일곱	여덟	아홉	열
		발음	[한]	[두ː]	[세ː]	[네ː]	[다섣]	[여섣]	[일곱]	[여덜]	[아홉]	[열ː]

 한자어 수사 중에서는 '이(二), 사(四), 오(五)'가 장음이고, 천의 열 배인 '만(萬)'도 장음입니다. 한글 수사에서는 '둘, 셋, 넷, 열, 쉰'이 장음입니다. 수관형사 '두, 세, 네'도 장음입니다. '열'은 표준국어대사전에도 장음으로 올라 있고 장음으로 보는 견해가 많지만 단음으로 보는 학자도 있음을 밝힙니다. 참고로 순우리말에서는 수를 나타내는 말이 아흔아홉까지만 있습니다. 백, 천, 만, 억 등은 모두 한자어입니다. 다음의 예문을 장단음을 지켜 읽어 보겠습니다.

 · 2,430만 원, 오천만 명, 스물두 명, 서른네 명, 마흔셋, 쉰둘.

어릴 적, 그러니까 제가 바보였을 적의 이야기입니다. 어느 날 '산 오
징어'라는 팻말을 보고서 '산 오징어'는 또 뭘까 하는 의문이 들었습니
다. 산에서 사는 오징어일까, 아니면 오징어가 바다에서 계곡을 따라
올라와 산에서 잡힌 것일까. 나중에 알고 보니 살아있는 오징어를 말
하는 것이었습니다. 역시 나중에 안 사실이지만 그렇게 생각한 바보는
세상에 저뿐만이 아니었습니다. 산 오징어, 산 낙지 등에서 쓰이는 '산'
은 여러 가지로 해석할 수 있습니다. 산(살아있는), 산(山), 산(구입한), 산
(산성). 그러나 '산 오징어'의 '산'은 동사 '살다'의 관형사형으로 '살아있음'
을 뜻합니다. 위의 네 가지 '산' 자 중에서 장음은 '살다'의 '산'뿐입니다.
평지보다 높은 '산(山)', '사다'의 활용형 '산', 화학 용어인 산성(酸性)의 '산'
은 모두 단음입니다.

구분	뜻풀이 및 활용 정보
살다 「동사」	[살:다], 사니[사:-], 사는[사:-], 사오[사:-], 살고[살:-], 산[산:] 1.생명을 지니고 있다 2.어느 곳에 거주하거나 거처하다

살아있는 토끼, 오징어, 낙지 등을 말할 때에는 '산'을 장음으로 발음
해야 합니다. 단음으로 발음하면 산에서 잡은 오징어나 낙지가 되고,
집토끼가 아닌 산에서 사는 산토끼가 됩니다. 그런데 오징어는 어쩌다
못생김의 대명사가 되었나요.

'살다'는 길고, '살아'는 짧고

감다, 밟다, 살다, 삶다, 신다, 알다 등은 기본형이 모두 장음입니다. 그런데 기본형이 장음이라 해도 그 활용형이 모두 장음으로 발음되지는 않습니다. 표준 발음법[i]에서는, 긴소리를 가진 음절이라도, 단음절인 용언 어간에 모음으로 시작된 어미가 결합되는 경우는 짧게 발음한다고 규정하고 있습니다. 예를 들어 보겠습니다.

구분	자음 어미가 올 때	모음 어미가 올 때
살다	살고[살:고], 살지[살:지], 사니[사:니], 산[산:]	살아[사라], 살았다[사랃따]
삶다	삶고[삼:꼬], 삶지[삼:찌], 삶는[삼:는], 삶게[삼:께]	삶아[살마], 삶으니[살므니]
알다	알고[알:고], 알지[알:지], 아니[아:니], 아는[아:는]	알아[아라]. 알았다[아랃따]

'살다'의 어간에 어미 '-아'가 결합한 '살아'는 단음인 [살아]로 발음합니다. 그러나 '살다'의 어간에 종결어미 '-오'가 올 때엔 모음인 어미임에도 장음인 [사:오]로 발음합니다. 단음으로 발음하면 물건을 사라는 것으로 들립니다. 그런데 장음인 단음절의 어간에 모음 어미가 결합했음에도 장음으로 발음되는 것들이 있습니다. 아래의 것들만 예외입니다. 예외는 언제나 우리를 힘들게 합니다.

끌어[끄:러], 떫어[떨:버], 벌어[버:러], 썰어[써:러], 없어[업:써]

---

i 표준 발음법, 제3장 음의 길이, 제7항 본문 및 해설

우리말을 알다

전체 유권자 중 25%가 사전 투표를 했습니다. 이 문장에서 '사전 투표'의 '사' 자 발음을 어떻게 하느냐에 따라 다른 뜻이 됩니다. 우리는 똑똑하니까 틀린 발음을 듣더라도 맥락을 보아 이해할 수는 있습니다. 그러나 '사' 자의 장단음 발음에 따라 '사전 투표'의 의미는 이렇게 달라집니다.

구분	발음에 해당하는 말	의미
장음	事前 投票[사ː전 투표]	선거일 이전에 하는 투표. 조기 투표
단음	辭典 投票[사전 투표]	사전으로 하는 투표. 사전에다 하는 투표

어떤 일이 일어나기 전을 뜻하는 사전(事前)은 장음이고, 단어의 발음이나 뜻, 용법 등을 해설한 책인 사전(辭典)은 단음입니다. 따라서 선거일 전에 하는 '사전 투표'에서는 장음으로 발음해야 합니다. 그럼에도 방송에서조차 [사ː전 투표]로 정확히 발음하는 경우는 찾아보기 힘듭니다. 그래서 누군가 제대로 발음을 하면 오히려 이상하게 들릴 정도입니다. 그렇다면 장음의 발음은 어떻게 해야 하는 것일까요. 단지 길게 소리를 낸다고 장음을 정확하게 발음하는 것일까요. 아닙니다. 모음뿐아니라 자음의 음가도 달라지는 경우들이 있습니다. 사전(事前)의 '사'자 역시 모음을 길게 발음해야 할 뿐 아니라 'ㅅ'의 음가도 단음과는 달라야 합니다. 다음 쪽을 보겠습니다.

사과하나? 사과 하나!

'내가 사과할게, 이 사과(apple) 하나 받아'를 소리 내서 읽어 보시죠. 앞의 '사과'와 뒤의 '사과'가 발음이 똑같으면 안 됩니다. 대부분 다르게 소리를 냅니다. 자신도 모르는 사이 '사' 자의 발음을 단어에 따라 다르게 하고 있는 것입니다. 평소의 언어생활에서 자연스럽게 학습했기 때문입니다. '사과하다'의 '사'와 과일인 '사과'의 '사' 자에서 음가 차이가 발생하는 이유는 장음과 단음의 차이 때문입니다. '사과하다'일 때엔 장음이고, 과일 '사과'의 '사'는 단음입니다.

구분	단어	뜻
장음	사과(謝過)[사:과]	자기의 잘못을 인정하고 용서를 빎 apology
단음	사과(沙果/砂果)	사과나무의 열매 apple

'내가 사과할게'에서 '사' 자를 단음으로 소리 내면, 자신은 과일인 사과가 되겠다는 말입니다. 내가 사과 할게, 너는 포도 해. 앞에서 보았던 사전(事前)과 이번 쪽 사과(謝過)의 '사' 자는 한자는 다르지만 모두 장음이며 같은 소리가 납니다. 사전(辭典)과 사과(沙果)의 '사' 자도 한자는 다르지만 모두 단음이고 소릿값이 같습니다. 순우리말 '사람'의 '사'는 장음이고, '사랑'의 '사'는 단음입니다. 예를 들어, '나 이 사람, 당신을 엄청 사랑합니다'에서 '사랑'의 '사'를 '사람'의 '사'자처럼 장음으로 한번 발음해 보실까요. 그러면 그 말이 얼마나 징그럽게 들리는지 실감하실 수 있습니다.

우리말을 알다

장음과 단음에서 자음의 음가 차이

우리는 앞에서 장음과 단음의 소리가 다르게 난다는 것을 확인했습니다. 모음의 길이뿐 아니라, 자음 'ㅅ'의 소릿값도 달랐습니다. 이러한 차이는 초성으로 오는 자음 중에서 'ㅅ'과 'ㅎ'에서 특히 두드러집니다.

단음인 다음 낱말들을 소리 내어 읽어 보겠습니다. 하나, 한 개, 하늘, 하루, 하다, 항아리, 혼인(婚姻), 홍어, 한심하다. 이번엔 장음인 말들을 소리 내어 읽겠습니다. 하산(下山), 하지(夏至), 한국(韓國), 한계(限界), 환자(患者), 한없다. 초성 'ㅎ'이 단음과 장음에서 다르게 소리 나는 것을 발견하셨나요. 예를 들면, "돌아오는 하지(夏至)에는 제발 목욕 좀 하지", "하산(Hassan)은 이제 하산(下山)하도록 해라"라는 문장에서 '하' 자의 음가는 장음일 때와 단음일 때가 현저히 다릅니다. 장음과 단음에서의 자음의 음가 차이는 이렇습니다.

구분	장음	단음
질감	부드럽고 따뜻한 느낌	날카롭고 차가운 느낌
부피감	폭이 넓고 두꺼운 느낌	폭이 좁고 얇은 느낌
무게감	묵직한 느낌	가벼운 느낌
악기에 비유하면	첼로나 색소폰의 음색	바이올린이나 트럼펫의 음색
'ㅅ' 단어의 예	사전(事前), 사과(謝過), 사람	사전(辭典), 사과(沙果), 사랑
'ㅎ' 단어의 예	하산(下山), 하지(夏至), 한국(韓國)	하나, 하루, 하늘, 혼인(婚姻)

장음의 길이

  장음은 대개 모음을 길게 발음하여 단음과 구분합니다. 예전에는 장음을 단음에 비하여 두 배 이상 길게 발음해야 한다고 여겼습니다. 그러나 요즘 그렇게 발음하면 오히려 이상하게 보이거나 옛날 사람으로 취급받을지 모릅니다. 현대의 언어생활은 발음도 쉽고 빠른 것을 추구하는 경향이 있습니다. 그래서 장음의 길이가 예전보다 아주 많이 짧아졌거나 아예 단음처럼 발음됩니다.

  정확한 의사전달을 위해서는 정확한 발음이 중요합니다. 그래서 국민의 언어생활에 지대한 영향을 미치는 방송인은 정확한 발음에 특별히 유념합니다. 방송에서 자주 들었던 발음이 모르는 사이 자신의 발음 습관으로 굳어지기 때문입니다. 그렇다면 장음의 길이는 어느 정도가 바람직할까요. 방송사의 아나운서들도 예전처럼 장음을 두 배 이상 길게 늘여 발음하는 것에 동의하지 않는 듯합니다. 듣는 이에게 이질감을 주지 않으면서도 정확한 음가를 지키려면, 단음보다 길되 너무 길지는 않았으면 좋겠다는 생각 때문일 것입니다.

  단음의 길이를 1로 했을 때, 장음의 길이는 약 1.5 정도가 적당하다고 생각합니다. 예전에는 2나 2.5 정도 되었습니다. 1.5 정도의 길이라면 듣는 이에게 심한 이질감을 주지 않으면서도 고유의 음가를 지켜 정확히 소리 낼 수 있는 최적의 길이가 아닐까 합니다.

우리말을 알다

장음 'ㅓ'의 발음

한글의 모음은 천지인(天地人) 즉 하늘, 땅, 사람을 상징하는 'ㆍ, ㅡ, ㅣ'를 기본 원리로 하여 만들어졌습니다. 모음은 모두 21개인데 단모음 (ㅏ, ㅐ, ㅓ, ㅔ, ㅗ, ㅚ, ㅜ, ㅟ, ㅡ, ㅣ)은 10개, 복모음(ㅑ, ㅒ, ㅕ, ㅖ, ㅘ, ㅙ, ㅛ, ㅝ, ㅞ, ㅠ, ㅢ)은 11개입니다. 그런데 모음 중에서 유독 'ㅓ'의 발음이 쉽지 않습니다. 이게 장음일 때엔 발음을 달리 해야 하기 때문입니다. 우리말 모음의 'ㅓ'를 음성기호로 표기하면 단음은 [ʌ]이고, 장음일 때에는 [əː]가 됩니다. 시대의 언중에 따라서 언어는 변화하고 그에 맞춰 표준어도 바뀌기 마련입니다. 젊은 층에서는 'ㅓ'의 장음을 제대로 발음하는 사람이 거의 없지만, 중부 지역의 노년층에는 아직도 본래의 발음이 많이 남아 있습니다. "남들은 죄 즌화기 들구 다니는데 난 무어 증말 쥐뿔도 읎네. 아, 승질나." 통역하면 전화기 하나 사달라는 말씀입니다. '죄, 뭐, 전화기, 정말, 없다, 성질'은 장음입니다.

장음 'ㅓ'는 'ㅡ'와 'ㅓ' 중간쯤의 소리로 이해하시면 됩니다. 훈민정음 해례본 제자해(制字解)에는 'ㅓ'는 'ㅡ'와 한 종류이며 그 음가(音價)는 'ㅡ'와 같되 입을 벌린다고 되어 있습니다. 장음인 'ㅕ'와 'ㅝ'도 'ㅓ'와 같은 방식으로 발음해야 합니다. 장음에서는 길이뿐 아니라 'ㅓ, ㅕ, ㅝ'의 음가도 달라야 합니다. 예컨대 '정주영(鄭周永)의 현대(現代)'에서는 정(鄭) 자와 현(現) 자를, '원정(遠征) 경기(競技)'의 원(遠)과 경(競)자를 장음으로 소리 내야 합니다.

장음과 단음에 따라 뜻이 달라지는 말

　한글 표기는 같지만 장단음에 따라서 뜻이 전혀 달라지는 말들은 무척이나 많습니다. 그중 대표적인 것들만 일부 추려보았습니다.

단어	구분	발음	뜻풀이	용례
가사	단음	[가사]	노랫말(歌詞). 집안일(家事)	가사도 못 쓰고 가사에 치여
	장음	[가:사]	죽은 듯 보이는 상태(假死)	가사 상태에 빠졌다
가정	단음	[가정]	가족 공동체(家庭)	행복한 가정을 이룬다고
	장음	[가:정]	임시로 인정함(假定)	가정을 해 보자
건강	단음	[건강]	말린 생강(乾薑)	건강을 달여 먹고 빨리 건강을
	장음	[건:강]	튼튼한 상태(健康)	회복하기 바란다
경기	단음	[경기]	경제 상황(景氣). 경기도(京畿)	경기도의 경기가 나빠서 경기마다
	장음	[경:기]	시합(競技. game)	관중이 없다
고가	단음	[고가]	높이 질러 설치하는 것(高架)	고가 옆으로 고가 도로가 들어섰다
	장음	[고:가]	지은 지 오래된 집(古家)	
단신	단음	[단신]	혼자의 몸(單身)	비록 단신이지만 단신으로
	장음	[단:신]	작은 키(短身)	뛰어들어 싸웠다
대사	단음	[대사]	연기하는 배우의 말(臺詞/臺辭)	대사를 앞둔 김 대사는 대사
	장음	[대:사]	큰일(大事). 최고위 외교관(大使)	연습하듯이 연설문을 외웠다
도인	단음	[도인]	도둑(盜人)	남의 것을 탐하는
	장음	[도:인]	도사. 도를 닦는 사람(道人)	도인은 되지 말고 도인이 되어라
무사	단음	[무사]	아무 일 없음(無事)	언제나 무사인 남편이
	장음	[무:사]	무예에 종사하는 사람(武士)	무사하기만을 기원했다
방면	단음	[방면]	어떤 방향이나 어떤 분야(方面)	죄수들을 방면하니 각자 자신의
	장음	[방:면]	가두었던 사람을 놓아줌(放免)	고향 방면으로 출발했다
병사	단음	[병사]	군사. 군인(兵士)	한 병사가 병사했다
	장음	[병:사]	병으로 죽음(病死)	

단어	구분	발음	뜻풀이	용례
부상	단음	[부상]	위로 떠오름(浮上)	국가대표로 부상하던 시기에 입은 부상은 치명적이었다
	장음	[부:상]	몸에 상처를 입음(負傷)	
부자	단음	[부자]	아버지와 아들의 통칭(父子)	우리 부자는 부자가 아니다
	장음	[부:자]	재물이 많아 넉넉한 사람(富者)	
분통	단음	[분통]	분을 담는 통(粉桶)	분통이 터져서 네가 분통이 터졌구나
	장음	[분:통]	분해 쓰리고 아픔 마음(憤痛)	
사각	단음	[사각]	촬영하는 각도(寫角). 의성어 사각	사각 소리가 났는데 사각이어서 뒷거울에선 보이지 않았다
	장음	[사:각]	감춰진 범위(死角). 네 각(四角)	
사고	단음	[사고]	생각하고 궁리함(思考)	그 사고에 대하여 사고해 봐
	장음	[사:고]	뜻밖에 생긴 불행한 일(事故)	
사기	단음	[사기]	속임수(詐欺). 흙으로 빚은 그릇	적군의 사기가 넘친다고 보고한 것은 일종의 사기였다
	장음	[사:기]	강한 기세(士氣). 역사책(史記)	
사료	단음	[사료]	가축의 먹이(飼料). 헤아림(思料)	사료를 보면 그건 소의 사료로 쓰인 것으로 사료됩니다
	장음	[사:료]	역사 연구에 필요한 자료(史料)	
사장	단음	[사장]	회사의 책임자(社長)	사장으로서 충고하는데 네 능력을 그렇게 사장하지 마라
	장음	[사:장]	필요한 데 쓰지 않고 썩힘(死藏)	
상장	단음	[상장]	상(喪)을 치른다는 표식(喪章)	그는 가슴에 상장을 달고서도 새로 상장한 종목을 살폈다
	장음	[상:장]	거래소에 등록하는 일(上場)	
선물	단음	[선물]	선 매매 인수도 거래방식(先物)	선물로 집을 사주겠다며 선물시장에 손을 댄 게 화근이다
	장음	[선:물]	남에게 선사하는 물건(膳物)	
선발	단음	[선발]	남보다 먼저 출발함(先發)	이강완 투수가 오늘의 선발투수로 선발되었다
	장음	[선:발]	여럿 중에서 골라 뽑음(選拔)	
선수	단음	[선수]	남보다 먼저 하는 행동(先手)	선수를 치는 걸 보니 이 분야에는 선수임이 분명했다
	장음	[선:수]	어느 분야에 뛰어난 사람(選手)	
선전	단음	[선전]	널리 알림(宣傳), 전쟁 선언(宣戰)	아군이 적진에서 연일 선전하고 있다고 선전했다
	장음	[선:전]	있는 힘껏 잘 싸움(善戰)	
선행	단음	[선행]	앞서가거나 앞서 행함(先行)	마음을 얻으려면 선행이 선행되어야 한다
	장음	[선:행]	착하고 어진 행실(善行)	

단어	구분	발음	뜻풀이	용례
성인	단음	[성인]	어른이 된 사람(成人)	거룩한 성인은 아닐지라도 거북한 성인은 되지 말아야지
	장음	[성:인]	우러러 본받을 만한 사람(聖人)	
수학	단음	[수학]	학문을 닦음(修學)	수학을 수학하다
	장음	[수:학]	수에 관련해 연구하는 학문(數學)	
시인	단음	[시인]	전문적으로 시를 짓는 사람(詩人)	그는 자신이 시인이라는 것을 시인했다
	장음	[시:인]	옳거나 그러하다고 인정함(是認)	
시장	단음	[시장]	배가 고픔	시장인 그는 시장에서 시장하다는 것을 느꼈다
	장음	[시:장]	사고파는 장소(市場), 시의 장(市長)	
영원	단음	[영원]	0원	현재 잔고 0원의 상태가 영원히 이어질 것만 같았다
	장음	[영:원]	어떤 상태가 끝없이 이어짐(永遠)	
원수	단음	[원수]	국가의 수장(元首)	한 국가의 원수는 비록 원수와도 대화를 하여야 한다
	장음	[원:수]	원한 되게 해를 끼친 존재(怨讐)	
자수	단음	[자수]	자기 손(自手), 자신을 신고(自首)	전통 자수로 돈을 모아 자수성가 한 그가 자수를 권유했다
	장음	[자:수]	수를 놓는 일, 또는 그 수(刺繡)	
장사	단음	[장사]	이익을 위해 물건을 팖. 그런 일	장사로 소문난 그는 겁 없이 객지를 떠돌며 장사를 했다
	장음	[장:사]	힘이 아주 센 사람(壯士)	
장수	단음	[장수]	장사하는 사람	장수로서 전쟁터를 호령했지만 장터의 장수로선 별로였다
	장음	[장:수]	군사를 거느리는 우두머리(將帥)	
재수	단음	[재수]	배웠던 과정을 다시 배움(再修)	재수가 없어서 재수를 했다
	장음	[재:수]	재물이나 좋은 일이 생길 운수(財數)	
적다	단음	[적따]	글로 쓰다	인원이 적다는 사실을 적다
	장음	[적:따]	수나 분량이 기준에 미치지 못하다	
전기	단음	[전기]	일생의 기록(傳記), 앞의 시기(前期)	전기가 문명 발전의 전기가 되었다
	장음	[전:기]	전환되는 기회(轉機), 에너지(電氣)	
전도	단음	[전도]	도리나 교리를 세상에 전함(傳道)	가치가 전도된 세상으로 나아가 전도 활동을 하다
	장음	[전:도]	넘어지거나 거꾸로 됨(顚倒)	
정상	단음	[정상]	산 따위의 맨 꼭대기(頂上)	정상까지 오르려면 숨이 차오르는 게 정상이야
	장음	[정:상]	제대로인 상태(正常)	

단어	구분	발음	뜻풀이	용례
정원	단음	[정원]	집 안의 뜰이나 꽃밭(庭園)	우리 집 정원은 정원이 없어
	장음	[정:원]	정한 인원(定員), 완전한 원(正圓)	
조기	단음	[조기]	물고기. 대명사(저기보다 좁은 느낌)	바로 조기가 조기에 잡은 조기를 말리는 곳이지
	장음	[조:기]	이른 시기(早期), 조의의 국기(弔旗)	
통장	단음	[통장]	금융기관용 출납 장부(通帳)	우리 동네 통장은 통장이 많아
	장음	[통:장]	동네 통 단위의 대표(統長)	
하마	단음	[하마]	하마과의 동물(河馬)	하마평은 하마를 평가하는 게 아니다
	장음	[하:마]	말에서 내림(下馬)	
하품	단음	[하품]	졸리거나 고단할 때 나오는 호흡	하품들만 보고 있으려니 하품만 나온다
	장음	[하:품]	질이 나쁜 물품, 하등의 품위(下品)	
한국	단음	[한국]	몹시 추운 나라(寒國)	요즘 한국의 겨울은 한국이 아니라 난국이야
	장음	[한:국]	대한민국(韓國)	
한식	단음	[한식]	우리나라 명절의 하나(寒食)	한식에 먹는 음식도 한식이다
	장음	[한:식]	한국 고유의 음식이나 식사(韓食)	
혼신	단음	[혼신]	영혼과 정신, 영혼(魂神)	혼신의 노력을 해서 혼신 현상을 해결했다
	장음	[혼:신]	온몸(渾身), 전파가 섞여 들림(混信)	
화단	단음	[화단]	꽃을 심으려 높게 만든 꽃밭(花壇)	화가는 화단에 등단하지 화단에 오르는 게 아니야
	장음	[화:단]	화가들의 사회(畫壇)	
화장	단음	[화장]	얼굴을 곱게 꾸밈(化粧)	화장과 화장은 끔찍한 차이가 있어
	장음	[화:장]	시신을 불에 살라 장사 지냄(火葬)	
회의	단음	[회의]	마음에 품고 있는 의심(懷疑)	이런 회의에 대해 회의가 든다
	장음	[회:의]	모여서 의논함, 또는 그 모임(會議)	

우리말에는 글자는 같지만 장단음이 다른 말이 약 15,000개나 있다고 합니다.

예사소리와 된소리에 따라 달라지는 말

많은 사람이 고가도로를 [고까도로]로 발음합니다. 하지만 그렇게 발음하면 '비싼 도로'가 됩니다. [고가도로]로 발음해야 맞습니다. 헌법(憲法)을 [헌:뻡]이 아닌 [헌:법]으로 읽으면 '오래되고 낡은 법'으로 전락합니다. 다른 사례도 몇 개 더 살펴보겠습니다.

단어	구분	발음	한자	뜻
강점	평음	[강:점]	強占	남의 물건, 영토, 권리 따위를 강제로 차지함
	경음	[강쩜]	強點	남보다 우수하거나 더 뛰어난 점
고가	평음	[고가]	高架	높이 가로질러 가설하는 것. 예)고가도로
	경음	[고까]	高價	비싼 가격 또는 값이 비싼 것
공적	평음	[공적]	功績	노력과 수고를 들여 이루어 낸 일의 결과
	경음	[공쩍]	公的	국가나 사회에 관계되는 또는 그런 것
대가	평음	[대:가]	大家	전문 분야에서 뛰어나 권위를 인정받는 사람
	경음	[대:까]	代價	어떤 일이나 노력, 희생에 대하여 받는 결과
문구	평음	[문구]	文具	학용품과 사무용품 따위를 통틀어 이르는 말
	경음	[문꾸]	文句	글의 구절
발병	평음	[발병]	發病	병이 남
	경음	[발뼝]	발病	발에 생기는 병
상장	평음	[상:장]	上場	주식이나 물건을 매매 대상으로 거래소에 등록하는 일
	경음	[상짱]	賞狀	상을 주는 뜻을 표하여 주는 증서
송장	평음	[송:장]	–	죽은 사람의 몸
	경음	[송:짱]	送狀	보내는 짐의 내용을 적은 문서
인적	평음	[인적]	人跡	사람의 발자취 또는 사람의 왕래
	경음	[인쩍]	人的	사람에 관한 또는 그런 것
잠자리	평음	[잠자리]	–	잠자리목의 곤충
	경음	[잠짜리]	–	잠자는 데 필요한 도구. 누워서 잠을 자는 곳

우리말을 알다

단어	구분	발음	한자	뜻
정가	평음	[정가]	政街	정치가들이 정치 활동을 하는 곳, 또는 그런 사회
	경음	[정:까]	定價	상품에 일정한 값을 매김, 또는 그 값
정권	평음	[정:권]	正拳	주먹의 손등과 직각을 이루는 네 손가락의 마디 부분
	경음	[정꿘]	政權	정치상의 권력, 또는 정치를 담당하는 권력
화병	평음	[화병]	花瓶	꽃병
	경음	[화:뼝]	火病	화나고 억울해서 생기는 병, 울화병

된소리로 발음하면 안 되는 말

 한자어의 장단음은 일정한 규칙이 없이 임의적으로 결정됩니다. 같은 한자어인데 때에 따라 발음이 달라지는 현상을 수의성(隨意性)이 있다 합니다. 가장 논란이 많은 단어 위주로 살펴보겠습니다.

단어	발음	설명
관건(關鍵)	[관건]	뜻은 '빗장과 자물쇠. 어떤 사물이나 문제 해결의 가장 중요한 부분'. '관'과 '건'이라는 뜻이므로 원래의 의미를 살리려면 [관건]으로 발음해야 합니다. 만약 건 자가 '鍵'이 아닌 '件'으로 된 관건(關件)이란 말이 있다면, 그때는 조건(條件), 사건(事件)처럼 [관껀]으로 발음합니다.
불법(不法) 위법(違法) 사법(司法)	[불법] [위법] [사법]	법(法) 자가 들어간 수많은 단어 중에서 불법(不法), 위법(違法), 사법(司法)의 법 자는 된소리가 아닌 예사소리로 발음합니다. 수의적 현상이라는 말 외에는 설명하기 어렵습니다. 외우는 수밖에 없습니다.
효과(效果)	[효:과]	'ㄹ' 받침과 다음 음절의 'ㄷ, ㅅ, ㅈ'이 연결된 한자어가 아니고, 합성어도 아니어서 사잇소리가 개입할 이유가 없으므로 [효:과]가 맞습니다. 그러나 유사한 환경에서 된소리로 발음하는 경우도 많고, 언중은 [효:꽈]로 발음하는 경우가 훨씬 더 많아 항상 논란이 되고 있습니다.

 간단(簡單), 교과(敎科), 소주(燒酒), 원격(遠隔), 문득 등도 [간딴], [교:꽈], [쏘주/쐬주], [원:꺽], [문뜩]으로 발음하면 안 됩니다. 그리고 교과 과정을 [꾜꽈과정]으로, 과대표를 [꽈대표], 과 사무실을 [꽈사무실]로 발음하는 것도 모두 예사소리(ㄱ, ㄷ, ㅂ, ㅅ, ㅈ)로 발음해야 맞습니다. 외래어인 가스(gas), 달러(dollar), 버스(bus), 댐(dam)도 예사소리 [가스], [달러], [버스], [댐]이 표준 발음입니다. 한편, '김밥'은 그동안 [김:밥]만을 표준 발음으로 인정했으나, 최근 현실의 발음을 받아들여 [김:빱] 또한 표준 발음으로 하였습니다.

표준 발음법 제7장 제29항에는 합성어 및 파생어에서, 앞 단어나 접두사의 끝이 자음이고 뒤 단어나 접미사의 첫음절이 '이, 야, 여, 요, 유'인 경우에는, 'ㄴ' 음을 첨가하여 [니, 냐, 녀, 뇨, 뉴]로 발음한다고 규정하고 있습니다.

따라서 결막염[결망념], 늑막염[능망념], 장염[장:념]으로 발음합니다. 마찬가지로 복막염[봉망념], 방광염[방광념], 신경염[신경념], 편도선염[편도선념]으로 발음해야 합니다. 하지만 앞 단어가 모음으로 끝나는 위염, 중이염, 피부염, 비염, 후두염, 치주염 등은 'ㄴ'을 첨가할 이유가 없으므로 '념'이 아닌 '염'으로 발음합니다.

그런데 '간염'과 '안염'은 앞말이 자음으로 끝났고 뒷말이 '여'로 시작하지만, 합성어가 아닌 한 단어로 보기 때문에 'ㄴ' 첨가 현상이 일어나지 않은 [가:념], [아:념]이 표준 발음입니다.

구분	단어의 구성	발음
결막염	결막+염, 합성어	[결망념](ㄴ첨가)
늑막염	늑막+염, 합성어	[능망념](ㄴ첨가)
장염	장+염, 합성어	[장:념](ㄴ첨가)
간염	간염은 한 단어	[가:념](ㄴ첨가 없음)
안염	안염은 한 단어	[아:념](ㄴ첨가 없음)

하겨율, 항녀율

서울 강남구 대치동에 지하철 3호선 학여울역이 있습니다. 학여울은 '학'과 '여울'의 합성어입니다. 그렇다면 우리는 정확하게 발음할 수 있습니다. 결막염, 늑막염, 장염의 발음과 같은 원리입니다.

학과 여울의 합성어인 '학여울'. 학의 'ㄱ'과 여울의 '여'가 만나면서 'ㄴ' 첨가가 일어나 [학녀울]로 발음됩니다. 그 [학녀울]은 자음동화가 일어나면서 최종적으로 [항녀울]이 됩니다. 색연필의 발음이 [생년필]인 것과 같습니다. 순서대로 정리하면 이렇습니다.

옛 지명		합성어		ㄴ 첨가		자음 동화
학탄(鶴灘)		학+여울		학녀울		항녀울
학 학, 여울 탄	▷	받침 ㄱ+여	▷	'여' 자에 'ㄴ' 첨가	▷	'학'의 'ㄱ'이 뒤에 오는 ㄴ 영향으로 자음 동화

한편 '학여울역'은 명사 '학여울'과 '역'이 결합한 합성어입니다. 앞말 '학여울'의 끝음절 자음 'ㄹ'과 뒷말 '역'의 '여'가 만나며 'ㄴ' 첨가가 일어나 [항녀울녁]이 되고, 동시에 '녁'의 'ㄴ'이 앞말 '울'의 'ㄹ'과 동화되어 [항녀울력]으로 바뀝니다. 이는 서울역이 [서울력]으로 소리 나는 것과 같은 이치입니다. 만약 '학여울'이 '학+여울'이 아니라, '학여+울'이거나 합성어가 아닌 단일어라면 발음이 달라집니다. 그때의 발음은 [하겨울]입니다.

우리말을 알다

표준 발음법을 보면 받침 ㄱ(ㄲ, ㅋ, ㄳ, ㄺ), ㄷ(ㅅ, ㅆ, ㅈ, ㅊ, ㅌ, ㅎ), ㅂ(ㅍ, ㄼ, ㄿ, ㅄ)은 'ㄴ, ㅁ' 앞에서 [ㅇ, ㄴ, ㅁ]으로 발음한다고 되어 있습니다. 이는 비음화[i]에 대한 설명입니다. 'ㄴ, ㅁ' 앞에서 받침의 소리가 어떻게 변하는지 살펴보겠습니다.

구분	받침	받침 발음		'ㄴ,ㅁ' 앞에서의 받침 발음
ㄱ계열	ㄱ	먹다[먹따]	ㅇ발음	먹는[멍는], 국물[궁물], 박물관[방물관]
	ㄲ	깎다[깍따]	ㅇ발음	깎는[깡는], 볶는[봉는], 엮는[영는]
	ㅋ	키읔[키윽]	ㅇ발음	키읔만[키응만], 부엌만[부엉만]
	ㄳ	몫[목]	ㅇ발음	몫만[몽만], 몫몫이[몽목씨], 넋만[넝만]
	ㄺ	굵다[국따]	ㅇ발음	굵는[궁는], 읽는[잉는], 흙만[흥만]
ㄷ계열	ㄷ	닫다[닫따]	ㄴ발음	닫는[단는], 받는[반는], 이튿날[이튼날]
	ㅅ	짓다[짇:따]	ㄴ발음	짓는[진:는], 옷맵시[온맵씨], 잇몸[인몸]
	ㅆ	있는[읻따]	ㄴ발음	있는[인는], 알겠는[알:겐는]
	ㅈ	맞다[맏따]	ㄴ발음	맞는[만는], 젖멍울[전멍울]
	ㅊ	쫓다[쫃따]	ㄴ발음	쫓는[쫀는], 꽃망울[꼰망울]
	ㅌ	붙다[붇따]	ㄴ발음	붙는[분는], 맡는[만는], 솥만[손만]
	ㅎ	히읗[히읃]	ㄴ발음	히읗만[히은만], 놓는[논는], 찧는[찐는]
ㅂ계열	ㅂ	잡다[잡따]	ㅁ발음	잡는[잠는], 밥물[밤물] 삽만[삼만]
	ㅍ	갚다[갑따]	ㅁ발음	갚는[감는], 늪만[늠만], 앞마당[암마당]
	ㄼ	밟다[밥:따]	ㅁ발음	밟는[밤:는]
	ㄿ	읊다[읍따]	ㅁ발음	읊는[음는]
	ㅄ	없다[업:따]	ㅁ발음	없는[엄:는], 값만[감만]

---

i 비음화: 음 동화의 하나로, 파열음이 뒤의 비음에 동화되어 같은 비음(ㅇ, ㄴ, ㅁ)으로 바뀌는 현상

'못 잊어'의 발음

받침 'ㅅ'의 대표음이 'ㄷ'이니까 '못 잊어'는 [몯:+이저]이고, 그러면 [모:디저]로 발음해야 하는 게 아닐까 생각할 수 있습니다. 그러나 두 단어를 이어서 한 마디로 발음할 때에도 합성어나 파생어와 같은 식으로 발음이 됩니다. 앞 단어 '못'의 받침이 'ㅅ'이고, 뒤 단어인 '잊어'의 첫음절이 '이, 야, 여, 요, 유' 중의 하나인 '이'이므로 'ㄴ' 첨가 현상이 일어나 [몯:+니저]가 됩니다. 동시에 [몯:니저]는 비음화가 일어나 최종적으로 [몬:니저]로 소리 납니다. 그래서 '못 잊어'의 발음은 [몬:니저]가 맞습니다.

못 잊어	발음	ㄴ 첨가	자음 동화
부사어 '못', 서술어 '잊어'	[몯:], [이저] 이어 말하면 [몯:이저]	자음 뒤의 [이저]에 ㄴ이 첨가되어 [몯:+니저]로	'몯'의 ㄷ이 뒤 ㄴ의 영향을 받아 ㄴ으로 바뀌면서 [몬:니저]로

그런데 '못 잊어'가 [모:디저]로 발음되는 경우가 있습니다. '못 잊어'의 '못'을 특별히 강조하기 위해서라든가 어떤 이유가 있어 휴지(休止, pause)를 두어 말하면 [모:디저]로 소리가 납니다. 이는 '옷 입다'를 [온닙따]로 발음하지만, 의도적으로 '옷'을 강조하기 위해 끊어서 말하면 [오딥따]로 소리 나는 것과 같습니다.

우리말을 알다

'맛있다', '멋있다'의 발음

'맛있다'와 '멋있다'를 국어사전에서 찾으면 각기 두 가지의 발음이 표시되어 있습니다. 맛있다[마딛따/마싣따], 멋있다[머딛따/머싣따]. 과거에는 [마딛따]와 [머딛따]만이 맞는 발음이었습니다. 그런데 대부분 [마싣따]와 [머싣따]로 발음하자, 1988년부터 언중의 실제 발음을 받아들여 [마싣따]와 [머싣따]도 표준 발음으로 허용했습니다.

표준 발음법 제15항을 보면 받침 뒤에 모음 'ㅏ, ㅓ, ㅗ, ㅜ, ㅟ'로 시작되는 실질 형태소가 연결되는 경우에는, 대표음으로 바꾸어서 뒤 음절 첫소리로 옮겨 발음해야 한다고 설명하고 있습니다. '밭 아래[바다래]', '젖어미[저더미]', '맛없다[마덥따]', '겉옷[거돋]', '헛웃음[허두슴]', '꽃 위[꼬뒤]'가 그렇습니다.

그런데 '맛있다'와 '멋있다'는 뒤 음절의 모음이 'ㅏ, ㅓ, ㅗ, ㅜ, ㅟ'이 아닌 'ㅣ'인데도 왜 같은 규정을 적용해 발음할까요. 오히려 실질 형태소가 결합된 합성어 '맛있다(맛+있다)'와 '멋있다(멋+있다)'는 표준 발음법 제29항을 적용해, '꽃잎[꼰닙]'의 경우처럼 'ㄴ'을 첨가해 [만닏따]로 발음해야 하는 건 아닐까요. 그러나 같은 조건이라 하더라도 'ㄴ' 첨가 현상이 항상 일어나는 것은 아닙니다. 그래서 'ㄴ' 첨가 현상이 일어날 경우 국어사전에 그 발음을 표시하고 있습니다. 그리고 실제 언어생활에서 [만닏따]로 발음하는 사람 또한 없습니다. 표준 발음법의 첫 번째 원칙이 표준어의 실제 발음을 따르는 것이어서 [만닏따]는 표준 발음이 될 수 없습니다.

표준 발음법 제15항의 해설에서는, 받침 뒤에 모음 'ㅏ, ㅓ, ㅗ, ㅜ, ㅟ'로 시작되는 실질 형태소(체언, 어근, 용언 어간)가 연결되는 경우에 대표음으로 바꾸어서 뒤 음절 첫소리로 옮겨 발음하며, 다섯 개의 모음(ㅏ, ㅓ, ㅗ, ㅜ, ㅟ)으로만 한정한 이유는 'ㅣ, ㅑ, ㅕ, ㅛ, ㅠ'와의 결합에서는 연음을 하지 않으면서 [ㄴ]이 드러나는 경우가 있기 때문이라고 설명하고 있습니다. 'ㅣ, ㅑ, ㅕ, ㅛ, ㅠ'가 오는 경우에도 제15항의 규정을 적용해 대표음으로 바꾸어 소리를 낼 수 있다는 뜻입니다. 따라서 '맛있다'와 '멋있다'는 표준 발음법 제15항을 적용해 대표음으로 바꾸어 연음하는 것이 맞습니다. 이때에 적용되는 것은 절음법칙이며, 절음법칙은 대표음으로 바뀐 앞말의 받침을 절음된 상태로 연음할 때 나타나는 현상을 말합니다.

정리하면, '맛있다'와 '멋있다'는 [마딛따]와 [머딛따]가 국어의 전통성과 합리성을 충족시키는 표준 발음이고, [마싣따]와 [머싣따]는 현실의 발음을 인정하여 맞는 발음으로 함께 허용한 것입니다.

그런데 또 다른 의문이 생깁니다. '맛'과 '멋'의 발음은 받침 'ㅅ'이 대표음 'ㄷ'으로 바뀐 [맏]과 [먿]이고, '있다'에 연음하면 [마딛따]와 [머딛따]가 표준 발음법에 맞는 발음이라고 했는데, 왜 모음인 조사나 어미 등에 연결되면 '맛이[마시], 멋이[머시], 맛을[마슬], 멋을[머슬]'처럼 대표음이 아닌 본래의 소리 'ㅅ'으로 발음되느냐 하는 것입니다.

그 이유는 홑받침이나 쌍받침이 모음으로 시작된 조사나 어미, 접미사와 결합되는 경우에는, 제 음가대로 뒤 음절 첫소리로 옮겨 발음한다는 표준 발음법 제13항의 규정을 따르기 때문입니다. 그래서 '깎아[까까], 옷이[오시], 있어[이써], 낮이[나지], 앞으로[아프로], 덮이다[더피다]'처럼 받침을 대표음으로 바꾸어 소리 내지 않고 본래의 음가대로 연음하여 발음하는 것이 맞습니다. 조사나 어미, 접미사는 실질 형태소[i]가 아니라 실질 형태소에 딸려 붙는(종속되는) 형식 형태소입니다.

---

i 실질 형태소: 구체적인 대상, 동작, 상태를 표시하는 형태소. '철수가 책을 읽었다.'에서 '철수', '책', '읽' 따위이다.

007이 영영칠?

음수(陰數)와 양수(陽數)의 경계에 있는 아무런 값이 없는 '0'. 아라비아 숫자 '0'은 어떻게 읽어야 할까요. 영(零)일까요, 공(空)일까요.

'205호'를 사람들은 세 가지로 표현합니다. 주로 '이백오호'라 하고, '이영오호'나 '이공오호'로도 말합니다. 셋 다 맞습니다. '0'은 그 개념이 우리나라에 알려진 이후부터 '영'과 '공'으로 함께 불려 왔습니다. 표준국어대사전은 그 둘을 동의어로 정의합니다. 동의어는 맞바꾸어 쓸 수 있습니다. '영'이나 '공' 그 무엇으로 읽어도 표준어입니다. 어느 것이 더 자연스럽고 편한가 하는 차이일 뿐입니다.

이에 대하여 언중은 나름의 규칙을 갖고 있습니다. 수학 등 전문 영역에서는 주로 '영'이라 하고, 전화번호나 자동차 번호, 집 주소, 암호 등에서 '0'이 어떤 기호처럼 쓰일 때에는 대개 '공'이라 합니다. 그래서 '공일공(010)', '오팔공칠(5807) 번' 식으로 말합니다. 제임스 본드의 암호명 '007'은 '영영칠'보다 '공공칠'이라 해야 말하기에도 듣기에도 편합니다. 구태여 '영영칠'이라 할 필요는 없습니다. 점수가 0점일 때에 '공점'이라 하지 않고 '영점'이라 합니다. 관용적으로 그리 쓰였기에 '영점'이 자연스럽습니다. 그러나 '빵점'이라는 표현은 비속어여서 격식을 갖춰 말해야 할 때에는 바람직하지 않습니다. 다만, 일부러 웃기기 위한 목적이라면 괜찮습니다.

공권력의 발음

표준 발음법 제20항을 따르면 'ㄴ'은 'ㄹ'의 앞이나 뒤에서 [ㄹ]로 발음됩니다. 난로[날:로], 신라[실라], 칼날[칼랄], 줄넘기[줄럼끼]. 그렇다면 '공권력'의 발음은 [공궐력]일까요. 아닙니다. 표준 발음은 [공꿘녁]입니다. 사전에서는 공권력을 국가나 공공 단체가 우월한 의사의 주체로서 국민에게 명령하고 강제할 수 있는 권력이라 설명합니다. 공권(公權)의 힘(力)을 뜻한다면 [공꿘녁]으로 발음해야 합니다. 만약, 공공(公共)의 권력을 의미하는 공권력이란 말이 있다면 그때에는 [공궐력]으로 발음할 수 있습니다.

단어	단어 구성	발음	의미
공권력	공권(公權)+력(力)	[공꿘녁]	공권이 갖는 힘(형벌권, 재정권, 경찰권)
	공(公)+권력(權力)	[공궐력]	공공의 권력

공권력은 '공권(公權)'에 힘을 뜻하는 접미사 '-력(力)'이 결합한 파생어입니다. 따라서 '공권'과 '력' 사이에 휴지(休止, pause)를 두어 발음하면 [공꿘녁]으로 소리가 나야 정상입니다. 두 음절의 단어에 접미사가 붙어 만들어진 파생어들은 앞말 끝 음절의 받침이 'ㄴ'이고 뒷말 첫 음절이 'ㄹ'이면, 신라[실라]처럼 ㄹ,ㄹ로 소리 나지 않고 'ㄴ,ㄴ'으로 소리가 나는 경향이 있습니다. 예를 들면 의견란(의견+란)[의:견난], 임진란(임진+란)[임:진난], 생산량(생산+량)[생산냥], 결단력(결단+력)[결딴녁], 동원령(동원+령)[동:원녕] 등입니다.

선릉 발음

국립국어원은 표준 발음법 제20항의 규정에 따라 각 능의 이름은 [태릉], [서오릉], [융걸릉], [설릉], [헐:릉] 식으로 발음해야 한다고 말합니다. 언중의 대부분은 [태능], [서오능], [융건능], [선능], [헌:능]으로 발음해왔고 지금도 그렇게 발음하고 있으니 현실과는 많은 차이가 있습니다. 뒤 음절의 '릉'은 두음법칙이 적용되지 않으므로 '릉'으로 표기하는 것이 맞고, 'ㄴ'은 'ㄹ'의 앞이나 뒤에서 'ㄹ'로 유음화해 발음해야 하므로 [융걸릉], [설릉], [헐:릉]으로 발음하는 것이 옳다는 게 국어원의 생각입니다. 그러나 국립국어원의 전신 국립국어연구원이 2003년 표준어권의 주민 350명을 대상으로 한 '표준 발음 실태 조사' 결과를 보면 언중의 실제 발음은 다릅니다. 선릉을 [선능]으로 발음하는 사람이 전체의 78.9%인 반면, [설릉]으로 발음하는 사람은 21.1%에 불과했습니다. 헌릉의 발음은 78%가 [헌:능]이고, [헐:릉]은 18.3%에 지나지 않았습니다.

능에 관한 표준 발음은 실제 발음을 따르기로 한 표준 발음법 총칙 제1항의 원칙에서 벗어납니다. [설릉] 식으로 발음하면 능 고유의 정체가 모호해집니다. 선릉이 '선+릉'이고, 헌릉이 '헌+릉'의 합성어라면 [선능]과 [헌:능]으로 발음됩니다. 그렇게 발음해야 이 땅의 능들이 본래의 이름을 되찾게 되고 발음과 관련한 논란도 사라질 것입니다. 합성어가 아니라고 그렇게 고집할 이유가 없습니다.

우리말을 알다

원룸 발음

1인 가구가 늘어나면서 원룸에서 사는 사람이 부쩍 많아졌습니다. 자유와 고독이 공존하는 공간, 원룸. 그런데 '원룸'이 외래어여서 국어 사전에 발음 표기가 없기 때문에 [월룸]과 [원눔] 중 무엇이 맞는 발음 인지 알 수 없습니다. 우리 어문 규범에 외래어 발음법에 관한 규정은 없습니다. 따라서 무엇이 표준 발음이라고 단정할 수 없습니다. 그렇다 해서 외래어를 한글의 표준 발음법 규정에 무리하게 끼워 맞출 수도 없습니다. 결국 우리의 현명함이 필요합니다.

원룸(one-room), 온라인(on-line), 인라인(in-line), 핫라인(hot-line)은 합성 어입니다. 원(one)과 룸(room) 사이에 잠깐의 휴지를 두어 발음하면 [원 눔]으로 소리 납니다. 마찬가지로 온라인과 인라인, 핫라인도 [온나인], [인나인], [한나인]으로 발음됩니다. [월룸], [올라인], [일라인], [할라 인]으로 발음하면 영어권에서 온 사람이 알아들을 수 있을까요. 원어 발음을 들어보아도 원룸의 '원', 온라인의 '온', 인라인의 '인', 핫라인의 '핫' 발음이 선명합니다. [원눔]과 [온나인], [인나인], [한나인]으로 발 음하는 것이 타당합니다.

아울러 '신라면'과 '진라면'은 [실라면]과 [질라면]이 아닌 [신나면], [진 나면]이 보다 합리적인 발음일 것입니다.

물건 발음

사람을 제외한 형태가 있는 모든 것을 물건(物件)이라 합니다. 그런 '물건'은 당연히 [물건]으로 발음해야 합니다. 국어사전은 단어의 표기와 발음이 다를 때에는 단어 옆에 발음을 표시합니다. 발음 표기가 없으면 생긴 대로 발음하면 됩니다. '물건'이 그렇습니다.

단어	뜻풀이	용례
물건 (物件)	1. 일정한 형체를 갖춘 모든 물질적 대상 2. 제법 제 구실을 하는 뛰어난 사람 3. 남자의 성기를 완곡하게 이르는 말 4. 사고파는 물품 5. 동산과 부동산을 통틀어 이르는 말	· 개인 물건을 보관하는 장소 · 저놈 참 물건이야 · ···· · 물건의 값이 대폭 올랐다 · 시장에 경매 물건이 넘친다

위 표에서 뜻풀이 5번의 '물건'을 부동산 중개업소 등에서는 [물건]으로 발음하지 않습니다. 부동산 시장에서는 임대차나 매매용 물건을 [물껀]이라 발음합니다. 부동산 시장에서 말하는 '물건'은 일반적인 물건을 뜻하는 말이 아닙니다. 매물(賣物)의 물(物)과 건(件)의 합성어로 쓰기 때문입니다. 즉, 매물로 나온 부동산을 '물건'이라 칭합니다. 합성어일 경우 '물'과 '건' 사이에 휴지를 두어 발음하면 [물껀]으로 소리 납니다. 참고로, 한 가지를 뜻하는 일건(一件)의 표준발음은 [일껀]입니다. 문법은 언중의 언어 규칙을 토대로 만든 규범입니다. 아직 제대로 살피지 못한 부분이 많음을 인정했으면 합니다.

우리말을 알다

재활용(再活用)이라는 말을 들으면 폐품이나 쓰레기가 먼저 떠오릅니다. 사람들은 '재활용'이란 단어를 두 가지로 발음합니다. [재:화룡]과 [재:활룡]. 어느 발음이 맞을까요. 이때의 재활용은 '재+활용'의 구성입니다. 명사 '활용'에 접두사 '재(再)-'가 결합한 파생어입니다. 합성어와 파생어는 앞말과 뒷말 사이에 휴지를 두어 말하면 발음이 보입니다. 이때의 재활용(재+활용)은 [재:화룡]으로 발음됩니다.

병원에서 재활 치료를 받는 분들을 돕는 각종 보조기구나 보조용품들이 있습니다. '재활용 보조기구'라 할 때의 '재활용'은 어떻게 발음해야 할까요. 이때에는 절대 [재:화룡]으로 발음하면 안 됩니다. 그렇게 발음하면 쓰레기나 폐품을 재사용하는 게 되기 때문입니다. 재활에 사용한다는 뜻의 재활용(再活用)도 한글과 한자가 위의 '재활용'과 똑같습니다. 그러나 단어의 구성이 다릅니다. 이때의 재활용은 '재활+용'으로서 명사 '재활'에 쓰임새를 뜻하는 접미사 '-용(用)'이 붙어 만들어진 말입니다. '재활'과 '용' 사이에 휴지를 두어 발음하면 [재:활룡]이 됩니다. 사소한 것 같지만 발음의 차이가 이렇게 큰 차이를 만듭니다.

단어	발음	단어의 구조	뜻
재활용	[재:화룡]	재(再)+활용(活用)	폐품의 용도를 바꾸거나 가공하여 다시 씀
	[재:활룡]	재활(再活)+용(用)	건강 회복이나 불편을 극복하는 것에 쓰임

의사의 흰 상의의 의의

모음 'ㅢ'는 이중모음(복모음)입니다. '의' 자는 이중모음의 소리를 모두 살려 소리 내는 것이 표준 발음법입니다. 이 글 제목을 원칙대로 풀어 적으면 [으이/사/으이ˇ힌ˇ상:/으이/으이ˇ으:이/으이]가 됩니다. 'ㅢ'를 구성하는 'ㅡ'와 'ㅣ'를 모두 소리 내야 정확한 발음입니다. 그러나 이중모음을 발음하려면 힘이 들뿐더러 번거롭다 생각하는 사람이 많기 때문에 표준어에서는 현실의 발음도 인정했습니다. 따라서 'ㅢ'는 상황에 따라 'ㅣ'나 'ㅔ'로 발음하는 것이 허용됩니다.

'ㅢ'의 위치	용례	원칙	허용	비고
앞에 올 때	의문(疑問)	[의문]	없음	'ㅢ'의 'ㅡ'와 'ㅣ'를 모두 발음해야
	의사(醫事)	[의사]	없음	
	의사(義士)	[의:사]	없음	
뒤에 올 때	민주주의(民主主義)	[민주주의]	[민주주이]	'ㅢ'가 원칙이지만 'ㅣ' 발음도 허용
	성의(誠意)	[성의]	[성이]	
	의의(意義)	[의:의]	[의:이]	
조사로 쓰일 때	강의(講義)의	[강:의의]	[강:이에]	'ㅢ'가 원칙이지만 'ㅔ' 발음도 허용
	우리의	[우리의]	[우리에]	
	협의(協議)의	[혀븨의]	[혀비에]	

그러나 띄다[띠:다], 희다[히다], 무늬[무니], 하늬[하니], 유희[유히]처럼 'ㅢ'가 어떤 자음을 얹고 있을 때에는 무조건 [ㅣ]로만 발음하는 것이 표준 발음입니다.

우리말을 알다